中国旅游业普通高等教育应用型规划教材

会展概论

主　编　胡锡茹　谢洪忠

副主编　朱　韬　李雪松　李　岚　班先海

中国旅游出版社

前 言

近些年，中国的会展业发展迅速，举办了一些影响深远、规模较大的品牌展会，如夏季奥林匹克运动会、上海世界博览会（EXPO 2010）、APEC 会议、G20 峰会、中国进出口商品交易会（简称广交会）、昆明中国国际旅游交易会、昆明中国－南亚博览会等。场馆面积也居世界前列，展会无论规模、层次还是服务的业态、办展效果较之从前都有很大的进步，专业化、国际化水平大幅提高。会展在树立国家和区域的良好形象、促进新经济发展、增强参展企业知名度和竞争力等方面发挥了重要的作用。但也存在某些展会中会展企业盲目竞争、会展场馆无序建设、会展服务水平不高、会展品牌不多、会展经营的机制和体制有问题等现象。鉴于此，会展业的相关理论与实践仍需进一步梳理和系统总结，特别是结合会展业的实践经验，听取行业意见，编写一本能指导会展业经营管理、系统介绍国内外相关经验、让学生了解行业前沿动态、熟悉业务流程、掌握必要的知识和技能的书就显得十分必要。

本书的编写有自身的特色，安排了知识链接、导入案例、学习目标等小栏目，在每章后配有复习思考题和案例分析等内容。

本书是集体创作的成果。具体执笔的有：谢洪忠教授、班先海讲师、洪彦（第二章、第三章、第八章）、胡锡茹副教授（第一章、第九章）、李雪松副教授（第七章）、朱韬讲师（第四章、第六章）、李岚讲师（第五章）。谢洪忠教授、胡锡茹副教授负责本书框架与大纲设计、统改稿工作。

在编写的过程中，编者参阅了大量的相关文献，引用了大量成果，具体文献已在本书中加以注明，如因疏漏没有载明者，敬请谅解。在此，向长期为会展经济管理贡献智慧的专家学者们，致以崇高的敬意和真诚的谢意！

本书的完成要特别感谢长期合作单位的参与和建议，使本书的编写更符合现代会展业的发展实际，更具实用性，对实践的指导和人才培养也更具针对性。

本书的出版还得到了中国旅游出版社段向民主任和其他编辑的关心，正是他们辛勤的付出，认真的审稿和校对，才使本书尽早出版，在此一并致谢！

由于编者水平有限，书中疏漏和不妥之处难免，敬请广大读者批评指正。

编者

目录

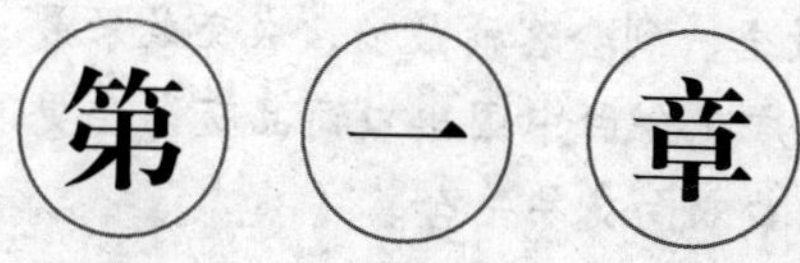

绪 论

【本章导读】

本章阐述了会展的起源，明确了会展的相关概念，划分了会展的类型，简要论述了会展的内涵、外延以及国内外会展业的发展。使学生对会展有一个初步的认识，为后续章节的学习奠定基础。

【学习目标】

1）掌握会展的起源，会展的概念和类型，会展的内涵和外延，国内外会展业的发展的内容。

2）了解世界及我国会展发展的历史过程和现状的知识。

3）了解世界及我国不同时期会展发展的特点和规律的能力。应知应会部分中外著名会展活动。

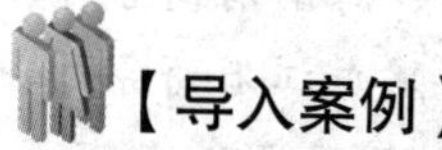

【导入案例】

您平时在哪里买东西？您知道您所购买的物品的来源渠道有哪些？请问您是否到过广州，参观游览过位于广州琶洲会展中心的中国著名的“中国进出口商品交易会”吗？有何生活体验和专业知识的增长？

中国进出口商品交易会（简称广交会）

中国进出口商品交易会（The China Import and Export Fair）即广州交易会，简称广交会，英文名为 Canton Fair。创办于 1957 年春季，每年春秋两季在广州举办，春季开展时间为4月15日~5月5日，秋季开展时间为10月15日~11月4日。距2017年已有60年历史，是中国目前历史最长、规模最大、层次最高、商品种类最全、到会客商最多、成交效果最好的综合性国际贸易盛会。自2007年4月第101届起，广交会由中国出口商品交易会更名为中国进出口商品交易会，由单一出口平台变成为进出口双向交易平台。

中国进出口商品交易会由48个交易团组成，更有数千家资信良好、实力雄厚的生产企业、外贸公司、科研院所、外商投资/独资企业和私营企业等参展。

中国进出口商品交易会贸易方式灵活多样，除传统的看样成交，还举办了网上交易会（Virtual Expo，Online Exhibition）。广交会以出口贸易为主，以进口生意为辅，并开展了多种形式的经济技术合作与交流，以及商检、保险、运输、咨询和广告等业务活动。来自世界各地的客商云集广州，既互通商情，又增进友谊。

广交会展馆坐落于广州琶洲岛，总建筑面积为110万平方米，其中室内展厅总面积为33.8万平方米，室外展场面积为4.36万平方米。2014年6月19日，琶洲国际会展中心四期扩建规划通过。四期建设后，展览面积达50万平方米，超过德国汉诺威的47万平方米；整个琶洲地区会展面积达66万平方米，规模世界第一。展馆创下两项世界第一：一是单体展馆面积最大达39.5万平方米；二是钢横架跨度世界最长：每个展厅的顶部由六个长达126.6米的大跨度预应力张弦梁钢管桁架支撑着，是世界上跨度最大的钢横架。美丽的琶洲展馆广场面积超过2.2万平方米，以展示、展览、表演和大型集会为主要使用功能。绿化率高达48.7%，整体设计与自然和谐融洽。

主办单位：中华人民共和国商务部、广东省人民政府

承办单位：中国对外贸易中心

组织机构："中国进出口商品交易会领导委员会"由中华人民共和国商务部、广州市人民政府领导，各交易团团长、各展馆馆长、有关部门领导共同组成。

进出口商会/协会：中国五矿化工进出口商会、中国轻工工艺品进出口商会、中国机电产品进出口商会、中国纺织品进出口商会、中国医药保健品进出口商会、中国食品土畜进出口商会、中国外商投资企业协会。

交易团：北京市商务委员会、安徽省商务厅、长春市商务局、大连市对外贸易经济合作局、成都市商务委员会、福建省商务厅、广东省商务厅、甘肃省商务厅、广西壮族自治区商务厅、广州市商务委员会、哈尔滨市商务局、贵州省商务厅、海南省商务厅、河北省商务厅、杭州市商务委员会、河南省商务厅、湖北省商务厅、黑龙江省商务厅、湖南省商务厅、江苏省商务厅、吉林省商务厅、济南市商务局、江西省商务厅、南京商务局、辽宁省对外贸易经济合作厅、内蒙古自治区商务厅、宁波市商务委员会、宁夏回族自治区商务厅、青海省商务厅、山西省商务厅、山东省商务厅、陕西省商务厅、汕头市商务局、深圳市经济贸易和信息化委员会、上海市商务委员会、沈阳市对外贸易经济合作局、天津商务委员会、四川省商务厅、西藏自治区商务厅、武汉市商务局、西安市商务局、厦门市商务局、云南省商务厅、新疆生产建设兵团商务局、珠海市商务局、新疆维吾尔自治区商务厅、浙江省商务厅、重庆市对外贸易经济委员会。

参展范围：

广交会分三期举行，每期有不同的参展范围。

第一期：大型机械及设备、小型机械、摩托车、自行车、汽车配件、工具、化工产品、五金、车辆（户外）、工程机械（户外）、家用电器、电子电气产品、电子消费品、计算机及通信产品、卫浴设备、照明产品、建筑及装饰材料、进口展区。

第二期：餐厨用具、家居装饰品、日用陶瓷、工艺陶瓷、玻璃工艺品、园林产品、家具、编织及藤铁工艺品、铁石制品（户外）、家居用品、个人护理用具、礼品及赠品、浴室用品、钟表眼镜、玩具、节日用品、土特产品（109届新编入）。

第三期：男女装、童装、裘革皮羽绒及制品、内衣、运动服及休闲服、服装饰物及配件、家用纺织品、地毯及挂毯、纺织原料面料、食品、医药及保健品、医疗器械、耗材、敷料、办公文具、体育及旅游休闲用品、鞋、箱包。

交通：

一、到香港市区和国际机场的交通途径

1. 飞机

广州新白云机场——香港机场，约50分钟

2. 火车

广九直通车：广州东站——红磡，约1小时40分钟

广深列车：广州站、东站——深圳罗湖、九龙，1小时30分钟

3. 巴士

广州——香港国际机场，乘车时间约4小时

广州——香港市区，乘车3小时30分钟

4. 船

番禺莲花山港——香港市区（中港城）

中山港——香港市区及国际机场

顺德港——香港市区

虎门港——香港国际机场

蛇口港——香港市区及国际机场

广州有接驳巴士到各港口

二、到广州会展中心的交通途径

广州琶洲会展中心地址：广州市新港东路382号

1. 公交

公交站名：广交会展馆站

途经公交线路：229路、239路、262路、304路、582路、763路、B7快线、大学城3线、高峰快线59、高峰快线77、华南新城楼巴5、旅游公交3线、夜101路、夜66路、夜70路（提示：夜路公交，普遍晚上10点过后才有）

公交站名：琶洲站

途经公交线路：229路、239路、262路、304路、461班车、461路、582路、763路、B7快线、大学城3线、地铁8号线、高峰快线59、高峰快线77、旅游公交3线、夜101路、夜66路、夜70路（提示：夜路公交，普遍晚上10点过后才有）

广交会展馆－环市中路：途经阅江东路、琶洲大桥、科韵路、中山大道、天河路、

环市路

广交会展馆－流花路：途经新港东路、阅江西路、猎德大桥、花城大道、金穗路、广州大道、东风路、解放北路、流花路

2. 地铁

八号线新港东站A出口或B出口最近。该站首班车：往凤凰新村6:03，往万胜围6:25；尾班车：往凤凰新村22:58，往万胜围次日0:00。

八号线琶洲站A出口出来最近。该站首班车：往凤凰新村6:02，往万胜围6:26；尾班车：往凤凰新村22:56，往万胜围次日0:02。

3. 机场快线

广交会展馆——白云国际机场专线

乘车地点：琶洲展馆A馆展场中路一车道。运行时间：12:00~18:00。班次间隔时间：约30分钟一班，最快高峰时期5分钟一班

第118届~121届有关数据简介：

第118届

2015年10月15日，第118届中国进出口商品交易会在广州举办：作为我国最大贸易促进平台的广交会积极贯彻实施国家“一带一路”倡议，在复杂严峻的外贸形势下，采取多项措施，推动“一带一路”沿线国家踊跃参会，支持国内企业向“一带一路”沿线开拓商机，取得了明显成效。

广交会新闻发言人、中国对外贸易中心副主任徐兵认为，尽管外贸形势较为严峻，但“一带一路”倡议的深入推进对广交会的成功举办起到了促进作用。在招展方面，本届广交会重点加强了对“一带一路”沿线国家和地区的招展工作，沿线企业参展踊跃，共有28个沿线国家的353家企业参展，占进口展区总企业数的58.44%；展位数共622个，占进口展区总展位数的62.32%。以前的供应商80%来自欧洲，20%在中国；现在只有40%在欧洲，60%来自中国，而且中国的供应商数量有增加的趋势。

第119届

2016年4月15日上午，第119届中国进出口商品交易会开幕新闻发布会在广交会展馆举行。第119届广交会境外采购商报到185 596人，来自210个国家和地区，比2015年春交会（同比，下同）增长0.43%。各大洲采购商报到人数按比例从高到低依次为：亚洲106 462人，增长1.32%，占57.36%；欧洲31 118人，增长2.42%，占16.77%；美洲27 370人，减少0.10%，占14.75%；非洲14 544人，减少5.98%，占7.84%；大洋洲6 102人，减少5.80%，占3.29%。

“一带一路”沿线国家采购商报到81 601人，占报到总人数的43.97%，增长0.80%。

从本届广交会现场反馈看，供采双方均表达了较高的满意度，98%的参展企业表示已与具有合作意向的中国采购商建立了有效联系。日本的消毒除菌水专利技术、韩国的多级过滤系统的空气净化器产品、爱沙尼亚Saku啤酒深得国内知名企业和平台青睐，供采双方已达成合作意向。

第 120 届

第 120 届广交会于 2016 年 10 月 15 日正式拉开帷幕。

第 120 届广交会展览规模保持稳定，仍然分三期举办，展览总面积为 118 万平方米，展位总数 60 250 个，境内外参展企业 24 553 家。第一期是 10 月 15~19 日，主要展出机电、五金和建材等产品。第二期是 10 月 23~27 日，主要展出日用消费品和礼品。第三期是 10 月 31 日 ~11 月 4 日，主要展出纺织服装、箱包、文体、食品、医疗用品以及医药保健品等产品。本届广交会出口展区展位总数 59 252 个，参展企业 23 938 家，按 16 大类商品设置 50 个展区；品牌展位 11 925 个，占 20%，一般性展位 47 327 个，占 80%；第一期参展企业 8 548 家，第二期参展企业 7 151 家，第三期参展企业 8 239 家。

第 121 届

2017 年广交会（第 121 届）春交会于 4 月 15 日 ~5 月 5 日在广州举办。出口展区：第一期（2017 年 4 月 15~19 日）电子及家电、照明、车辆及配件、机械、五金工具、建材、化工产品、能源。第二期（2017 年 4 月 23~27 日）日用消费品、礼品、家居装饰品。第三期（2017 年 5 月 1~5 日）纺织服装、鞋、办公、箱包及休闲用品、食品、医药及医疗保健。进口展区：第一期（2017 年 4 月 15~19 日）电子及家电、建材及五金、机械设备。第三期（2017 年 5 月 1~5 日）食品及饮料、家居用品、面料及家纺。

第一节　会展的起源

像广交会这样的展览会已经在我国的经济发展中起着重要的作用，人民的日常生活中也离不开各种各样的会议与展览。远古时代，人类最原始的贸易形式是物物交换，这种物与物的交换在地点上是不固定的。随着时间的推移，人们的习惯形成，就慢慢固定下来，从而形成了固定地点的集市。这种集市交易的形式就是会展业、会展经济的早期雏形。公元前 800~700 年古奥林匹克时期希腊就有了常规的集市，伴随着奥运会的举行，这些集市风光无限。古罗马时期集市渐渐固定下来，称之为“周市”（Weekly Marketplace）。按照交易内容的不同，又分为鱼市、米市、油市等。直至 19 世纪末 20 世纪初，会展才作为一种业态真正出现。其标志是 1928 年 11 月 22 日，由 31 个国家和地区在法国巴黎签署了《1928 年国际展览会巴黎公约》，会展业以及会展经济由此得以发展。

一、世界会展发展可以分为三个时期

（一）萌芽期（原始社会末期—1640 年）

1. 集聚性活动

会议的萌芽：古代祭祀、仪事、公仪。展览的萌芽：贸易集市。

原始社会后期，新石器时代，人类社会完成了第一次大分工，分工促进了生产发展，

出现了剩余产品，从而导致了物物交换成为可能。商品经济，在社会分工和私有制的基础上不断发展起来，作为一种商品交易的场所和手段，也得到了迅速的发展。

2. 典型集市

12~13 世纪著名的法国香槟集市。由法兰西的香槟伯爵建立，在 4 个城市轮流举行成为法、德、意、英等国商贾云集之地。香槟集市的形成和发展是社会分工和生产力发展的结果，是古代会展活动较完善的形式。有组织严密和活动众多等特点。

本阶段发展特点是从交易向展示性功能过渡。

（二）发展期（1640—1945 年）

工业革命使英国成为“世界工厂”，为向世界展示其强大国力，1851 年 5 月，英国召开了“万国工业博览会”。万国工业博览会是 1851 年英国维多利亚时期的一次真正意义上第一次世界性的博览会，时间从 1851 年 5 月 1 日 ~1851 年 10 月 15 日，吸引了 6 039 195 名参观者。因此，它普遍被认为是维多利亚中时期的象征，并确立了大英帝国世界工厂的主导地位。博览会组织者包括阿尔伯特亲王以及亨利 · 库尔等人，展地为现在的水晶宫，是维多利亚时代最重要的里程碑。这标志着人类发现了一种国际大规模的文明交流的新形式。

世界上第一个样品展会是 1890 年在德国莱比锡举办的“莱比锡样品展览会”。打破了传统展会展示、宣传的单一功能，是现代贸易展览会的标志。

1900 年，法国巴黎世界博览会参观者达 4 000 万人，多于历届博览会。在这次被称为“世纪之最”的博览会上展示了西方社会整个 19 世纪的技术成就，同时介绍了移动人行道和地下地道。但最受欢迎的展品来自英法殖民地，异域风情的小玩意儿盖过了工业文明的风头。在 1900 年埃菲尔铁塔广场前大厅里，放映了人类历史上第一部环幕影片——《跨越欧亚两洲的氢气球旅行》。在环形银幕上，依次出现了巴黎、伦敦、布鲁塞尔、巴塞罗那等地的城市风景。人们可以想象，当世界上电影刚诞生四五年之后，就出现了这种新形式的环幕电影的惊人创举。1931 年国际展览局成立，决定世博会的举办国。样品博览会是现代贸易展览会和博览会的早期形式，两次世界大战期间，综合性的贸易展览会和博览会迅速发展成为主导形式。

本阶段发展特点是从展示性到展示、交易并重。

（三）成熟期（1945 年至今）

第二次世界大战结束后，国际分工深化。米兰博览会是非营利综合组织，面对西欧、南欧市场，其中家具展是世界三大家具展之首。莱比锡博览会是东欧、东西德交易的主枢纽，主要展品有汽车、图书。巴黎博览会、米兰博览会、莱比锡博览会是被誉为连接各国贸易的三大桥梁。

随着社会演变和科技的进步，会展业作为一种经济存在形式，其内容、功能、办展方式等各方面都在不断调整和变化。欧洲是世界会展业的发源地，经过一百多年的积累，欧洲的会展经济整体实力较强，德国、意大利、法国和英国都是世界级会展业大国。其中，德国是第一号世界会展强国，其专业性、国际性的展览会数量多、规模大。亚洲会展业的规模和水平仅次于欧美。东亚的日本、中国，东南亚的新加坡，西亚的阿联酋，凭借广阔的市场、巨大的经济发展潜力、发达的基础设施、较高服务业发展水平、较高国际开放度或地理区位优势，逐渐成为亚洲展览大国。

近年来，全球会展业处于平稳发展阶段，根据《进出口经理人》杂志每年对世界商展 100 大排行榜的统计，100 大商展的最低进入门槛和平均面积均保持平稳增长。近三年，世界 100 大商展的最低进入门槛从 2011 年的 10.5 万 m^2 提升到 2014 的 11.6 万 m^2，增长了 1.1 万 m^2；100 大世界商展的平均面积也从 2011 年的 18.1 万 m^2 上升到 2014 年的 19.5 万 m^2。

二、我国会展业发展历程

中国古代集市主要包括市、集、庙会。集市：在固定的地点定期或临时集中做买卖的市场。集市是由农民（包括牧民、渔民等）以及其他小生产者，为交换产品而自然形成的市场。集市有多种称法：比如集、墟、场等。在中国古代常被称作草市。在中国北方一般称作集；在两广、福建等地称作墟；在川黔等地称作场；在江西称作圩。还有其他一些地方称谓，一般统称作集市。集市可以认为是展览会的传统形式。集市在周朝就有记载。在中国农村，集市仍然普遍存在，集市是农村商品交换的主要方式之一，在农村的经济生活中起着重要作用。在集市上买卖的主要商品是农副产品、日用品、土特产品等。庙会：在寺庙或祭祀场所内或附近做买卖的场所称作庙会。在祭祀日或规定的时间举办，庙会也是传统的展览形式。因为村落不大可能有较大规模的寺庙，所以庙会主要出现在城镇。庙会在唐代已很流行。庙会的内容比集市要丰富：除商品交流外，还有宗教、文化、娱乐活动。庙会也称作庙市、香会。广义庙会还包括灯市、灯会、花会等。在中国庙会仍然普遍存在，是城镇物资交流、文化娱乐的重要场所，也是促进地方旅游及经济发展的方式之一。

新中国成立后我国会展活动的发展历程。

（一）初步兴起阶段（1951—1978 年）

1951 年，中国首次参加“莱比锡春季博览会”，标志着新中国会展业发展的开端。1953 年，中国贸促会接待了“德意志民主共和国工业展览会”，这是新中国成立后，接待的第一个来华展览会。自此开始，中国会展业进入起步期。

这一时期出国展和来华展都取得了长足的发展。1951—1978 年，中国贸促会共组织了 400 余个出国展，以宣传新中国的建设成就为目的；1953—1978 年，我国共接待 112 个来华展，目的是为了促进中国同世界各国之间的友谊。

总的来说，起步阶段展览会数量少，专业化程度和组织水平不高，大部分还不具备现代贸易展览会特征，把展览作为产业发展的意识还没有形成。

（二）迅速发展阶段（1978—2000 年）

1978—2000 年，伴随着中国经济体制改革逐步深入，对外开放的不断扩大，中国展览业迎来了蓬勃发展时期。

1978年，中国贸促会在北京，成功举办了“十二国农业机械展览会”，这是新中国成立后，我国首次举办的国际博览会。随后，上海、珠海和大连等城市先后涌现出了一批，在亚洲乃至世界上知名的专业展览会：如中国国际纺织机械博览会、国际机床展览会、北京国际汽车展览会、珠海航空博览会、大连时装博览会等。

出国展也经历了重大变革，其标志性事件是：中国贸促会于1986年组团参加瑞士的“巴塞尔样品博览会”。展览的贸易性、专业性得到大大加强，在中国出国展发展史上具有里程碑意义，标志着中国展览业开始与现代国际展览业的接轨。

中国初步形成了自主办展、来华展、出国展并驾齐驱的局面。形成了政府及相关部门、协会、商会；国有展览公司、合资展览公司、民营展览公司等多主体办展的格局。会展业走向专业化、市场化。2001年，德国三大会展巨头，与上海浦东土地发展（控股）公司，共同投资兴建了上海新国际博览中心，标志着国际会展巨头大举进入中国市场的序幕正式拉开。

（三）产业提升阶段（2000年至今）

到2005年，中国展览业实现了质、量的飞跃，国际展览范围：涵盖机械、通信、电子、石化、钟表首饰、仪器、服装、建材和银行等各个行业。展会的主办单位：形成了政府、各协（商）会；外贸公司、中外合资展览公司、国营和民营展览公司以及外资展览公司等多层次和多渠道办展新格局；会展业市场化的程度显著提高，一些境外展览公司作为协办、主办单位开始介入内地展览会。

该时期被称为中国展览业的“产业提升阶段”。主要特征是：外资大量介入展览市场；品牌展会不断涌现；办展主体多样化；面向市场化、国际化阶段。2005年1月，UFI、美国国际展览管理协会（IAEM）和独立组展商协会（SISO）共同主办了“首届中国会展经济国际合作论坛”，在国内外会展界引起了巨大反响。国家随即出台了一系列鼓励政策推动会展业发展，包括2007年的《国务院关于加快发展服务业的若干意见》、2009年的《文化产业振兴规划》、2011年的《关于“十二五”期间促进会展业发展的指导意见》等。国务院公布2015年的《关于进一步促进展览业改革发展的若干意见》，第一次从国家层面明确提出：“要全面深化展览业的管理体制改革，加快展览业的发展。”

随着我国市场化进程的加快，会展行业已经从由政府主导格局转向市场化。组展主体上会展行业已形成多元组展模式，由政府主导办展，转变为政府（包括政府及部门、政府临时机构、贸促会等半官方贸易促进机构）、行业协会、国有企事业、外资企业、民营企业五大办展主体。参展行业也由传统行业逐渐向战略新兴行业转化。信息产业、制造业、文化产业、服务业等行业的展览会数量增多，体现初步转型升级的态势。会展城市逐渐由上海、北京、广州等一线城市向二三线城市转移。东北、中西部会展经济带逐渐形成，会展经济呈现出全面开花的局面。

国际化方面，我国的会展项目以及会展机构得到UFI、国际大会和会议协会（ICCA）、FKM等协会的认证也越来越多。国际上著名会展公司来我国办展，一些国际性品牌会展被移植到我国市场。中外企业联合办展的模式越来越多，中外合资会展企业数量也不断增多。

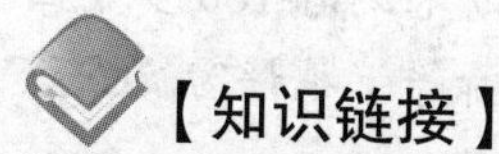

【知识链接】

世界博览会

世界博览会分为两种形式：一种是综合性世博会，另一种是专业性世博会。世博会是一项由主办国政府组织或政府委托有关部门举办的有较大影响和悠久历史的国际性博览活动。参展者向世界各国展示本国当代的文化、科技和产业从正面影响各种生活范畴的成果。

最早的现代博览会是由英国举办的：世界工业，1851 年万国工业博览会成了全世界第一场世界博览会。在英国首都伦敦的海德公园举行，展期是 1851 年 5 月 1 日 ~10 月 15 日，主要内容是世界文化与工业科技，其定名中的“Great”在英文有伟大的、很棒的、壮观的意思。第二次世界大战后，世界人民在满目疮痍的废墟上重建家园，并在恢复生产，复苏经济的基础上，于 1958 年在比利时首都布鲁塞尔举行战后第一个世界博览会，主题“科学、文明和人性”。为了体现科学的这个主题思想，布鲁塞尔世博会建造了一座原子能结构的球型展馆，代表着人类进入了科技进步的新世纪的象征，它独特新颖的造型，虽然时隔半个多世纪之久，但仍然历历在目。博览会的辉煌和丰富，几乎使以往的所有世博会都黯然失色。

1962 年，美国西雅图举办了一次规模不大的专业性的博览会——“太空时代的人类”。博览会展出全新的先进科技、自动售货机和单钢轨铁路，获得了巨大的成功。

1964 年，为了纪念纽约建城 300 周年，纽约又一次举办了世界博览会，主题格调高雅——“通过理解走向和平”。然而这次世博会浓重的商业气氛使观众驻足不前，失去了纪念活动的意义。

1970 年，日本大阪首次举办了世界博览会，日本人称之为“万国博览会”，体现“人类的进步与和谐”，向观众展示了继东京奥运会之后，日本在各方面的发展和成就，得益于这次博览会，日本在以后 10 年的经济发展中，一直保持强劲的势头。

1985 年，日本再次举办世界博览会，会址是在新城筑波市，一座距东京 50 多公里的全新科学文化城。博览会的主题是：“居住与环境 人类的家居科技”。

1988 年是英国人在澳大利亚建立居住点 200 周年，为铭记这一日子，澳大利亚在东部黄金海岸城市布里斯班举办了世界博览会。这次博览会的主题“科技时代的休闲生活”。体现了人类在当今科学技术极其发达的时代中休闲和娱乐。各国都围绕这个主题大做文章，以体育、文娱、旅游、休闲、烹调和园艺等各种内容来体现人类生活的丰富多彩。

1990 年，日本大阪举办了 AI 类专业性的国际花绿博览会，主题是：“人类与自然。”展出以世界园艺为内容，作为庆祝大阪“新的开端”100 周年的纪念活动。这次展览会共有 82 个国家参加，55 个国际组织与日本各省市和大企业都单独设了展馆或展台。首次在亚洲实现了大型国际园艺博览会，取得了巨大的成功。

1992 年是哥伦布发现美洲 500 周年，为此，西班牙政府在塞维利亚举办了世博会，把博览会的主题命名为："发现的时代"。世博会占地面积 478 万平方米，有 100 多个国家参加。观众达 6000 多万人次，中国馆展出四大发明及长征系列火箭等，被评为"五星级展馆"。

1993 年韩国大田博览会，这是世界上第一次由发展中国家举办的世界博览会。主题为："新的起飞之路"。中国馆展示了航天科技、三峡工程等，共接待观众 350 万人次，为各展馆之最，被评为五大最佳展馆之一。

1998 年在葡萄牙里斯本世界博览会。1998 年是联合国批准的国际海洋年，博览会的主题为："海洋——未来的财富"。

1999 年在中国昆明举办的世界博览会以"人与自然——迈向 21 世纪"为主题。整个世博园区结合世博会主题和园艺博览会特点，以中国古典园林艺术设计布局，自然、弯曲的路径体现了追随自然、顺应自然的设计理念。昆明世博会场馆建设总体规划主要包括中国馆、人与自然馆、大温室、科技馆和国际馆五大室内展馆；竹园、蔬菜瓜果园、药草园、盆景园和树木园五个专题展园及国内、国际、企业三大室外展区。

2000 年，德国汉诺威世博会主题是："人类、自然、科技"，参展国家和组织共计 172 个，为往届世博会参展国家、地区和组织最多的一届。

2005 年，日本爱知世博会，主题是："爱·地球博"，是最近的一次注册类世博会，中国馆接待观众 570 万人次，为接待观众最多的展馆。

2008 年，西班牙萨拉戈萨世博会，水塔是 2008 年萨拉戈萨世博会的标志性建筑，也是萨拉戈萨城市最高的建筑。水塔是世博园中三大主题展馆之一，展览"水——生命之源"主题的场所，为此也称为水塔馆。

2010 年，中国上海世界博览会，主题是："城市，让生活更美好"，是第 41 届世界博览会。于 2010 年 5 月 1 日 ~10 月 31 日，在中国上海市举行。此次世博会也是中国举办的首届世界博览会。总投资达 450 亿元人民币，创造了世界博览会史上最大规模纪录。同时 7308 万的参观人数也创下了历届世博之最。

2015 年意大利米兰世界博览会，第 42 届世界博览会，于 2015 年 5 月 1 日 ~10 月 31 日期间在意大利米兰市举行。本届世界博览会由米兰市政府、伦巴第大区政府、米兰博览会基金会以及米兰工商会等单位协办。米兰市申办 2015 年世博会的主题是"滋养地球，生命之源"，这是世博会史上首次以食物为主题，展出来自不同国家的美食，并谋求 2050 年为全球多达 90 亿人口解决食物需要。

第二节　会展的概念和类型

一、会展的概念

会展有狭义和广义之分。

狭义：会议和展览。

广义：包括会议、展览、奖励旅游和节事活动等的统称。

国际上通常表述为：MICE

M（Meeting）：会议主要指公司会议。

I（Incentive Tour）：奖励旅游专指以激励、奖励特定对象为目的而进行的旅游活动。

C（Convention）：大型会议主要指协会、社团组织的会议。

E（Exhibition）、E（Events）：展览会、节事活动。

会展是会议、展销、节事活动、奖励旅游等集体性活动的简称，是指在特定的时间和空间，由许多人聚集在一起形成的定期或不定期、制度或非制度的、展示、贸易或信息交流的群众性社会活动。会展带有广泛的外延性。

随着社会的演变和科技的进步，会展业作为一种经济存在形式，其存在的形式、内容、功能和办展方式等各方面都在不断进行调整和变化。特别是被称为永不落幕的会展——网上会展的出现使会展业发生了深刻的变化并有取代实物展览的趋势。

二、会展的分类

（一）根据地理范围大小，将会展分为国际、全国、地区、本地四个层次

本地会展的规模相对较小，目的是吸引附近的参观者，如各城市举办的房展会等；地区性会展是全国性会展的一部分，由几个省市合作举办，如“昆交会”；国际性会展的参展商和观众往往来自许多国家，如中国出口商品交易会（广交会），还有由德国汉诺威展览公司在上海光大展览中心举办的“首届亚洲信息技术展览会（CeBIT Asia）”等。随着经济全球一体化的发展以及我国加入 WTO 后，在我国举办的国际性展览将越来越多。

（二）根据会展市场覆盖的范围或产品的性质划分

1. 从性质上分

（1）贸易展览

贸易展览是指为制造业、商业等行业举办的展览，展览目的是交流信息、洽谈贸易。

（2）消费展览

消费展览基本上都展出消费品，其目的主要是直接销售。

展览性质由展览组织者来决定，可以通过参观者的成分也能反映出来：对工商业开放的展览是贸易展览，对公众开放的展览是消费展览。

2. 从内容上分

（1）综合展览

综合展览是指包括全行业或数个行业的展览会，如工业展、轻工业展。

（2）专业展览

专业展览是指展示某一行业甚至某一项产品的展览会，如钟表展、房交会。专业展览的突出特征是常同时举办讨论会、报告会，用以介绍新产品、新技术等。

（三）根据会展活动划分

1. 会议

会议是人们为了解决某个共同的问题，或出于不同的目的，聚集在一起进行讨论、交流的活动。会议已成为人们经济、政治、生活中主要的沟通形式。国际经济迅猛发展的年代，每天都在举行各种各样的会议，全世界每年召开的、有一定规模和影响力的会议，就达数十万个。如各类公司会议、协会会议、商务型会议、文化交流型会议、专业学术会议、论坛型会议、研讨型会议和政治型会议等。

2. 展览

从字面上分析，展览可直接理解为把产品陈列来让人参观的有“展”有“览”的活动。展览是指一种具有一定规模、相对固定日期，以展示组织形象、产品为主要形式，以促成参展商和参观者之间交流洽谈、达成交易的一种活动。展销会主要是指市场交换场所，具有直接进行商品交换的特性；而展览会侧重于商品展示；博览会是由政府部门组织，或是企业团体在政府帮助下组织，其目的主要是商贸促销，贸易商、制造商、零售商和批发商应邀来展示商品。博览会上通常不进行直接商品买卖，参展目的是为了促进未来的销售。在会展业中，展销会、展览会和博览会三个术语经常交叉使用，在欧洲和北美，博览会和展览会两个术语的使用频率较高。

3. 节事

节事是节庆活动和特殊事件活动的总称。它包括了各种传统节日、创新节日以及具有纪念性的事件。目前节事研究的典范之作——Getz 的《Festival，Special Event and Tourism》中，把经过策划的事件，分为八种类型：

（1）文化节庆（包括节日、历史纪念活动、狂欢节、宗教事件）

（2）文艺娱乐事件（文艺展览、音乐会、授奖仪式）

（3）商贸及会展（会议、展览会、博览会、广告促销）

（4）体育赛事（职业比赛、业余比赛）

（5）教育科学事件（学术讨论会、研讨班、专题学术会、教课发布会）

（6）休闲事件（娱乐事件、游戏和趣味体育）

（7）政治 / 政府事件（就职典礼、群众集会、授职仪式）

（8）私人事件（家庭事件、周年纪念、社交事件）

节事一般有特定的主题：如风情特产、文化、政治、宗教、民俗、体育以及自然景观等。由于节事是群众性的休闲娱乐活动，民众的参与性极强，所以，目前的节事活动呈现一片热闹非凡的景象，也被许多城市列为发展自身经济、提高城市形象的突破口。

4. 奖励旅游

奖励旅游管理协会（SITE）的定义是：“奖励旅游是一种向完成了显著目标的参与者提供旅游作为奖励，从而达到激励目的的一种现代管理工具。”

从奖励旅游的定义，我们可以看出奖励旅游的对象（如员工、经销商、代理商等）必须能够达成甚至超越企业个别或者总体业绩。奖励旅游的形式：通常是由企业提供一定的经费、规划假期，委托专业旅游公司，精心设计的旅游活动；奖励旅游的目的：是犒劳创造运营佳绩的有功人员，增强参与者对企业的向心力。作为一种有效的管理手段，奖励旅游在国外早已风行一时，已经使越来越多的出色员工得到了满意的补偿。

奖励旅游中的团体娱乐活动有助于本企业的文化建设；给员工、管理者创造一个比较特别的接触机会；同事们可以在比较放松的情景中做一种朋友式的交流；增强企业的亲和力和凝聚力。奖励旅游以其综合效益高、客人档次高引起各大旅游公司的注意。

（四）从时间上划分为定期展览和不定期展览

定期展览有一年四次、一年两次、两年一次等，不定期展览则是根据需要而定，有长期和短期展览。长期展览可以是三个月、半年甚至常设。短期展览一般不超过一个月。在发达国家，专业展览一般是三天。在英国一年一次的展览会占展览会总数的 3/4。展览日期的确定通常受财务预算大小、订货时间长短以及节假日时间的影响，有旺季、淡季之分。根据英国展览业协会的调查，3~6 月及 9~10 月是举办展览会的旺季，12 月 ~ 次年 1 月以及 7~8 月为举办展览会的淡季。随着经济的迅速发展，会展市场（包括展览设计搭建公司等）逐步完善，大大小小的会展为参展商提供了丰富的参展机会，参展商对市场细分的需求越来越高，综合性的会展已不能满足参展商的要求，专业性的会展成了会展的主流，几乎每个行业都有自己的专业会展。西方发达国家的会展已经完成了从综合性会展向专业性会展的转型，我国的会展也有转型的趋势，如北京国际博览会自第七届起，从大型综合展转向了消费品专业展。

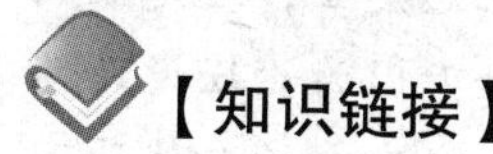

【知识链接】

博鳌亚洲论坛

博鳌亚洲论坛（Boao Forum for Asia，BFA）由 25 个亚洲国家和澳大利亚发起，于 2001 年 2 月 27 日在海南省琼海市万泉河入海口的博鳌镇召开大会，正式宣布成立。

论坛为非官方、非营利性、定期、定址的国际组织；为政府、企业及专家学者等提供一个共商经济、社会、环境及其他相关问题的高层对话平台；海南博鳌为论坛总部的永久所在地。博鳌亚洲论坛 2017 年年会于 3 月 25 日在海南博鳌召开，主题为《直面全球化与自由贸易的未来》。中国国务院副总理张高丽出席在海南博鳌举行的博鳌亚洲论坛 2017 年年会开幕式并发表主旨演讲。

1998 年 9 月，澳大利亚前总理霍克、日本前首相细川护熙和菲律宾前总统拉莫斯倡议成立一个类似达沃斯“世界经济论坛”的“亚洲论坛”。

亚洲论坛的概念一经推出即获得了有关各国的一致认同。1999 年 10 月 8 日，时任中华人民共和国副主席胡锦涛在北京会见了专程为“亚洲论坛”来华的拉莫斯阁下和霍克阁下。胡锦涛在认真听取两位政要有关“论坛”构想的介绍后，表示中国政府一贯重视和支持多层次、多渠道、多形式的地区合作与对话，认为论坛的成立有利于本地区国家间增进了解、扩大信任和加强合作。中方将对“论坛”的设想进行认真研究和积极考虑，并尽力提供支持和合作。同时，胡锦涛还强调，中国也希望进一步了解其他国家的反应，因为论坛的建立必须得到有关国家政府的重视、理解和支持。此后，亚洲有关国家的政府均对成立“亚洲论坛”做出了积极反应。

2001 年 2 月 27 日，来自中国、韩国、日本、蒙古、缅甸、泰国、老挝、越南、柬埔寨、印度尼西亚、马来西亚、菲律宾、新加坡、文莱、印度、巴基斯坦、孟加拉国、斯里兰卡、尼泊尔、伊朗、哈萨克斯坦、吉尔吉斯斯坦、塔吉克斯坦、乌兹别克斯坦、土库曼斯坦和澳大利亚等二十六个国家（以下简称“26 个发起国”）的代表在中华人民共和国（以下简称“中国”）海南省博鳌召开大会，正式宣布成立博鳌亚洲论坛，并通过《博鳌亚洲论坛宣言》。中国国家主席江泽民出席成立大会，向世界庄严承诺：作为东道国，中国政府将继续为论坛的健康发展提供支持。

博鳌亚洲论坛成立大会于 2001 年 2 月 26~27 日在中国海南博鳌举行。包括日本前首相中曾根康弘、菲律宾前总统拉莫斯、澳大利亚前总理霍克、哈萨克斯坦前总理捷列先科、蒙古前总统奥其尔巴特等 26 个国家前政要出席了大会。此外，中国国家主席江泽民、马来西亚总理马哈蒂尔、尼泊尔国王比兰德拉、越南副总理阮孟琴等作为特邀嘉宾出席了成立大会并发表重要讲话。大会宣布博鳌亚洲论坛正式成立，通过了《博鳌亚洲论坛宣言》《博鳌亚洲论坛章程指导原则》等纲领性文件，大会取得圆满成功并受到了国际社会的广泛关注。

论坛总部选择在中国海南博鳌。这是亚洲地区的一些前领导人向中国高层领导提出的建议。他们认为，海南作为中国最大的经济特区，是中国深化与国际社会联系的实验区；海南省以建设生态省为目标，说明它当前和未来的发展重点是生态产业，这是亚洲和国际社会所看重的领域，符合世界经济发展潮流；海南博鳌是一个专门为论坛设计的集生态、休闲、旅游、智能和会展服务为一体的综合功能区，有着十分宜人的自然地理环境；1999 年 10 月，中国国家领导人在会见论坛发起人时表示，将为论坛的创建提供支持与合作；海南省政府已经为论坛的创建提供了多方面的实际支持，并承诺，继续为论坛的创建和运作提供高效、优质的服务。

成立大会：2001 年 2 月 26 日 ~27 日

中国出席领导人：江泽民

与会重要嘉宾：中曾根康弘、拉莫斯、霍克、捷列先科、奥其尔巴特、马哈蒂尔、比兰德拉、阮孟琴

第一届时间：2002 年 4 月 12 日 ~13 日

论坛主题：新世纪、新挑战、新亚洲亚洲经济合作与发展

中国出席领导人：朱镕基

与会重要嘉宾：小泉纯一郎、他信、李汉东、阮孟琴

与会国家和地区代表：48 个国家和地区的 1900 多名代表

第二届时间：2003 年 11 月 2 日 ~3 日

论坛主题：亚洲寻求共赢：合作促进发展

中国出席领导人：温家宝

与会重要嘉宾：穆沙拉夫、拉赫莫诺夫、纳扎尔巴耶夫、吴作栋

与会国家和地区代表：30 多个国家和地区的 1200 多名代表

第三届时间：2004 年 4 月 24 日 ~25 日

论坛主题：亚洲寻求共赢：一个向世界开放的亚洲

中国出席领导人：胡锦涛

与会重要嘉宾：克劳斯、洪森、阿桑巴耶夫、董建华、何厚铧、菲德尔·拉莫斯、霍克、老布什、塞迪略、莱加里、捷列先科

与会国家和地区代表：35 个国家和地区的 1000 多名政界、工商界人士和专家学者

第四届时间：2005 年 4 月 22 日 ~24 日

论坛主题：亚洲寻求共赢：亚洲的新角色

中国出席领导人：贾庆林

与会重要嘉宾：巴达维、霍华德、许塞尔、哈利利、李光耀、叶西莫夫、曾荫权

与会国家和地区代表：40 多个国家和地区的 1200 多名政界、工商界人士和专家学者

第五届时间：2006 年 4 月 21 日 ~23 日

论坛主题：亚洲寻求共赢：亚洲的新机会

中国出席领导人：曾庆红

与会重要嘉宾：乌鲁塞马尔、德尔诺夫舍克、优素福、拉莫斯、杰斯·苏德伯格

与会国家和地区代表：约 40 个国家和地区的 850 余名代表

第六届时间：2007 年 4 月 20 日 ~22 日

论坛主题：亚洲寻求共赢：亚洲制胜全球经济——创新和可持续发展

中国出席领导人：吴邦国

与会重要嘉宾：阿罗约、阿齐兹、比尔·盖茨

与会国家和地区代表：36 个国家和地区的 1410 名代表

第七届时间：2008 年 4 月 11 日 ~13 日

论坛主题：绿色亚洲：在变革中实现共赢

中国出席领导人：胡锦涛

与会重要嘉宾：陆克文、米歇尔·巴切莱特、卡里姆·马西莫夫、那木巴尔·恩赫巴亚尔、马欣达·拉贾帕克萨、佩尔韦兹·穆沙拉夫、哈马德·本·贾西姆·本·贾布尔·阿勒萨尼、弗雷德里克·赖因费尔特、贾卡亚·姆里绍·基奎特、乔治·图普五世、霍克、陈锦华、鲍威尔、捷列先科、拉莫斯、萧万长、艾伦·罗斯林、克雷格·蒙迪、李开复、李一、成长青

与会国家和地区代表：1700 多名代表

第八届时间：2009 年 4 月 17 日 ~19 日

论坛主题：经济危机与亚洲：挑战与展望

中国出席领导人：温家宝

与会重要嘉宾：扎尔达里、纳扎尔巴耶夫、福雷、巴雅尔、登盛、阮晋勇、万哈宁、

贝里沙、约翰－基、索马雷、高萨、小布什、福田康夫

与会国家和地区代表：1800多名代表

第九届 时间：2010年4月9日~11日

论坛主题：绿色复苏：亚洲可持续发展的现实选择

中国出席领导人：习近平

与会重要嘉宾：朱马里、拉斯穆森、巴特包勒德、拉希米、哈利利、古特雷斯、蔡唐、吴作栋、福田康夫、巴达维、阿齐兹、拉莫斯、霍克、捷列先科、鲍尔森

与会国家和地区代表：32个国家和地区的2000多位各国政要、企业代表、专家学者

第十届 时间：2011年4月14日~16日

论坛主题：包容性发展：共同议程和全新挑战

中国出席领导人：胡锦涛

与会重要嘉宾：梅德韦杰夫、罗塞夫、祖马、金滉植、萨帕特罗、阿扎罗夫、英格利希

与会国家和地区代表：代表人数达到2474人

第十一届 时间：2012年4月1日~3日

论坛主题：变革世界中的亚洲：迈向健康与可持续发展

中国出席领导人：李克强

与会重要嘉宾：蒙蒂、马西莫夫、吉拉尼、穆罕默迪扎德、吉迪拉、黄忠海、福田康夫、曾培炎、拉法兰、霍克、拉莫斯、巴达维、陆克文、吴作栋、崔世安、骆家辉、陈竺、周小川、郭庚茂、佐立克

与会国家和地区代表：39个国家和地区的2000多名中外嘉宾和代表

第十二届 时间：2013年4月6日~8日

论坛主题：革新、责任、合作：亚洲寻求共同发展

中国出席领导人：习近平

与会重要嘉宾：哈桑纳尔、纳扎尔巴耶夫、吴登盛、乌马拉、萨塔、尼尼斯特、培尼亚、洪森、约翰·基、吉拉德、本萨拉赫、恩赫包勒德、耶雷米奇

第十三届 时间：2014年4月8日~12日

论坛主题：亚洲的新未来，寻找和释放新的发展动力

中国出席领导人：李克强等中国领导人

第十四届 时间：2015年3月26日~29日

论坛主题：亚洲新未来：迈向命运共同体

中国出席领导人：习近平等中国领导人

第十五届 时间：2016年3月22日~25日

论坛主题：亚洲新未来：新活力与新愿景

中国出席领导人：李克强

第十六届 时间：2017年3月25日

论坛主题：直面全球化与自由贸易的未来

中国出席领导人：张高丽

第三节 会展的内涵和外延

会展业素有“城市面包”和“经济晴雨表”以及“无烟工业”之美称。美国有一位市长曾经说过：如果在一个城市举办会展，就好比有一架飞机，在该城市的上空抛撒美元。由此可见，会展的举办，使得城市的各行各业，都可以收获颇丰，享受会展带来的实惠，足以证明会展业的内涵与外延之广泛以及对地方经济的影响。

一、会展基本定义

会展是会议、展览、节事活动、奖励旅游等集体性活动的简称，是指在特定的时间和空间，由许多人聚集在一起，形成的定期或不定期、制度或非制度的，展示、贸易或信息交流的，群众性的社会活动。会展带有广泛的外延性。会展业是会议业、展览业、和节事活动的总称，是一个新兴服务行业，影响面广，关联度高。会展业作为新兴的服务业，是我国 21 世纪朝阳产业。在我国，会展业与旅游业、房地产一起，被并称为三大新经济产业。它除了像其他服务产业一样，具有服务业的共性外，更有它自己的特性。

会展业具有效益性高、联动性高、凝聚性好、导向性强、专业性浓、交融性大的特点。会展经济逐步发展成为新的增长点，而且会展业是发展潜力大的行业之一。在新时期，必须大力发展会展业，全面提升会展经济。

会展的层级构成：会议与展览是内核结构；节事活动属于中间层；而奖励旅游属于外围层。

会展经济的含义是指：因会展活动的存在，会展产品的交易，而引发的经济活动，以及为促进会展业的发展和促进会展产品交易而引发的经济活动。所谓会展经济是通过举办大型会议和展览活动，带来源源不断的商流、物流、人流、资金流、信息流，直接推动商贸和旅游业的发展；不断创造商机、吸引投资、进而拉动了其他产业的发展，并形成了以会展活动为核心的经济群体。会展经济从内容上，可分为会议与展览两个基本组成部分。二者多融为一体。国际性会议多以会议为主，但在会议同期也举办一些商业展览活动；而国际性展览会虽然以展览为主，但展出期间也同时举行各种研讨会、专题会等。会议因展览而增加了内容，有了更直观的效果；而展览因会议也提升了档次，更显其专业性。“会”与“展”就这样相得益彰。

二、会展的内涵

会展的内涵是指会展活动为参加活动的各方提供的所有服务和产品。在概念与范围上，更接近于欧洲派的 C&E 或者 M&E 定义，即会议和展览。

无论国际还是国内都把会展业列入商贸服务业。在我国《国民经济行业分类与代码》（GB/T 4754–2017）中的行业界定：会展业是指会议、展览及相关服务，隶属于租赁和商务服务业，代码是 728（商业商务服务是 72，科技会展服务是 7281，旅游会展服务是 7282，体育会展服务是 7283，文化会展服务是 7284，其他会议、会展及相关服务是 7289）。

会展业的核心是提供相关服务和产品，其一般主要包括六个方面。

1）筹划、举办各种规模、各种性质、各种目的的国际或国内会议。

2）筹划、举办各种规模、各种性质、各种目的和各种形式的国际或国内展销会、博览会、展览会和交易会。

3）筹划、举办各种规模、各种性质、各种内容和各种形式的节事活动。

4）筹划、安排各种规模、各种目的和各种层次的奖励会议、奖励旅游活动。

5）提供各项会议、展览、节事活动、奖励旅游所需的各种场馆、设施以及各种配套的服务。如：展台设计与搭建、场地、租赁、仓储、货运、报关、检疫、通信、保险、翻译等服务。

6）安排和提供上述各项会议、展览、节事活动、奖励旅游的参与者所需的各种住宿、餐饮、游览、交通、娱乐、购物等各种生活、接待服务。

三、会展的外延

作为一个第三产业的会展业，和其他第三产业不同的是，它是一个特殊的多边缘交叉产业。具有广泛产业关联度，产业乘数效应巨大，具有独特的内涵和宽广的外延属性。

会展业是一个综合性、关联性非常强的行业、它是由一系列相关产业、行业和企业组成。这些相关产业、行业和企业基本上都是国民经济中有关部门，或行业的一部分。许多国家和地区都把会展业列为区域经济发展的一项支柱产业或重点产业，并将其作为区域经济发展的亮点而纳入社会经济发展的总体规划中。特别是那些国际知名的大城市，由于会展业不仅能促进其他相关产业的发展、缓解就业压力，而且能提高城市的美誉度、提升城市的国际形象。会展经济、旅游经济和房地产经济是世界上的三大“无污染经济”，社会正溢出效果非常明显。会展经济具有十分可观的经济效益，并具有不可多得的社会效益。再加上低碳环保、绿色节能的“无烟工业”的特有属性，备受各大城市的青睐。如柏林、科隆、法兰克福、慕尼黑、巴黎、纽约、米兰、伦敦、东京等国际知名大城市，国内的上海、北京、广州、成都等城市，会展业在其城市经济社会发展总体规划中都占有非常重要的地位。

会展产业链是指以一定产业集聚的地理区域为依托，以较有实力的会展企业为主体，以主体方（招展商、参展商、代理商、场馆、参观者）为核心，整合上、下游的相关利益企业（包括旅游业、交通业、广告业、餐饮业、装修业、通信业）等企业，以某个服务（或某一主题、某一活动）为纽带，通过对资金流、物流、信息流、商流的优化和组合，形成了具有价值增值功能的、有比较强的竞争优势的链网式企业战略联盟。

从会展经济的内涵和外延来看，会展经济包括如下几类经济活动。

第一类：MICEE 自身的经济活动。其中除奖励旅游外的五项经济活动就是相对狭义的会展经济活动，是会展经济的核心，是内涵。

第二类：是由 MICEE 带动的相关经济活动。MICEE 带动交通、餐饮、电信、住宿、旅游、广告、物流、装饰等相关产业的发展。从而形成相互促进、良性互动的经济格局。MICEE 的产业带动效应在国际上普遍认为在 1:5~1:9 之间，会展经济的乘数效应十分突出。

第三类：是由 MICEE 带动的经贸交易活动。“会展搭台，经贸唱戏”，这是世界各地最常用的方式。通过会展活动而达成的经贸交易金额不断增长。

第四类：是 MICEE 带动的软硬环境建设。软环境建设：包括政策支持、税收优惠、资金保障、人才培养等方面。硬环境建设：包括大型的综合展览场所的建设、餐饮环境建设、市容环境建设、道路交通建设、住宿环境建设、旅游环境建设等。软硬环境建设是谋求发展会展业的大城市务必要做的事情。

第五类：是由 MICEE 带动的区域经济业态的形成与发展。MICEE 不仅能够带动交通、餐饮、电信、住宿、旅游、广告、物流、装饰等相关产业的发展，更重要的是，可以形成和促进“区域特色经济业态”的形成。如“中国昆明园艺博览会”，深刻地影响了云南的经济形态：“花卉、苗木种植业”得到了充分的发展与提高，扩大了当地“花卉苗木产业”的种植面积，相应产品技术的提高以及就业人口数量的增加。“浙江义乌的小商品”“大连的服装”“天津的自行车”等，区域性专业展会，既促进了地方特色经济的发展，又提高了“区域专业展会”的专业水准。

上述五种类型的会展经济活动，第一类是会展经济的内涵，第二类 ~ 第五类是会展经济的外延。国际上的知名展会，无一例外地体现出了这一规律。

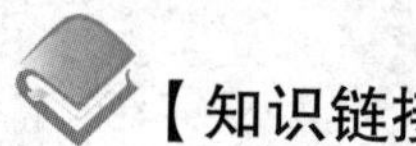

【知识链接】

中国义乌国际小商品博览会（简称为“义博会”）

中国义乌国际小商品博览会（简称为“义博会”）是经国务院批准的日用消费品类国际性展会。

“义博会”创办于 1995 年，其前身是中国义乌小商品博览会，从 2002 年开始升格为由国家商务部、浙江省人民政府等联合主办的国际性展会。到目前为止，已连续成功举办了 21 届，每年 10 月 21~25 日在义乌举行。举办地址：浙江省义乌市宗泽东路 59 号义乌新国际博览中心。建设国际小商品流通中心和国际性商贸城市是义乌市发展城市建设的主要目标。正因为有了这条以会展经济辐射、带动、促进产业发展和城市建设的主线，才使义乌闻名海内外，并在发展中经久不衰。

据说，早在清朝乾隆年间，义乌农民就开始了“鸡毛换糖”的经商活动。这也许就是义乌人有经济头脑的一个有力的证据。义乌小商品市场的兴起是义乌人在市场经济大潮中，探索会展经济，打造会展区域城市。同时，也可以说是中国会展经济发展的一个缩影。从县级城市开始，义乌人敢为人先，率先开放小商品市场，产生了市场的先发效应。义乌后来的“兴商建市”也正是这个市场开放的效应导致的结果。义乌市委、市政府不断强化“兴商建市”的内涵和外延，“以商强农”“以商促工”“兴商兴城”“以商强民”“强商强市”等一个个口号和理念，成为义乌经济发展的目标。也正是有了市委、市政府的亲力亲为，义乌围绕小商品博览会实行的产业调整，也一步一步得到落实。他们以千方百计扩大小商品出口为突破口，努力打开国际通道，使义乌成为劳动密集型产品出口贸易的重要基地和平台。从“马路市场”“草帽市场”开始，小商品城历经 5 次搬迁，8次扩建，其中每一次搬迁和扩建都是在扩大市场、扩张产业的思路下开始的。他们并没有因为某一次搬迁和扩建而使小商品市场产生“空穴”，而是做到了产业、市场和会展的三个同步发展。另外，义乌市委、市政府以市场的聚集效应为前提，大胆提出“划行归市、分类经营”的口号，对市场实行统一规划、统一布局、合理分工，对商品实行划行归市、分类经营，还建立了市场信息网络及“中华商埠”等电子网站和平台，促进市场的信息化建设。另外，义乌市委、市政府为了促进小商品的产业联动，从小商品生产、开发、物流、行业管理到政府导向，实行产业链条一体化、一条龙服务，培育市场内部和外部的良好机制与环境。

义博会主办单位：义博会为全国第三大展会。义博会由中华人民共和国商务部、浙江省人民政府、中国国际贸易促进委员会、中国轻工业联合会、中国商业联合会主办，浙江省对外贸易经济合作厅、义乌市人民政府承办，支持单位是国家工商行政管理总局、中华全国工商业联合会、香港贸易发展局、大韩贸易投资振兴公社。

展馆展品如下。

A1馆：五金机电

A2馆：日用品 服装鞋帽 针织辅料　水晶

B馆：水晶

B1馆：五金机电 工艺品

非洲馆B2馆：日用品

C馆：水晶

C1馆：工艺品

C2馆：化妆美容 流行首饰

D馆：贸易服务

D1馆：工艺品

D2馆：妇联 国际馆 山海协作

E馆：箱包皮具

E1馆：文化办公

E2馆：电子电器 汽车用品

2017年7月已确认贸易观众：共吸引了来自170个国家和地区的207159名客商参会，其中境外客商23835人，到会境外客商数居前五位的国家和地区是：韩国、印度、巴基斯坦、埃及、俄罗斯。

20届特色：第20届义博会将科学把握国内外日用消费品发展趋势，面向世界、服务全国，瞄准国内、国际两大市场，努力打造全球日用消费品生产企业和采购商开展贸易洽谈、技术交流、信息发布的首选平台。在本届展会上，创新设计展区、韩国设计振兴院专区及兰考展团吸引了大量采购商现场对接采购，展贸效果显著。同期举办第三届中国（义乌）世界采购商大会、第四届中国（义乌）世界侨商大会，广泛邀请境内外知名零售企业采购部负责人、商协会负责人等专业采购商参会，成为一个档次高、实效强的专业采购洽谈平台，切实促成买家、卖家的无缝对接。据悉，第三届中国（义乌）世界采购商大会举办了10场采购对接活动，共吸引境内外及连锁超市买家282家，直接匹配供应商共2009家，意向成交额达9785.35万元，同比增长28.86%。为进一步丰富展会内涵，展会期间还举办了“义博会20年主题活动”“黄金十年、变者领跑”——跨境电商高峰论坛、“合作共赢共享发展”——设计创造市场高峰论坛以及流行趋势发布会等配套经贸活动，取得了与展会互动的双重效果，积极推动了展会经贸实效的提升。

第四节 国内外会展业的发展

会展是指会议、展览、节庆、奖励旅游、赛事等集体性活动的统称。它包括各类会议活动、展览会、博览会，比如“世博会”“奥运会”等实际上都属于广义的会展范畴。会展业是现代服务业的重要组成部分之一，是一个极具发展潜力的新兴服务业，也是连接生产与消费的重要的桥梁和纽带。它能够促进供需对接，畅通流通渠道，对城市产业及周边经济发展，也产生着巨大的带动效应，并形成了相互促进的良性关系。

会展业具有“一带九”的联动优势：即会展业本身产值为“一”，利用其产业关联效应，能带动交通、旅游、通信、酒店、餐饮、零售、广告、物流货运、印刷、装饰等等周边产业的发展产值为“九”。

会展业汇聚巨大的商品流、信息流、技术流、人才流，能优化行业的配置资源，增强产业的综合竞争力。各产业的发展特别是制造业需要会展业服务业的支持。会展紧扣经济发展的趋势，展示经济发展的成果，直接刺激了贸易、交通、旅游、宾馆、运输、零售、金融、房地产等行业的发展。大型的、专业性的展会项目，往往是新产品、新技术的发布和展示的重要平台，推动了商品与服务贸易、高端论坛、投资合作、文化交流等各方面的进步与发展。

会展行业产业链主要表现在会展行业上游：主要是展馆等基础设施、信息技术。会展行业下游：是指会展业所服务的国民经济各个行业。其中展馆建设是“物质层”，承载着并满足定义会展的硬件属性。会展组展则是会展行业的“核心层”，包括会展创意策划、招商组展、现场运营、数据统计等。国民经济各个细分行业是“应用层”，是会展企业服务的对象。会展行业中，除组展企业承担招商招展、策划、统筹、运营外，与此相关的会展主场服务机构、展台搭建机构、物流企业、广告策划企业，也承担了协助会展组展商，更好地运营会展的职能和作用，属于会展行业的范畴。其中的会展主场服务指展览会现场管理与服务的外包和代理，是展会的组织者指定某一专业会展服务公司，对展会现场实行管理、协调和服务的一种新型专业服务模式。它是在展会组织者、场馆、展商、观众之间架起的一座“桥梁”和“纽带”。会展物流则是为参展商专门提供的特殊物流服务。此外，会展周边产业涉及交通、金融、旅游、商购、海关、媒体、餐饮、酒店等方方面面的行业。

随着全球会展业不断发展，会展业对全球经济带动作用也越发明显。据商务部与中国会展经济研究会编制的《中国会展业行业发展报告2014》，“全球会展产业，每年直接经济效益，超过3 000亿美元，为世界经济带来的增长，总额超过3万亿美元，约占全球GDP总和的4%，并呈现出专业化程度高、展会面积规模化、市场化程度高和会展产业集中度高等特点”。随着中国经济快速的发展，会展业已经成为推动社会经济增长的“新动力”，有效拉动了交通、餐饮、住宿、零售、旅游等众多的现代服务业的增长，在转变经济发展方式、优化产业结构、打造中国的经济升级版中发挥着积极作用。根据商务部发布的数据，2014 年我国会展业直接经济产值，已经达到 4190 亿元（人民币），创造的间接经济产值也十分巨大。

在新时期会展产业逐步成为我国新经济增长点，大力发展会展业，全面提升会展经济，已经提升到国家层面。会展业地位和作用日益凸现，对开拓市场、结构调整、促进消费、扩大产品出口、加强合作交流、推动经济持续健康发展，都具有重要作用。

一、国外会展业的现状

1）作为世界会展业发源地，欧洲的会展业整体实力强，规模最大，其中德国是世界头号会展强国。

2）北美主要是美国、加拿大是世界会展业的后起之秀。

3）亚洲会展业规模和水平比拉美和非洲强，仅次于欧美。新加坡曾被 UIA 评为“世界第五大会展城市”。日本、阿联酋、新加坡和中国香港地区，凭借其经济发展的巨大潜力和其广阔的市场，或凭借其发达的基础设施、较高的国际开放度、较高的服务业水平以及较为有利的地理区位优势，分别成为亚洲的会展大国和会展地区。

4）大洋洲会展业发展水平规模小于亚洲，仅次于欧美。主要代表国家是澳大利亚。

5）拉美国家会展业发展较好的依次是：巴西、阿根廷和墨西哥。其他国家的会展业规模很小，基本处于起步阶段。

6）非洲大陆的北部非洲以埃及为代表，南部非洲以南非为代表会展业发展最好。

总之，一国会展业的实力与发展水平是与该国综合经济实力和经济总体规模及其发展水平相对应的。发达国家凭借各个方面的优势，在会展业中始终处于主导地位，并向世界各地扩张。

二、我国会展行业发展现状

（一）我国会展业规模持续增长，会展经济产值不断扩大

根据商务部发布的《2014 年中国会展行业发展报告》显示，2009—2014 年，我国举办各类展览数量从 4290 场上升到 7495 场，年复合增长率达 7.27%；展览面积从 4990 万平方米上升到 9736 万平方米，年复合增长率达 11.11%，展览面积增长快于展览项目增长，单位项目规模扩大，展览效益向好（见图 1–1）。

随着会展业办展数量、办展面积的快速增长，相应会展经济产值也实现大幅增长。根据商务部等机构统计数据，2009 年会展经济直接产值仅为 1817 亿元，到 2014 年增加到 4190 亿元，年复合增长率达 18.18%，约占全国国内生产总值 63.61 万亿元的 0.68%，占全国第三产业增加值 30.67 万亿的 1.4%（见图 1–2）。

图 1-1 2009—2014 年我国办展数量和面积统计

数据来源：商务部、中国会展经济研究会

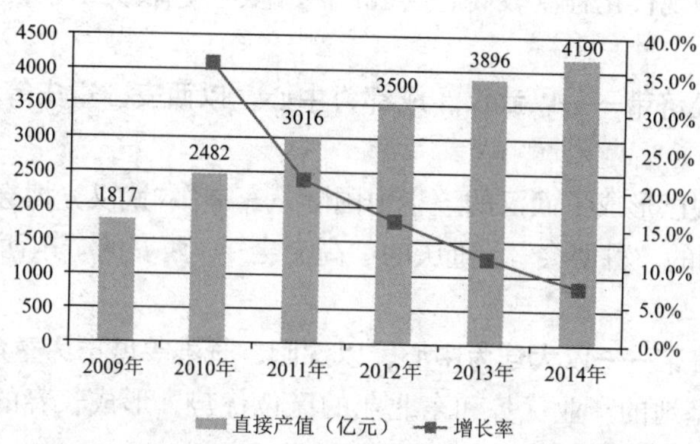

图 1-2 2009—2014 年我国会展业直接经济产值

数据来源：商务部、中国会展经济研究会

（二）我国会展业呈现五大会展经济带的格局

会展经济发展与一个城市产业结构、开放和市场化程度、区位优势、基础设施建设、服务贸易发达程度等因素密切相关。正是由于我国各城市和地区的产业结构、开放程度、地理位置存在很大差异，形成了多层次多形式的会展经济产业带和会展中心城市。

从区域分布来看，中国会展业已基本形成了以上海为中心的长江三角洲——华东会展经济产业带，以北京为中心的环渤海会展经济带，以广州、香港为中心的珠江三角洲——华南会展经济产业带，以大连、哈尔滨等城市为中心的东北边贸会展经济产业带和以武汉、郑州、成都、昆明等城市为龙头的中西部会展中心城市。这些会展经济产业带、会展中心城市通过进行准确的功能定位，逐步形成相互协调、各具特色、梯次发展的互动式的会展经济发展格局。

1. 长三角会展经济带——以上海为中心，以南京、苏州、杭州、宁波等城市为依托的会展产业带已经形成

该政府支持力度大、产业带起点高、贸易色彩浓厚、规划布局合理，受区位优势和产业结构影响较大，发展潜力巨大。

2. 环渤海会展经济带——以北京为中心，以廊坊、天津等城市为重点

其会展业发展早、数量多、规模大，专业化、国际化程度较高，门类齐全、知名品牌展会集中、辐射较广。另外在北京的会展业中，由原中央政府部门，转化出来的全国性专业行业、协会成了办展主力，是北京会展业的另一特点，北京会展业辐射和带动作用十分明显。

3. 珠三角会展经济带——以广州为中心，以广交会为助推器，以深圳、厦门、珠海、东莞等为会展城市群

形成了国际化和现代化程度较高、会展产业结构特色较突出、会展地域、产业分布密集的会展经济带。

4. 中西部会展经济带——以武汉、成都为中心，以西安、重庆等城市为重点的会展经济带

通过不断发展现已形成了武汉的"华中国际汽车展""武汉光博会"、成都的"西部国际博览会"、绵阳的"科博会"、重庆的"高交会"、西安的"东西部洽谈会"等品牌展会。

5. 东北会展经济带——以大连为中心，以沈阳、长春等城市为重点的会展经济带

依托东北工业基地的产业优势和东北亚的区位优势，形成长春的"汽博会"、沈阳的"制博会"、大连的"服装节"等品牌展会。

三、我国会展业发展趋势

（一）政府转变对土地财政的依赖更加有利于会展业平衡发展

随着城镇化进程的推进，房地产经济成为经济发展的主要推动力之一。在这种情况下，加快城市周边地块向核心地块的转化，提升土地价值成为目的，各大城市都大规模投资建设大学城、会展中心、高铁站等成为城市扩张的一种标准模式，到处都是会展地产。很多会展中心项目，实际上成了房地产开发的副产品，这种开发模式，经过多年的积累，造成了中国的会展场馆相对过剩。从中央对房地产行业进行了新一轮调控开始，粗放式的城镇化建设模式，正在得到改善，土地规划变得更加科学、严谨。中国房地产增速放缓，对控制住会展场馆供应量，盲目过快增长有着积极的促进作用。

（二）自贸区的建设加速为会展业发展提供全球化的新平台

2015年，中国自由贸易区建设步入快车道。借助自贸区建设，广东、上海、天津、福建四地的经济发展，将会出现新的变化，并对全国产生着影响。一般来说，世界上多数自由贸易区通常都具备进出口贸易、金融、转口贸易、仓储、商品展示、加工等多种功能。这些功能与会展业都具有极高的贴合度，尤其是对加工产业、装备制造业等类型的展会，将极大降低厂商们的参展成本，并将缩短客户订单的生产周期，还能以更快的速度、更低的物流成本来发货。这些变化又将促进当地会展业进一步发展，最终形成互相驱动发展的局面。拥有自贸区的地区将更加容易成为全球会展业关注的目的地，中国会展业将面临新的发展格局。上海自贸区和上海国家会展中心的强大组合效应正越来越吸引中国最优质的展会项目向大城市上海聚集，上海正在逐渐成为全球会展中心城市之一。北京、广州明显地受到了压力。随着国务院批复的“广东自贸区”建设项目的启动，广东将在会展业的创新发展方面有所作为。

（三）扩大内需、提振消费成为会展业的重要工具

在中国经济中，消费对经济增长的贡献率一直都较低。如今，在欧美经济疲软和全球购买力下降的情况下，无论是从维持全球经济温和增长，还是从保持中国经济中高速增长来看，中国必须由“全球制造业中心”向“制造和消费双中心”的目标发展。直到中国经济总量位居世界第二，金融及信贷系统相对完善，社会保障体系改革基本成型的今天，扩大内需、提振国民消费才真正到了恰当的时机。会展业的核心功能之一就是提升商贸流通、刺激民众消费。

在政府持续加大、扩大国内消费市场的背景下，会展业应该积极承担起应尽的职责，特别是针对三、四线城市的消费领域。因为三四线城市在汽车及附属用品、家具和食品、电子消费品、服务产品的市场消费的潜力极大，需要整合研讨、发布、展览、展示来促进此类消费的发生。

（四）新技术为会展业提供更多的可能

随着移动互联网的发展，通过数字化手段，开展的产品展示、信息收集、观众互动的比重越来越高。在目前的展览、会议中，信息技术服务商的收入比值，已经向传统服务商的份额逼近，有些传统服务商的服务领域将被信息服务商彻底覆盖。信息化服务使得会展业焕发了崭新的活力。信息技术的导入使得展会活动的效度、精度、深度和广度得到了准确的优化。特别是借助大数据工具展会活动的信息量化，得以提升到前所未有的高度。过去展览主办方仅仅能够提供展商数量、展览面积、现场观众数量等几项有限汇总的数据。现在则可以提供每一位观众驻足展台甚至观察展品的准确的起止时间，甚至还包括其对展品是否进行了线上检索。当然更重要的是观众信息，会被按照购买潜力高低，由高到低，结构化地呈现在了参展商的面前。传统商业模式与新技术的联姻，买家和卖家双方都获得了革命性的体验。

随着中国基础网络建设的不断完善，云平台的用户不断积累，智能手机的深度普及化，可穿戴设备走向更加成熟，会展业与新技术的融合还在不断加深，展会形态也将发生更大变化。

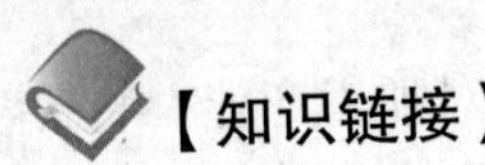【知识链接】

青岛国际啤酒节

青岛国际啤酒节始创于1991年，在每年8月的第二个周末开幕，为期16天。节日由国家有关部委和青岛市人民政府共同主办，是融旅游、文化、体育、经贸于一体的国家级节庆活动，是亚洲的啤酒盛会。如今，啤酒节已经成为彰显青岛城市个性优势与魅力的盛大节日，以啤酒为媒介，展现了青岛啤酒公司和城市特色。

第26届青岛国际啤酒节黄岛主会场7月29日晚在金沙滩啤酒广场开幕。自举办以来，历届都有数十个国家和地区的啤酒厂家参加，来自全国各地的游客达百余万人。

啤酒节活动内容：

青岛国际啤酒节由开幕式、啤酒品饮、文艺晚会、艺术巡游、文体娱乐、饮酒大赛、旅游休闲、经贸展览、闭幕式晚会等活动组成。节日期间，青岛的大街小巷装点一新，举城狂欢；占地近500亩、拥有近30项世界先进的大型娱乐设施的国际啤酒城内更是酒香四溢、激情荡漾。

（1）啤酒品饮活动
（2）“慕尼黑主题日”活动
（3）中心舞台文艺演出
（4）艺术巡游
（5）饮酒大赛
（6）啤酒节文化展览系列活动
（7）啤酒酒标展
（8）摄影大赛
（9）爱心参节团活动
（10）侏罗纪公园恐龙展
（11）自行车特技表演
（12）啤酒海鲜菜大赛
（13）“情系奥运”少儿绘画展
（14）德国凯撒施图尔—图尼堡青年铜管乐团巡演
（15）嘉年华娱乐项目

【复习思考题】

1）简述世界会展发展的历史过程和现状。

2）简述我国会展发展的历史过程和现状。

3）简答会展的概念和类型。

4）介绍部分中外著名会展活动：如中国——东盟博览会；夏季达沃斯论坛等。学生也可随堂介绍自己熟悉的中外著名会展活动。

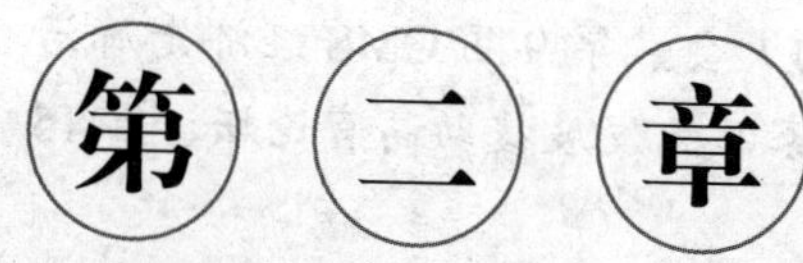

第二章 会展产业分析

【本章导读】

本章主要介绍了中国会展产业的发展简史，包括初始阶段、发展阶段、成熟阶段和现代会展阶段。同时叙述了会展产业的形成背景，发展现状，会展产业的属性，会展产业的供给侧和需求侧，寻求供给侧与需求侧的平衡，并介绍了会展与互联网的融合发展，提出了绿色会展的理念。

【学习目标】

1）了解会展产业的形成背景以及发展现状。

2）掌握会展产业供给侧和需求侧之间的关系。

3）了解会展产品的属性和主要类别。

4）熟悉掌握“互联网＋会展的理念”和绿色会展的表现形式。

【导入案例】

第五届昆明南亚博览会

2017 年 6 月 12 日举行第五届昆明南亚博览会，会期 6 天。本届展会的宗旨是“促进中国—南亚东南亚全面合作与发展”，以推动“一带一路”建设为主线，以“亲诚惠容、合作共赢”为主题，以“隆重、热烈、节俭、精彩”为总体要求，力争打造集商品贸易、服务贸易、投资合作、旅游合作和文化交流等为一体的高水平综合性展会，成为中国与南亚国家互利合作的重要桥梁，成为中国和南亚国家扩大与其他国家和地区经贸交流的重要平台。此次盛会将成为和南亚文化交流，贸易合作的一次重要大会。

除了展览展示外，会期还将举办第 12 届中国—南亚商务论坛、中国—南亚科技部长会议、第 4 届中国—南亚智库论坛、商品（服务）采购大会、第 9 届 GMS 经济走廊活动周暨 GMS 经济走廊省长论坛、博览会客厅、南亚国家官方发展援助高官论坛、第 15 届东盟华商会等一系列活动。

资料来源：新华网 http：//www.yn.xinhuanet.com/

第一节　会展产业的形成与发展

前面介绍的会展是广义的会展，即会议、展览、奖励旅游和节事活动这四种经济活动的统称。从近几年四类活动的发展趋势来看，这几类活动的界限已经渐渐模糊，在大型的活动中往往是展中有会，会中有展，同时奖励旅游也和大型会展活动紧密结合起来。我们知道这四类活动并不是相互孤立的发展的，而是相互促进，相互影响，呈现出螺旋状态发展的。因此，这四种活动的形式统称为会展，而由会展经济活动而引起的相互联系、相互作用、相互影响的同类企业的总和统称为会展业（MICE industry）。

一、会展产业的形成

我国的会展起源可以追溯到奴隶社会时期的集市，会展一直伴随着人类文明的发展与进步，与人类社会的经济文化交流不可分割。

关于会展活动的形成，目前仍在探讨和研究中，尚未形成统一的看法。一般认为有市集演变说、巫术礼仪与祭祀说及物物交换说等。

但是由于政治经济、社会历史文化等方面的原因，我国的现代会展产业的发展起步较晚，因此在很大程度上落后于世界会展发展。从历史发展的角度来看，我国的会展发展历史大致分为以下几个阶段。

1. 初始阶段

展览的发展主要是随着社会生产力的发展而发展的。例如原始社会，生产力极具落后，展览只能是原始形态的展示，表现在宣传性展览上是很粗糙的岩画、文身、图腾崇拜；表现在贸易性展览上是物物交换的地摊和简单的叫卖。因此，出现了“敬天神、颂祖宗”的祭祀展览，展品较为丰富，有牲畜、酒食等；展具较为考究，有陶器、铁器等，甚至还有铭文；展出时还有钟鼓音乐、歌舞渲染等，成为综合性的展示艺术活动。

展览活动的原始阶段萌发于原始社会的祭祀活动，直接以农畜产品、手工业产品作为陈列手段的展览，可称为祭祀品展览；之后，出现宗教艺术展示；再进一步发展到古代物品交易集市的商品陈列展销。

2. 发展阶段

随着社会分工的进一步深化，交换已经成为生产、分配、消费同等重要的经济运行环节，大约在公元 8~16 世纪，欧洲集市形成了规模较为集中，举办周期长，功能比较齐全等特点，并包括零售、批发、国际贸易、文化娱乐等多个领域。其中，最著名的有中世纪的法国国际贸易集市——香槟集市，在 12~13 世纪尤为重要，它由香槟伯爵建立，在其领地内的4个城市轮流举行，成为法、意、德、英等国商贾云集之地。香槟集市的形成和发展是社会分工和生产力发展的结果，也是古代会展活动较为完整的形式。

在我国，由于受到历代封建王朝重农轻商思想的禁锢，并且长期处于自给自足的自然经济状态，社会分工不明显，农耕文明限制了商品交易的充分发展，使得我国的会展活动直到19世纪依然发展缓慢。19世纪末，我国开始尝试着参加各种世界博览会，自此，我国近代意义上的会展业才开始真正出现并逐渐成长。我国在参加世博会的同时，也在努力尝试举办自己的博览会。1910年6月~11月，第一次全国博览会——南阳劝业会在江宁（南京）召开。1929年，以纪念北伐战争胜利为名召开了西湖博览会，虽然这次会展规模较大，但是由于受到当时经济、科技与文化等因素的限制，其水平与国外的博览会还有很大的差距。总体上讲，这些尝试对于我国会展业的发展还是起到了巨大的促进作用。

3. 成熟阶段

第二次世界大战之后，到了资本主义社会，生产力的发展更加迅猛。也就出现了大型博览会，甚至是世界性的博览会。其规模和形式空前壮大，并且还出现了各种不同类型的博物馆、陈列馆。随着科技发展，展览在形式和内容上都有了重大的革新与突破，如融合声、光、电于一体的综合表现手法，甚至出现了列车展览、汽车展览、轮船展览、飞机展览（即把展品装在某一大型运输工具上，到处流动，供人参观），还有仅仅是放映录像或张贴图标，甚至采用电传交流的贸易展览等。

此外，大型的体育盛事（如奥林匹克运动会、世界杯足球赛等）、节事活动（如旅游节、民族风情类的节日等）以及相关的经济活动（旅游接待、消费购物等），从而最终形成了现代意义上的会展产业。

4. 现代会展阶段

现代会展的发展可以追溯到第二次世界大战之后，由于各国都致力于经济建设和科技发展，社会化分工细化深入，因此产品更新换代的速度明显加快，会展业的理念在全世界迅速深入人心。无论是国际会展业，还是我国的国内会展都得到了长足的发展，并且发展势头迅猛。

二、会展产业的发展

（一）会展业的发展环境进一步优化

自2015年4月国务院发布了《关于进一步促进展览业改革发展的若干意见》以来，中央及各级地方政府高度重视展览业，先后出台了一系列切实有效的措施，不断优化展览业发展环境。

在中央政府层面，为了贯彻落实国务院意见，商务部不仅牵头成立了促进展览业发展的部级联席会议制度，为展览业的发展提供了更加有利的政策环境，而且在展览业的行业监管与服务方面也迈出了实质性的步伐。商务部于2016年11月份印发的《展览业统计监测报表制度》，对进一步完善展览业的统计监测体系，科学、有效地开展展览业统计工作发挥了重要的作用，为推动展览行业的健康发展提供了科学依据。

在地方政府层面，各地更是抓住展览发展的有利时机，陆续出台了一系列政策措施，从政策、税收、人才、土地等方面给予展览业鼓励和扶持，为展览业的健康发展创造了良好的环境。

环境就是竞争力。良好有序的会展业发展环境有利于调动各方参与会展业发展的积极性，有利于培育引进会展项目，也有利于做大做强会展业。二线及以下城市的会展扶持政策还将是推动城市会展业发展的重要支撑。

由于会展业本身的高速发展及其对经济的巨大带动作用，各地政府非常重视会展业的发展，形成了政府主导会展业发展的局面。北京、上海、杭州、广州等地在政府的主导下，制订了会展业发展的规划。

（二）全国掀起了展览场馆的建设高潮

2016 年，全国的场馆面积增长较快，全国 5000 平方米以上的展馆有 270 座，可租用室内展览面积为 623 万平方米，比 2015 年增加 9%。全国场馆的平均利用率比 2015 年提升 3 个百分点。

从全国展览馆数量省份分布看，山东、浙江、广东、江苏、上海、北京、河北 7 地展览馆数量在 10 个以上，展览馆数量合计 112 个，约占全国展览馆总数量的 59%；6 个省、直辖市展览馆数量在 5~9 个之间，展览馆数量合计 36 个，约占全国展览馆数量的 19%。

从展览馆室内租用总面积看，广东省以 134 万平方米位居全国首位，占全国展览馆室内租用总面积的 15%；山东省以 106 万平方米列第二位，展览面积较上一年增加 59 万平方米，占全国展览馆室内租用面积的 12%；上海市以 86 万平方米列第三位，占全国展览馆室内租用总面积的 9%。

从城市分布数量上看，全国共有 6 个城市拥有 4 个以上的展览馆，其中上海市拥有 11 个展览馆，是展览馆数量最多的城市；北京市拥有 10 个展览馆，居于第二位；杭州市拥有 6 个展览馆，居第三位。

（三）线上线下展会融合创新

“互联网 + 会展”是创新 2.0 下互联网发展的新形态、业态，进入中国会展经济发展新常态的会展行业，会展企业通过互联网营销思路和手段提升展会品牌，拥抱互联网新媒体 2.0 时代的触网营销早已到来。

第一，在展会宣传方面，“互联网 + 会展”线上线下宣传相结合的方式无疑比传统线下渠道邀请大量国外专业买家到会。那么，通过电子邮件渠道、通过国外专业网站广告投放的渠道就显得实惠又高效。

第二，对接供需双方的需求是展会最为重要的基本功能。而运用“互联网 + 会展”技术后，展会可将参展商、专业买家的基本资料采集整理成册，人工配对推送信息的展会服务方式虽然也颇有效果，但存在成本高、信息利用率低以及匹配误差较大等问题。一旦将大数据、云计算、移动互联网技术引入其中，许多过去的难题便能迎刃而解。因此，展会组办方只需要将参展商、买家的信息精准录入系统，甚至仅仅需要引导人们主动提交个人和公司、产品信息到系统之中，随后的供需对接、信息分发等展会服务都可以自动完成。

第三，展会数据的线上传输。过去专业展会的产品都是直接对应营销商、批发零售商，但进入“互联网+”时代后，展会在线上，这些产品和服务不但可以365天、一天24小时不停歇地进行展示，也能不停歇地进行线上交易。而且，在线上不但可以与商家对接，也可以直接向普通消费者消费产品，甚至可以通过大数据实现精细营销和精准客户管理，通过与海外零售商合作实行本土化售后服务。

未来展会主办单位将会对线上线下展会融合创新，帮助中小企业做好跨境销售业务。例如，阿里巴巴通过外贸综合服务为跨境交易的客户积累了真实的出口数据，已经建立起一套完整的跨境贸易的信用体系，线上展会体系可以输出给亚洲博闻的线下展会，使得展会的功能得以延展到交易领域。同时，双方正在联合打造一个展会APP，通过阿里巴巴平台做买卖交易匹配的一套底层数据和技术体系，帮助参展的买家、卖家实现匹配。

（四）绿色会展理念渐入人心

自20世纪90年代以来，一些欧美国家相继推出了绿色会展指南和相应的标准，拉开了全球绿色会展实践的序幕。我国绿色会展理念和服务体系才刚刚起步，从北京奥运会到上海世博会，从西安世园会到广州交易会，虽有成功案例，但全产业绿色环保意识还有待普及，相关产业链有待健全。与传统会展模式不同，绿色会展以可持续发展为原则，以信息技术和新材料应用为载体，是一种全新的发展模式，也是贯穿于会展产业上下游的生态体系。

国务院印发了《关于进一步促进展览业改革发展的若干意见》，倡导低碳、环保、绿色理念、培育壮大市场主体，加快展览业转型升级。该《意见》提出，到2020年，基本构成结构优化、功能完善、基础扎实、布局合理、发展均衡的展览业体系。

绿色会展是贯穿于上下游的体系，离不开会展产业链上下协同。推进绿色展览要加强展览从业企业的社会责任和从业人员的整体绿色环保意识，特别是行业产业链的各环节中的龙头企业和重点企业，应该作为率先垂范的企业推进绿色展览。目前，国内大型会展的主办单位成为绿色会展的先行者。

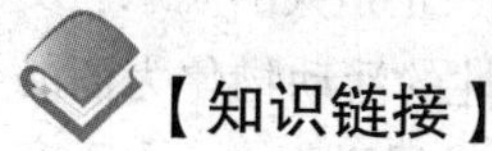

【知识链接】

德国第二次世界大战后专业展会（Fachmesse）发展的几个阶段

德国专业展会的发展历经了三个阶段，分别是第一次世界大战结束后到第二次世界大战前（20世纪20年代初到30年代中期），是专业展会的初步兴起时期，第二次世界大战结束后到50年代末期，进一步确立其核心地位，60年代和70年代是发展壮大时期，以至于到目前专业展会最终在展览行业占领统治地位。

1. 综合性展会不适应市场需求

综合性展会的概念一直到20世纪初期在展览行业一直占统治地位，随着各行业的发展壮大，综合性展会缺乏明确的定位和层次感使得无论其规模大小都不再适应每个行业自身发展的需要。

2. 科隆首先尝试专业展的办展策略

第一次世界大战结束后，综合性博览会的概念越来越不适应各行业发展的需要，遭到了多方的批评，主要原因是展品虽然多，但没有明显的关联性，观众和参展商都处于无序状态，科隆首先实施新的办展策略。按现在的观点看，是半专业性展会，该策略使得观众和参展商数量逐渐得到回升，展览主办者开始受益，这个时间段大致经历了10年的时间。

3. 专业展概念最终在杜塞尔多夫成型

第二次世界大战结束后，莱比锡开始淡出德国展览业的范围，所以德国专业展会发展的第二和第三阶段都已经跟莱比锡没有关系了。专业展会可以说发源于科隆，进一步在杜塞尔多夫成型和稳定，最后于20世纪50年代中后期开始发展壮大。专业性展会起源和壮大于德国，而德国展会的发展史实际就是世界展览业的早期发展历史。

第二节　会展产业属性

从某一范围来说，市场的一部分就是会展。不同的人带有不同的商品在约定的时间来到约定的空间中进行展示和交换，这就是市场活动最基本的形式。很显然，会展活动的形式要比市场发生得更早。集会、议事、展示、交流是人类社会活动一开始就存在并一直延续至今的形式。今天，当人们把一个从来就有的活动形式赋予一个特殊的概念，并在这个概念下向四周延伸形成了一项产业，在某种意义上就意味着会展在我们的经济生活中的地位已经越来越重要。

一、会展产业的社会属性

（一）会展活动的社会属性

从上述会展活动的叙述来看，会展活动是人的社会性的一种外延，正是人的展示、交流这样的社会性需求造就了会展这样的活动形式。当人的这种社会性的活动物化为商品时，会展活动则展现出市场性。但是，在市场经济发展的漫长的历史发展过程中，由于商品供给侧和需求侧之间的距离主要表现为物理性的距离，社会对商品的需求主要表现为生存层次的需求，后期才开始慢慢展现出精神层次等更高层次的需要。因此，会展活动特定的功能并没有全盘渗透到整个市场活动中去。事实上，在这个历史阶段，商品供给对方需求的满足还不需要这些功能的介入，就好像商品的流通还没有在足够大的区域内发生时并不需要更高的物流技术介入一样。然而，会展作为人类一种特定的社会活动即使在这个时期也一直在发展，只是没有更多地显示其社会经济内涵，更没有成为一项产业。

（二）会议活动的社会属性

会议可以说是人类最古老的一种社会活动形式。不同的人为某件事坐下来交流、协商、谈判，便形成了会议。然而我们越往前追溯历史，就越会发现会议更多的是属于上层建筑的一种活动，或者说是属于政治或者公共行政领域里的一种活动。在这个领域里，会议显示了它强大的交流、博弈、文化渲染及价值认同的功能。会集而议，交流是会议的核心。由于交流往往基于不同的思想和文化，而在这些不同的思想和文化背后，又往往存在着不同的利益，因此，会议通常是这些不同利益间进行博弈的一种形式，当然这是一种更贴近人的社会性的比较文明的形式。

（三）展览活动的社会属性

展示或者展览作为人类的一种社会活动形式同样是古老的。展示是一种交流，也是一种比较和炫耀，这些都出自人的社会本性。把各种引人注目的饰品放在身体的某一部位，是自古就有的一种个人展示的方式。这种方式一开始也许只有文化的含义并无经济的内容。作为一种团体性的活动，展示或者展览也可以追溯到非常久远的年代。传说中，公元前 5 世纪波斯国王大流士就以陈列财务来炫耀本国的财力和物力以威慑邻国。在中国更有清晰的历史记载。据《旧唐书 . 韦坚传》记载，公元 734 年（唐天宝二年），水陆新史韦坚在渭水之滨引水举办了一次大型的、别开生面的水上博览会，所展物品有绸缎、铜器、珍珠、象牙、沉香等，其中的不少展品来自大唐之外，如当时的安南等国。即使用今天的眼光来看，这也算得上是一次国际博览会了，只是这种博览会更多的意义是政治和文化上的，而非经济上。

事实上，作为人类的一种社会活动形式，会议和展示是很难分清界限的。自古以来，人群集聚的活动经常是集会议和展示于一身的。那些有着各种名目和主题的活动，无论是喜庆的还是哀伤的、严肃的还是轻松的，都发挥着人与人之间相互交流、相互展示、相互博弈、相互认同的社会功能。这就是我们所指的会展活动最基本的社会内涵。

二、会展产业的文化属性

（一）文化传播

会展业的各种会议和展会是人们了解市场、走向市场，了解世界经济文化、融入世界经济文化的最直接、最开放、最形象和最直观的窗口。对于举办地区和城市来说，一个成功的国际会议和展览会就是一个文化传播盛会。尤其是有国际博览局批准的综合性世界博览会和专业性世界博览会，就充分展示了人类在某一阶段、某些领域所取得的重大的成就和文化经济的广阔前景，并成为享有“经济、科技及文化领域的奥林匹克盛会”美誉的重大国际活动。对于任何一个外地客商、国外客商或者普通旅客来说，了解一个国家、一个地区和一个城市文化最佳的途径，就是参加在这个国家举办的会议或参观其展览会。

（二）文化交流

从历史上看，许多跨时代的发明创造（如电话、留声机、电视机等）都是首先在展览会上展示和推广的。展览商在向国内外客户推出自己的新产品系列以及推广品牌的同时，又通过与国内外买家的直接接触，迅速地对市场情况进行全面了解，尤其是了解本行业的最新潮流产品、发展趋势和客户需求，最终达到更有效地推销自己产品的目的。

而参观者也可通过展览了解供货商、产品、新技术及市场等所需要的信息。

因此，从会展上获得的信息往往是最新的、丰富而准确的。此外，会展活动也是增进国际相互了解与沟通的重要平台。会展业不断发展已使会展活动日益成为文化交流的重要渠道，各类会展大大地推动了世界各国和地区的各种交流和往来。可见，即便在信息技术和日新月异的今天，会展的集中性、直观性、生动性和便捷性仍使其在新文化、新技术、新知识的传播、推广和交流方面起着不可替代的作用。

（三）文化渲染

同时，会议的文化渲染功能是同样引人注目的，它也是一种文化的价值认同功能。通过会议的形式来强调和渲染一种文化主题，以达到对这种文化价值认同的目的，从古代的祭祀活动到现代的各种集会，都有这种功能的体现。

三、会展产业的经济属性

纵观历史，社会经济的发展与经济时代的演变，使得上层建筑领域中的许多活动形式都在经济活动领域获得了新内涵。今天，我们所看到的企业组织结构、贸易谈判方式、广告宣传手段、商业运作机制等都可以在政治或文化领域找到它们的原生态，会展也不例外。我们需要讨论的只是这种社会经济内涵获得的原因和理由。

（一）促进经贸合作交流

在开放的经济体系下，国与国之间、地区之间的经济贸易合作越来越重要。会展活动，尤其是大型的国际会展将各国、各地区客商聚于一堂，有力地促进了会展举办的对外经济贸易交流与合作，并大大地降低了贸易成本。贸易性展览通常采用规模经营的方法，在相对集中的场所内，汇集了特定行业的众多企业来展示和展销各种产品，使当地和外地的采购商能够在展览会上对自己所需要的产品进行充分的比较和选择，而无须为寻找质优价低的供货对象到处奔波，同时也使参展的供货商迅速接触到大量的潜在客户。因而展览大大降低了企业的采购和营销成本，优化了贸易双方的经营环境，为各类企业带来了巨大的利润。会展在同一时间、同一地点使同一行业中最重要的生产厂家和购买商集中到一起，这种机会在其他场合是找不到的。根据英国展览业联合会调查，展览是优于专业杂志、直接邮寄、人员推销、公关、报纸、电视等促销手段的最为有效的营销中介体。调查显示通过一般渠道找到一个客户的成本约 219 英镑，而通过展览的成本仅为 35 英镑。各类展览，如交易会、洽谈会、展览会往往都会签署大笔的合同和合作意向等。

近 10 年来，我国通过展览实现对外贸易出口成交额达 340 亿元，内交易额 120 多亿元。据统计，广交会每年两届的出口成交额就相当于全国一般贸易出口额的 1/3 左右，对我国对外贸易的发展贡献巨大。会展活动在吸引外资方面也发挥重要的作用。如安徽合肥举办的 2002 年资本对接会，吸引了投资商 600 多家，签订了合同协议 98 项，投资额达 59.1 亿元。

（二）创造就业机会

会展活动直接和间接涉及的行业众多，故可增加会展举办地的各种就业机会。据测算每增加1000平方米的展览面积，就可以创造近百个就业机会，而每增加20位会议代表就可创造一个就业机会。2000年，德国汉诺威世博会创造了10万个就业机会。当会展形成产业和一定的规模后，就能增加长期的就业机会。会展的经济效应不仅体现在庞大的产值，更主要体现在它是一个高盈利的市场。会展业是典型的高收入、高利润的产业，理论率大都为20%~25%。

（三）提升经济效益

会展直接经济效益如此显著的原因首先在于会展代表消费水平高。在美国，协会会议与会代表平均每天花费188美元，公司业务会议与会代表每天话费约193~198美元，消费水平远远高于其他类型的旅游者。根据我国2010年国内旅游抽样调查报告，会展旅游者每次出游人均花费为1956.8元，居各类旅游者之首。其次，会展旅游者的团队规模大也是给会展举办地带来巨大经济效益的重要原因。

第一，会展代表人数多。尽管各类会展活动规模相差很大，但作为一次性的消费整体，会展旅游者的团队规模要远远超过其他旅游形式。

第二，会展代表“连带”客人多。一人开会，多人出游，这是会展活动的重要现象。会展代表在参与会展时往往携带配偶或者陪同，使得会展旅游者的团队规模进一步扩大。特别是会展代表的眷属在会期间，主要是四处游览、娱乐和购物，这成为会展旅游消费的主力军之一。据澳大利亚悉尼市会议与旅游局调查，48%的会展代表至少带有一个同伴，31%的代表带2~3名同伴。

第三，会展活动的其他参与者众多。如2009年召开的达沃斯世界经济论坛，与会者达2500名，而采访2008年北京奥运会的记者更达21600余名。

第三节　会展供给侧

会展产业有其独特的供给需求结构和要素构成。供给侧是会展体系中重要的组成部分，与需求侧相互影响、相互作用。

一、会展产业供给侧的要素构成及配置要求

会展组织者、会展企业及会展产所是会展供给侧的基本要素，缺乏任何一个要素，会展客源市场难以达到吸引会展商务客，完成会展活动的目的。会展组织者是会展项目的策划者，主要分为三个主体：主办单位、承办单位、协办单位；会展企业是会展供给侧的经营主体，主要提供会展活动设计、推广营销、活动实施等服务。会展场所是会展活动举办的硬件基础，其主要包括会展场馆和会议厅。会展场馆是会展旅客最终参展、参会的目的地。

会展产业是一类高度关联的产业，其关联要素主要包括餐饮、住宿、交通、游览、通信、保险、市政服务、物流、环保、金融、商贸服务等行业。会展的涉及面十分广泛，应该不断对会展产业及其关联行业不断实现产业结构优化升级，继续深化会展供给侧结

构性改革，实现供求关系新的动态均衡，以此来保障会展产业的核心要素发挥作用。

二、会展市场供给者

（一）会展中心

会展中心是举办会议、展览会等一系列会议场所的总称。随着会展产业的高速发展及其高度的产业相关性，会展产业不仅仅是提供展览和会议，而是向各类会展需求方提供食、住、行、游、购、娱的服务，逐渐发展成会展产业集团。

（二）会议组织者

会议组织者主要负责协调举办会议的各项事宜、处理各个细节，整合会议事项，以实现会议的成功举行。一些专业的会议组织者和企业是会议的主要供给者。该类供给者需要进行的活动主要包括选择会议地点、同与会者商榷、制定会议流程、做好会议的运营与管理等。一般将会议组织者分为公司会议组织者、社团组织者、独立或私人会议咨询顾问。或者说由上述两个或两个以上的组织者结合组成的会议顾问公司与管理顾问公司类。

（三）展览公司

展览公司主要承办的是展览会，展览会是会展产业中的重要组成部分。一方面，展览公司可以为参展人员统一代理订房、订票业务，推荐会展服务商或者为 VIP 客户提供专项服务。另一方面，对于参加国际展览的参展人员，有资格办理出国展览的展览公司在国内招展完毕后，可以协同为参展人员办理签证、机票、安排食宿等手续，参展人员出国后的活动一般交给国外当地旅行社或者展会举办方。

除了上述的会展经营机构，还有会议信息和咨询供应商、广告公司、礼仪公司、物品供应公司等也是会展供给侧的构成要素。如会议信息和技术供应商可以对目的地管理公司、演讲人、娱乐活动、网上注册系统和网络会议进行评估与商议，还能为会议主办者安排实地观察旅行、办理房间名册和房间区段；会议物品供应方则可以为会议提供设施设备投影工具等。

三、会展业供给侧结构性改革

会展业供给侧改革是一个庞大且不容回避的课题，核心在于进一步简化政府职能，减税减负，发挥企业的市场主体作用。因此，需要政府和企业共同发力，各级主管部门要着力于有效的政策供给，顶层设计，营造健康有序的行业环境，应着重从以下角度发力，统筹做好会展业供给侧结构性改革。

因地制宜研究制定供给侧结构性改革实施细则，推动会展业健康有序发展；充分发挥市场配置会展资源的作用，加强政府会展行为的规范，尽可能避免对市场机制的干扰和扭曲；积极推动会展供给存量的结构调整，注重提高会展供给增量的质量和效能，尽可能减少无效或效率不高的会展供给增量；改进政府会展扶持政策重点，提高公共服务水平，营造有利于会展全行业、全领域的普惠发展环境；根据市场和产业发展需要，策划会展项目和会展活动，增加会展项目供给的有效性，全面提升服务意识和服务水平，增强会展服务提供的精准性和有效性；加强标准化建设，研究展览业评估认证体系，建立中国展会评估认证制度，推出商务部品牌展会推荐政策，发挥品牌模范引领作用；加快智慧城市、智慧会展建设，全面提升会展服务的技术装备水平和服务质量；开展全国会展设施建设调研，实事求是地规划会展场馆设施建设，密切关注新增超大型会展设施建设，积极参与国际规则的制定。

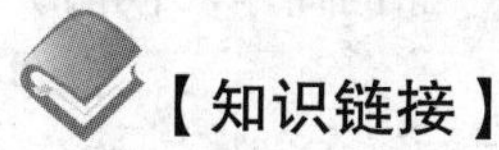【知识链接】

会展业的供给侧结构性改革

2015年11月10日，习近平总书记在中央财经领导小组会议上提出“在适度扩大总需求的同时，着力加强供给侧结构性改革”。“供给侧”由此迅速成为当下中国经济发展的“新宠”。毫无疑问，也必将成为“十三五”时期中国经济发展的主旋律。展望新气象当然要在“供给侧”的框架下进行。

会展业如何进行供给侧改革？暂且以展览业为例，盘点一下行业的总规模，根据1月中国贸促会发布的《中国展览数据报告》：据不完全统计，2015年全国室内可租用面积大于等于5000平方米且举办2个以上经贸类展览会的专业展览馆共有136个，比2014年增加8个，但场馆出租率普遍不高，超过60%的场馆出租率低于20%；共举办2612个展览会，比2014年增长约7.8%，比2012年增长约27%；全国共有2047家组展单位，比2014年增加193家，增长约10%，其中73%的组展单位每年只举办一个展览。翻阅其他机构的报告，虽然统计口径不尽相同，但总体趋势相同。在笔者看来，中国会展业不但供给不足，而且供给质量不高、供给效率偏低，简言之有效供给乏力。因此，供给侧改革必须想方设法地增加有效供给。

应该盘活存量供给。“结构”是着力解决的问题之一。供需结构失衡首当其冲，尤其体现在互为供给的企业主体之间。很多主办方不能精准把握产业需求、展商需求和专业观众需求，虽然展会数量增加，但展会题材和主题趋于雷同，展会价值流于形式；同样场馆建设热潮不减，但大多都是缺少需求分析的盲目供给，外形壮观，体量惊人，最终沦为中看不中用的场所。

第四节　会展需求侧

会展需求侧是与供给侧相对应的另一关联方。会展的需求方主要的是会展客源市场，是旅游客源市场的一个要素市场，也是现代旅游市场的重要组成部分。一个城市的会展产业的发展程度取决于举办会展的规模大小、层次高低、外来参展人数的多少。因此，必须得深入了解需求侧的结构特征和客源市场需求特点，提升城市的吸引力，开发具有吸引力的会展产品，才能真正有效地促进会展产业的发展。

会展需求侧主体如下所述。

一、政府

在会展产业持续发展的今天，中国大部分的会展活动也依旧是以政府为主导，企业为核心的会展产业链。政府与企业相辅相成，通过会展活动的举办来达到，传达政府旨意、制定公共政策、处理公共危机、弘扬民族精神的目的。政府公职人员通过出差培训、召开年会、举办展会等大型活动，带动对机票、酒店、餐饮等服务产品的需求。同时，公职人员出差的途中往往会产生观光游览、购物的需求。

公职人员是否该利用职务之便进行观光活动一直是一个敏感的话题，不同级别的公职人员具有不同的出行住宿标准。在条件允许下，许多会展活动都是在政府的接待系统内完成的。但是，政府一直是会展市场重要的需求主体，企业应当联合政府共同开发会展市场，挖掘潜在的客户群。

二、企业

企业对会展产品的需求是多种多样的，主要是为了研发和销售商品、服务客户等。通过参加展览会、行业会议、技术考察、产品推介等形式而产生大量的需求。个人对于会展的需求是极小的，大部分是出于观光游览的需要，因此企业成为会展业的主要需求方。一般情况下，企业对会展产品的需求主要表现在以下几个方面。

（一）企业会议

主要是公司管理层面的企业股东大会、董事会，也包括企业基层的例会、专题会议。除此之外，企业还派出员工参加行业协会、政府层面的行业集会。随着会展业与酒店业的相互融合，越来越多的企业将公司会议委托给酒店进行举办，同时加强了会展业与旅游业的融合。

（二）参加展览会

企业之间为了促进信息交流和产品推介往往会举办一系列的展览会，展览会作为商品的贸易平台吸引着来自海内外的顾客。企业以参展商或者贸易观众的身份参加展会，由于举办地并不是在企业所在地举办，企业参展的过程中会产生差旅费的支出。而且，为了满足参展的业务人员的个人需求，在完成业务的同时也会对展览地的人文景观、地址风貌产生兴趣，以此来引发旅游的需求。

（三）奖励旅游

奖励旅游是会展业中的核心部分。通常，公司最多的会展需求多数以奖励旅游的形式兑现。奖励旅游是企业为了奖励员工对企业所做的贡献所给予的一种激励手段。奖励旅游并不是单纯地进行旅游活动，而是在休闲、娱乐、度假的过程中，还要接受业务培训、拓展训练等特殊的活动。该种奖励方式突破了原来奖励金的物质奖励而提升到了精神奖励的层次，越来越为现在的企业和员工所接受。

（四）公司大型聚会

除了上诉的企业对会展产品的需求外，企业自身也会进行许多的大型聚会活动，包括公司年会、周年庆典、上市前的路演、新品发布会、组织集体出游等。这些特殊的、大型的公司集会也需要借助酒店等旅游机构的设施和服务来实现，对会展相关要素有需求。

三、高校科研院所

高校等科研院所对会展的需求主要是对知识的需求和学术交流的需要。在自身发展过程中，需要维持大量人员的差旅活动，还需要进行行业间的专家学术交流和调查研究。一种类型是，高校和科研院所组织召开行业学术研讨会促进知识的传播，已经成为会议市场的重要组成部分；另一种类型是，各大高校和科研院所协同参加各类行业会议，将理论与实践相结合。随着教育事业的蓬勃发展，高校数量与日俱增，这也带动了会展产业的发展和行业需求。另外一些重要的军事机构、宗教组织为了处理事务也会进行非观光型的会展活动。如宗教组织对于信仰而进行的朝圣活动，可以说是历史最悠久的大型会展集会活动之一。

第五节　会展市场

根据国际展览业权威人士估算，国际展览业的产值约占全世界各国 GDP 总和的 1%，如果加上相关行业从展览中的获益，展览业对全球经济的贡献则达到 8% 的水平。

国际会议同样是一个巨大的市场，根据国际会议协会（ICCA）统计，每年国际会议的产值约为 2800 亿美元。在中国香港、德国等会展业发达的国家和地区，会展业对经济的带动作用达到 1∶9 的水平。

一、会展市场的含义及其构成

现代会展市场是由若干相互联系的要素构成的一个有机系统，其中包括五大基本要素：会展的主体，即会展的服务对象是参展厂商，也是会展的客户；会展的经营部门或机构，即专业协会和会展公司是会展的组织者；会展的客体，即会展的展示场所，如展馆或会展中心；会展市场，即参展厂商获取信息和宣传企业形象的渠道；参观会展的观众，即最终用户和消费者。而会展市场是系统结构的纽带。

狭义的市场是商品交换的场所，广义的市场是指商品所反映的各种经济关系和经济活动现象的总和。会展系统中的市场是广义的市场，它所涉及的内容和经济关系远远超出了纯粹的商品交换的范围，即有以展览为媒介反映参展商和消费者关系的商品交换行为，也有反映参展商与展览组织者和展馆之间的分工协作行为。

在会展系统中，市场的纽带和作用性随着商品经济的发展日益显著，一方面，它使系统内其他要素的功能通过市场发生有机的联系；另一方面，市场以其特殊的功能调整着系统内各要素之间的关系，因为各要素的行为方式变化和产生的后果都要从市场中得到反馈。这样，通过市场这个媒介反映出的展览信息必然会影响各个要素的关系，并以此为据，做出相应的调整，所以市场是展览系统的纽带。

二、国际会展市场概况

展览业的繁荣为相关产业的发展带来繁荣。德国展览公司的营业总额可达35亿欧元，参展商和参观者每年为德国博览会支出近100亿欧元。此外，博览会还为交通、旅游、餐饮、酒店等行业带来约250亿欧元的经济效益。

据美国有关部门估算，每位参观者每次参观平均支出为1200美元，可带来当地国内生产总值2000~8000美元的增长。

埃及每年举办各类专业展览会和博览会近百个，展览收益显著增长，仅开罗博物馆年利润就达600万英镑。

三、国内会展市场发展状况

20世纪90年代以来我国会展旅游业发展迅速，年增长速度达20%以上，大大高于我国其他领域经济总量的增长。最近一两年，由于我国传统旅游业受到边际递减规律的作用，其增长速度开始放慢，而会展旅游业增长速度非常快，因此，会展旅游业逐步受到旅游业界的重视。但是，我国会展旅游总体上还处于初级阶段，市场总量还比较小。我国会展旅游业的起步比较晚，但发展非常快，特别是会展旅游业的硬件设施建设大有超前发展的态势。

第六节　会展产品

一、会展产品类型

会展业属于服务贸易中的职业服务范畴，是一个综合性和关联性很强的行业。主要有几种产品类型：

1）策划和举办各种规模、各种性质、各种目的和各种层次的国际和国内会议。

2）策划和举办各种规模、各种性质、各种内容和各种形式的国际和国内的展销会、展览会、交易会和博览会。

3）策划和安排各种规模、各种目的和各种层次的奖励会议和奖励旅游活动。

4）策划和举办各种规模、各种性质、各种目的和各种内容的节事活动。

5）提供上述各项会议、展览、奖励旅游和节事活动所需要的各种场馆和设施及其配套的内在服务。

6）安排和提供上述会议、展览、奖励旅游和节事活动的参与者所需要的并能令人满意的住宿、餐饮、交通、游览、娱乐、购物等各种生活接待服务。

从会展业提供的服务产品可以看出，会展业也是一个综合性和关联性很强的行业。

二、会展产品的特点

（一）综合性

会展活动是一种综合性的社会、经济、文化活动，要满足多种行业的参展企业的多方面需求，这就决定了会展产品的内涵和形式也必然是十分丰富的。因此会展产品具有综合性，虽然各种行业的参展企业购买的只是一种会展项目，但整个活动过程中需要餐饮、住宿、交通、公关等多个环节的衔接和配合，才能构成一种严格意义上的会展产品。

会展产品首先是各种会议和展览设施、交通设施、住宿餐饮设施、娱乐设施以及各项服务组成的混合性产品；其次，表现在为会展业提供服务产品的部门和行业的涉及面广，包括商业部门、交通运输部门、餐饮业、娱乐业、游览景点、旅行社业、银行、海关、邮电等众多部门和行业。会展产品的综合性要求会展公司能起到很强的协调作用，为参展的单位及个人提供既方便、快捷，又能符合其需要的针对性服务。

无论是哪一环节、哪一部门的服务出现不符合参展人员要求的情况，都会使参展人员感到遗憾，甚至失望，从而降低他们对整体会展产品的评价价值。

（二）不可分割性

会展服务是生产与消费在同一时间、同一地点进行的，会展产品的生产过程同时也就是参展企业对会展产品的消费过程，两者在时空上不可分割。会展产品的生产必须由参展企业直接加入其中，才能有效完成。

也就是说，会展服务活动、服务人员、参展商、观众或参加会议的人员等结合在一起，他们之间的协调配合是提高会展产品质量的重要条件，而会展产品的即时生产和即时消费受一些客观条件、相关单位的协作程度、服务人员和参加人员的生理以及心理等方面的因素影响，即时生产和即时消费的产品质量易变，具有不稳定性，从而加大了参加会展人员的消费风险。

（三）无形性

会展产品是一种服务性产品，具有无形性，企业无法直观地展现产品的外形、内部构成以及使用价值，加大了企业与其潜在消费者进行有效沟通的难度；会展产品的消费者在购买之前既无法看到，也不能试用，无法预计其消费效果，不能预计其成本和效益，加大了他们的购买风险。

会展产品应该依托一定实物形态的资源与设施（展台）为与会者提供各种服务。会展消费者购买决策的依据是购买前的附加服务、相关群体的口碑宣传、大众媒体宣传以及相关物品的外在表现。

因此，会展公司的员工应树立服务营销观念，以服务营销观念指导其经营管理活动。会展产品的深层次开发较多地依赖于无形产品的开发，在大体相同的会展基础设施条件下，会展产品的设计策划具有很大差异。因此会展经营者必须通过提高会展服务质量和服务水平，不断进行服务创新来满足参展企业的需求，树立起会展产品的信誉，做好售前服务工作，增加服务的有形性，加强对有形因素的管理。通过努力建设服务品牌，确立差异化的竞争优势，以增强消费者的购买信心，从而赢得参展企业的信赖。

（四）不可储存性

会展服务的生产与消费是同一的，它具有不可储存性。一方面，表现在它所凭借的会展资源和会展基础设施是相对固定的，参展企业必须到会展目的地进行展览活动，因而会展产品不能像其他实物产品一样通过运输实现异地销售，而只能通过招展活动把参展企业从各地聚集起来。会展经营者必须采用先进的传播手段和工具，向潜在的参展者宣传会展产品，同时做好市场调研工作，保证提供适销对路的产品。

另一方面，会展产品的不可移动性还表现在会展资源的独特性与地方性上，一个知名品牌的会展产品是需要在特定地区的长期培育与积累才能形成的，盲目模仿只能造成会展资源的浪费，并使会展产品销售不出去。会展企业所提供的服务是即时性消费的，如果参加会展的人员多，可能会出现供不应求的局面，会展公司所提供的服务也有可能因为设备、人员等方面的不足而出现速度、质量等方面的缺陷；相反，如果参加会展的人员少，市场就会供过于求，使部分展位不能出租，从而使会展企业的利润减少，甚至出现亏损的现象。

由此可见，会展产品的不可储存性加大了企业的经营风险。会展企业有必要树立服务营销观念，采取灵活定价，提高会展服务人员提供更多优质服务的能力和愿望，鼓励参加会展的人员在一定条件下进行自我服务等必要的措施，以减少供求波动的不利影响。

（五）异质性

会展产品的核心部分是服务，而服务产品的质量评价往往具有很强的主观性，对于大多数具有不同社会文化背景和兴趣爱好的参展者而言，个性化很强的针对性服务更能满足其需求。

因此，会展产品具有异质性的特点。异质性使会展服务难以标准化，加大了企业质量控制的难度，而且某些服务环节的标准化虽然便于质量控制，但是不一定有利于会展参加者满意度的提高，因为标准化的服务往往会给一些消费者传递企业并不真正关心单个个人的具体需要的信息。

【复习思考题】

1）你所在的城市会展业发展如何？有哪些优势和不足？

2）会展业的主要类型有哪些？简要概述它们的特征。

3）制约一个城市会展发展的因素有哪些？

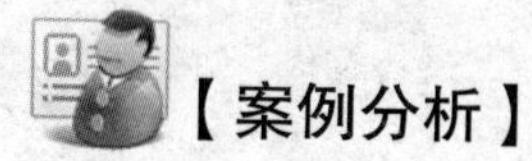

【案例分析】

昆明市2017年会展业工作推进会

日前，昆明市2017年会展业工作推进会召开。会议对下一步会展工作进行了安排部署，并与全市各县（市）区和开发（度假）区签订了《2017年昆明市“188”重点产业会展业发展目标责任书》。

会议指出，会展业作为现代服务业的新朝阳产业，已经成为各级政府重点培育的产业之一，是构建现代市场体系和开放型经济体系的重要平台。昆明市作为全省的会展业龙头城市，肩负着“云南会展看昆明”的重大使命，要加快会展业发展，激发新的消费需求，促进全市消费转型升级，进而带动全市化工、冶金、烟草等主导优势产业以及电子信息、生物医药和新能源新材料等战略性新兴产业产品质量提升，力争把会展业发展成为昆明市新的城市名片。

会议要求，要深化思想认识，明确会展定位。推进产业联动，加强产业融合，是实现会展经济带动效应最大化的必由之路。昆明市会展业发展要借鉴好的发展经验，结合昆明市“188”重点产业，积极探索产业融合，让“会展+产业”成为昆明市产业实现跨越式发展的突破口。

会议强调，各级各部门要把思想和行动统一到市委、市政府的重大决策部署上来，牢固树立产业强市意识，把加快推进产业培育发展作为经济工作的主旋律、跨越发展的主抓手，走出一条具有昆明特色的产业发展之路。

近日印发的《昆明市“188”重点产业发展会展业推进工作方案》（下称《方案》），明确了会展业发展的总体要求、工作目标和重点任务。到2020年，要把昆明市建成国际化会议目的地城市，成为面向南亚、东南亚的区域性国际会展中心。

今年，昆明市会展业重点开展五个方面的工作：不断改善政策环境，建设昆明会展服务保障机制；夯实会展基础研究工作，完善昆明会展行业统计监测；加强会展营销推广，塑造昆明会展品牌个性标签；引导培育龙头企业，增强市场竞争力和产业带动力；加大人才培养力度，开拓会展人才培养引进新渠道。

据了解，去年，纳入昆明市会展业统计体系的展览场馆有5个，可用展览面积668750平方米；共举办各类展览活动累计99场、举办会议23839场、举办各类节庆活动64场。根据统计监测数据测算，去年，昆明市会展业总营业收入21.88亿元，较2015年的18.48亿元，增长18.42%。

资料来源：昆明日报、新华网 http：//www.yn.xinhuanet.com/newscenter/

分析题：

请结合所给案例，简要分析如何进行会展旅游市场供给侧结构性改革，寻求供给与需求的平衡点。

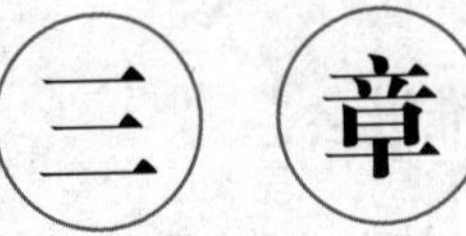

第三章

会议业

【本章导读】

本章主要介绍了会议的概念和类型、从会议申办开始的一系列基本流程、会议的运营与管理方式。

【学习目标】

1）了解会议的基本概念和类型。

2）掌握会议的申办方式、会议策划及基本流程。

3）掌握会议运营与管理。

【导入案例】

2017年马里投资论坛闪亮登场

2017年马里投资论坛（The Invest in Mali Forum 2017）是一项重要的国际活动，旨在宣传撒哈拉以南非洲投资兴业之地马里所拥有的战略性位置，该活动由马里投资促进局（Mali Investment Promotion Agency，API–MALI）组织举办，并得到了世界银行（World Bank）的支持，于2017年12月7日至8日在马里巴马科举行。

在两天的时间里举行小组会议、大会和商务会谈，2017年马里投资论坛将包含高级别大会和小组会议、专门定制的B2B会议、实地考察、与主要国际厂商和参展商进行讨论，以及马里各地展览，旨在展示作为西非经济中心的马里。

本次论坛将让投资者一览马里经济发展战略、投资奖励和鼓励利益相关方在四大关键特定领域（农业、畜牧业、基础设施与能源）开展新项目的措施。

在世界银行（借助其 Investment Climate 3 和 PACAM 计划予以支持）、美国国际开发署（USAID）、保障未来粮食供给（Feed the Future）行动计划、非洲开发银行（African Development Bank，AfDB）、荷兰教会间发展合作组织（Dutch Cooperation）、马里工商业联合会（Chamber of Commerce and Industry in Mali，CCIM）和马里全国雇主理事会（National Council of the Patronage of Mali，CNPM）等领先合作伙伴的支持下，2017年马里投资论坛让强大的与会者齐聚一堂，并决心实现远大目标——“押宝”马里，这个国家现在前景广阔，在马里，如今一切皆有可能。

第一节 概述

一、会议的概念

什么是会议？通常的理解为人们（两个或者以上）聚集在一起，有秩序地参加讨论，表达自己的思想或者想法，是一种临时性的活动。因此，会议可以称之为3个人或者3个人以上参与的、有组织、有目的的一种短时间聚集的集体活动方式。会议有多种的表现形式，通常有关人员为了传递信息、协商事情、研究问题、商讨工作、交流经验等都可以用会议的形式展现。

会议是一种群体性的社会活动，个人思维想法具有局限性，并且带有感情色彩。会议将各种想法各异的人聚集在一起，交换想法，激发思考，解决问题的方式就会呈现多元化，展现客观性。

会议是一种目的明确的社会活动，会议的展开必须有一个明确的议题和目的。通过会议议题的探讨，满足客观现实的需要，解决会议参与者的实际矛盾或者问题。

在会展产业激烈竞争的今天，会议成为会展产业的重要组成部分，是会展产业的主要表现形态。或者通过电话会议，或者通过网络媒体，深刻地影响着人们生活的方方面面。

二、会议的类型

随着世界各地形形色色会议的召开，会议的类型也呈现出多样化，为了便于研究，我们按照不同的标准将会议大致分为以下几类：

（一）按会议的主办单位分类

按会议的主办单位可分为公司类会议、协会类会议、其他组织会议三大类。

1. 公司类会议

公司类会议是指会议主办者为一家企业或多家同行业、同类型及行业相关企业的会议活动。

2. 协会类会议

协会类会议是指会议主办者为由具有共同兴趣和利益的专业人员或机构组成的社团组织会议活动。

3. 其他组织会议

其他组织会议是指不能归于以上两类的会议活动。

（二）按会议的性质和内容分类

按会议的性质和内容将会议分为研讨会、报告、论坛三大类。

1. 研讨会

研讨式会议即采用研讨会形式的会议活动。研讨会一般由一些个人或专门小组做示范讲解，一定数量的听众参与讨论。相对论坛而言研讨会更加正规，会议中观点和意见的交流较少。专题讨论会、座谈会、进修会、讲习会、讲座、演讲等业属于研讨会形式。

2. 报告

报告式会议即采用报告会形式的会议活动。报告通常由个人或专门小组进行专题讲演，一般不存在讨论，更加正式，组织更加严密。传达会，表彰会，纪念会，动员大会等都属于报告会形式。

3. 论坛

论坛式会议即采用论坛会议形式的会议活动。论坛一般由小组组长或演讲者来主持，许多听众参与，各式各样的问题分别由小组组长和听众提出讨论，两个或更多的发言人可以就各自不同的意见向听众阐述，会议主席将总结各方意见并引导讨论，听众可以提出各自问题。论坛的特点是反复深入地讨论。

（三）按会议活动特征分类

按会议活动特征分类可分为六类，分别是培训型会议、商务型会议、度假型会议、文化交流型会议、政治型会议、专业学术型会议。

1. 培训型会议

培训型会议是指用一个会期对某类专业人员进行有关业务知识方面的技能训练或新观念、新知识方面的理论培训的会议活动，一般采用讲座、讨论、演示等形式。

2. 商务型会议

商务型会议是指为了企业的业务和管理工作发展的需要而进行的会议活动。

3. 度假型会议

度假型会议是指企业等组织机构利用周末或假期组织员工边度假边休闲、边参与会议的会议活动。

4. 文化交流型会议

文化交流型会议是指各种民间和政府单位组织的，以跨区域的文化学习交流为主的会议活动，常以考察、交流等形式出现。

5. 政治型会议

政治型会议是指国际政治组织、国家和地方政府为某一政治议题而开展的会议活动，一般采取大会和分组讨论等形式。

6. 专业学术型会议

专业学术型会议是指某一领域具有一定专业技术的专家学者参加的会议活动，主要表现为专题研究会、学术报告会、专家评审会。

（四）按会议规模大小分类

按会议规模大小可将会议分为四类，分别是小型会议、中型会议、大型会议、特大型会议。

1. 小型会议

小型会议是指与会人数少于 100 人的会议活动。

2. 中型会议

中型会议是指与会人数为 100~1000 人的会议活动。

3. 大型会议

大型会议是指与会人数为 1000~10000 人的会议活动。

4. 特大型会议

特大型会议是指与会人数在 10000 人以上的会议活动。

（五）按照会议代表的国际划分

按照会议代表的来源可分为国内会议和国际会议两大类。

1. 国内会议

国内会议是指会议代表均来自会议举办国的会议活动，一般又分为全国性会议和地方性会议。

2. 国际会议

国际会议是指按照会议代表来自不同国家的会议活动，一般又分为全球性会议和区域性会议。根据 ICCA 的定义标准，只有与会人数在 50 人以上，至少在 3 个国家轮流举行的固定性国际会议才被纳入国际会议的统计范围。

（六）按会议举办时间的特点划分

按会议举办时间的特点可分为程序性会议和非程序性会议两大类。

1. 程序性会议

程序性会议是指按照规定的时间定期开展的会议活动，主要形式有年会、例会等，具有周期性的特点。

2. 非程序性会议

非程序性会议是指按照实际情况的需要适当开展的会议活动，具有不定期性和灵活性的特点。此外，还可以按照会议的主题来划分，如医药类会议、科学类会议、工业类会议、技术类会议、教育类会议、农业类会议等。

三、会议的构成要素

构成会议的基本要素有会议主办方、除主办方的与会者、会议时间、会议地点、会议方式及会议主题。最核心的要素是会议主题，是其他要素的基石。

（一）会议的主题

会议的主题是会议要讨论的主要内容，是会议要商议或要解决的问题。围绕会议的主题可选择一个或若干个议题开展讨论。会议的主题是会议的核心。

（二）会议的主办者

会议的主办者是会议活动的组织者。会议的主办者具有决定会议的主题、参与者、时间、地点、形式以及选定承办者的权利，并承担会议的法律责任。会议的主办者也可能就是承办者，但许多情况下，会议的主办者将会议的一些具体事务交给专业的会议承办者承办。

（三）会议的参与者

会议的参与者即出席会议的人员，根据会议的内容和规模不同必须选择符合需要的与会者。一些会议中有正式代表和列席代表之分，他们在会议中具有不同的权利和义务。会议参与者的数量与身份地位决定了会议的影响力和经济效益。

（四）会议的时间

会议的时间是指在何时开多长时间的会议。会议时间的选定应该考虑多数与会者的方便性及主题的时效性。

（五）会议的地点

会议的地点指会议举办的区位及具体的场所。不同的会议对其举办的区位与场所有不同的要求，选择的依据主要是会议的背景、主题及会议场所的软硬件设施等。

第二节　会议策划

会议需要策划才能达到高效的运作方式和既定的议题。人们通过预先设定目标，事先计划，组织，指挥和协调的一系列活动的过程。在现代化的信息基础上，运用科学的方法，创造性的寻求最满意的方案。因此事先的计划和组织是非常重要，会议策划为会议决策方案提供先决方案，提高会议活动的效率和经济效益，树立会议品牌形象。

一、确定会议主题

会议议题是整个会议策划的思想核心，组织往往会先确定会议议题再决定开会。但是在实际的管理工作中，事情往往会有许多突发情况，很有可能无法确定议题。当许多机关举行例会时，往往是临时找出的议题，而召开大型会议时，议题是领导早就决定的。为了确定工作方针，解决实际问题，一个优秀的会议主题可以通过大致以下几类方式确定。

（一）专家分析法

在会议举办前，先确定一个大的主题范围，然后邀请业内的专家学者为策划团队进行分析讲座，解读业内热点时事，听取专家的优秀意见。

（二）头脑风暴法

头脑风暴法是在组织群体决策确定议题时，集中有关专家召开专题会议，主持者以明确的方式向所有参与者阐明问题，说明会议的规则，尽力创造融洽轻松的会议气氛。一般不发表意见，以免影响会议的自由气氛。由专家们“自由”提出尽可能多的议题。头脑风暴法分为两种直接头脑风暴和间接头脑风暴。前者是对决策议题基础上激发创造性思维，产生可能多的设想方法，然后选出最优的方案。后者是对前者提出的设想进行逐一排除，发现现实可行性的方法。两者都是一种集体思维的方法。

二、确定会议举办合作方

大型会议的举办需要各方单位共同完成。合作的方式多种多样，需要承担的责任也不尽相同。合作单位主要分为主办单位、承办单位、协办单位、支持单位等。

主办单位一般是各级政府、各级贸易促进机构、各类行业协会、商会以及大规模的事业、企业单位等。

承办单位一般是主办单位的下属机构或内部部门、企业法人主要负责会议的具体运作和事务，包括前期的广告宣传及手续办理，中期的现场活动安排及安全保卫，后期的后勤保障、费用收取等。

协办单位一般是项目运作过程中提供协助的单位。协办单位与承办单位在责任上对等，提供人力物力等方面有很大差别。

支持单位是指为会议提供服务或者帮助的单位。这些服务事项有明确市场价格，但收取较低的费用，主要是为了提升支持单位的品牌知名度和美誉度。

三、确定会议规模

确定会议规模是策划的重要部分。确定与会人员的数量，会议持续时间，会议分会场的个数（国内外嘉宾配比）、专家学者、政府人员、媒体人员等的配比。通过这些要素，确定场地的规模大小和资金预算。

四、 拟定会议议程

会议需要将相关议题与礼仪性的会议环节结合起来，主要包括签名报到、宣布会议开始、奏乐、致开幕词、会议议题进行、茶歇、致闭幕词、宣布会议结束并进行文化体验类活动。在会前需要将这些程序和环节按顺序排列制成文本，发放给与会人员，使与会人员明确会议议程。

与会嘉宾是一个会议成功与否的关键因素，重量级的会议依靠嘉宾来提升会议品质。嘉宾选择的标准一般是根据会议的需求、嘉宾的学术研究领域及影响力、政府官员级别等来区分。按照嘉宾参会的目的可以分为主持人、致辞嘉宾、主要演讲嘉宾、演讲嘉宾、参会嘉宾。

五、制订会议推广计划

该计划的目的是为了传递信息、促进了解、提升会议知名度，便于吸引更多专家学者来参加会议。运用媒体的力量带动会议的举办，同时提升会议举办地的形象美誉度包括赞助商的品牌知名度。媒介主要的推广渠道包括网络、电视、电话、宣传画、书籍。

六、 编制资金预算计划

资金决定着会议举办层次和规模大小。首先明确会议资金可用额度，依据该资金额度来制订计划。可以适度的超额，根据会议的具体情况而定。举办会议资金来源一般有政府拨款、企事业单位规划中的预算和赞助商的资助等。

资金预算计划要包括可预见的费用、不可预见的支出费用、收入预算。费用又可分为固定支出预算、变动支出预算。进一步细分为交通费用、会议室费用、住宿费用、餐饮费用、旅游费用、设备视听费用、宴请及演出费用、预计外支出。

在对会议各项花费的价格标准了解之后，撰写预算申请书，主要介绍会议背景、会议概况、预算项目明细。

第三节　会议运营与管理

一、会议前期筹备阶段

会议的前期筹备时间应该根据会议的规模层次来定，一般的会议筹备工作都应该提前三个月。这需要投入大量的人力、物力、财力，主要涉及的工作有如下几点。

（一）会议报备

根据有关文件规定，在中国举办国际性质的会议试行国务院和省部级两级审批制度，举办方不得自行审批国际会议。我们必须明确相关政策和规定，保障会议顺利开展和举办。

（二）选择会场

首先，会务组人员应该明确会议类型和风格，测评会议场地的软硬件设施设备，寻求符合会议所需的场地。其次，确定会场能否进行文化体验类活动，对此进行考察和踩点。最后，应该根据资金预算和交通便利性的问题来选择会场。

（三）茶歇交流

主办单位在进行会议的同时会安排一系列的人员交流的文化体验活动，促进会议氛围融洽，加强学术交流。同时使与会嘉宾对自然风光，人文景观，城市发展现状有一个较为直观的了解，起到了宣传会议举办地的作用。

（四）会务工作组

会务工作人员对自己的工作要有清晰的认识，同各个方面的人员协调通力合作，一起解决困难和危机。面对整个会议工作任务，会务组人员要提升自己的知识和能力，勤勉刻苦。同时，了解会议的各个方面，根据会议的进度和情况相互协调。

（五）邀请嘉宾

邀请嘉宾最重要的工作是制作邀请函，联系与会嘉宾。认真熟悉嘉宾的喜好、习惯、禁忌，对于不同背景、国家的嘉宾要安排翻译人员进行沟通交流，了解风俗习惯。

（六）会议宣传工作

对会议的宣传进行要安排在会前、会中、会后。媒体要进行筛选，分类，之后联系媒体，和媒体人员确定宣传日期、拍摄日期、采访日期、安排媒体食宿问题、行程费用。会前先进行宣传工作，为后续推广工作打好基础。

（七）接待工作安排

在会议人员到达之前，和与会人员联系行程日期、安排交通工具、确定食宿。一般普通与会嘉宾旅费自付，会议组特邀的一系列嘉宾由会议组委会承担。部分费用（例如机票等）需要组委会和与会嘉宾联系，核定标准，超过标准，由嘉宾自行付费。同时根据嘉宾的专业程度和影响力对嘉宾进行分组排座。

一般情况下，为与会人员提供会议指南，会议指南应该包括：接机信息、用餐时间地点、到会签到时间地点、入住酒店注意事项、其他活动安排、工作人员联系方式。

（八）会议资料准备

会议资料应该包括会议手册的设计和制作、横幅、垂幅、嘉宾演讲材料、接机牌、胸卡、桌牌、记事本、笔、资料袋等一系列的材料，同时配备话筒、会议背板、投影、音响等一系列硬件设施和同传、速记等人员。

（九）会中服务

在会议的准备工作完成之后，应当按照下列项目进行会议工作。

1. 组织代表签到

与会者进入会场之前进行签到。会议签到有利于准确统计到会人数，便于安排会务工作。会议签到的方式有签到簿签到、证卡签到、会务人员代签、依座次表签到、计算机签到。

2. 引导会议人员入座

会务组工作人员应当热情地引导与会人员到相应的座位上，给与会人员留下舒适的印象。同时，方便与会者，维持会场秩序。当与会人员较多时更需要引导座位。

3. 发放会议文件

可以在与会者入场时，会议工作人员就把会议文件分发给与会者。也可以在会议开始之前在每一位与会者座位上摆放会议材料，减轻任务。需要回收的材料在右上角写明收文人和收文时间，收材料时登记以免漏收。

4. 安排会议发言

与会者的发言应当注意时间性和衔接性，合理地控制好时间和会议进度。注意地区之间的平衡，高层领导和低层领导的平衡，注意会议主题的平衡。

5. 组织分组讨论

在相隔几段发言过后组织与会者进行小组讨论，可以采用自由发言讨论的方式，启发与会者的思维和积极性。也可以分组讨论，分组讨论进行人员编组有两种方式：一是按地区编组；二是按专业编组。应安排指定的会务人员记录和收集。

6. 会议记录工作

会议记录是把会议的情况（如发言人的姓名、会上的报告材料、讨论的问题、与会者发言、通过的决议等）如实记录下来。通常会议记录由会务人员完成，随着科技的发展，也可以通过摄像、网络的方式进行。会议记录要求准确、真实、清楚、完整，应用规范的文字。

7. 处理突发问题

会议进程中可能会发生一些突发的变故和事情，会务工作人员需要当机立断采取措施，并上报至有关领导，按领导的指示，果断机智地处置。遇到（如火灾等）特别危险的情况，应当协同会议组织者及与会人员紧急撤离危险地带，妥善处理突发事件带来的危机，保障生命安全，减少损失。

二、会后评价

（一）会后评价的作用

在举行完一次会议之后，我们需要对会议的质量和成效进行一系列的评估。每一次的会议举办都是议定程度上的学习实践过程。在对会议活动进行总结分析的基础上，评价活动可以帮助会议组织者提升自己的会议策划水平，认识自己的不足和长处。会议工作都是存在缺陷的，来自大众的声音可以帮助我们改进日后的会务工作。

运用科学的方法对会议工作进行评估，可以全面总结会议工作的信息内容、经验内涵，同时将提升会务工作者的技能水平，有针对性地对人员进行相应的培训。经过会议工作的一系列评估反馈，使得日后的会议成效越来越好。

（二）评价人员选用

会议评价人员的选用可用会务组工作人员，将这些会议参与人员进行组合，方便公正客观地进行评估工作。

1. 会务组工作人员

会议结束后，应当询问会务组工作人员对这次会议的看法、自己通过本次会议学习到了什么、在会议运营与管理过程中所遇到的问题以及解决的方法。哪些人员安排有问题，哪里需要改进。会务组工作组作为全程参与的工作人员，对会议的各方面细节都有一定程度的认知度。针对这些地方进行分析，总结经验教训，能够提高整个会务工作组的实践水平。

2. 专业人士

会议专业人员对会议活动的评估具有高的专业素养和知识水平，对会议质量评估的成效要素、客观公正的评价会议质量和成效方法都比较得心应手。因此，专业人士对会议质量的评估至关重要，也能获得非常好的成效。一般专业人士的评估都需要收取相应的费用，会议组委会可根据资金预算来决定需不需要聘请。会议结束后，会议评估人员根据自己在会议上的记录向全体会务人员和与会者报告，邀请他们共同商榷下次会议组织工作；会议质量评估人员也可将会议记录发往与会嘉宾邮箱，交换看法，讨论需要改进的地方。

3. 与会嘉宾

嘉宾是会议议题思想的核心人员，他们对会议的各项流程、会议本身、会议发生的事情、与会工作者的表现都有切身的感受。会议中可公开讨论会议信息，也可以发送邮件要求与会者反馈信息。

（三）评价内容

1. 会前会务工作评估主要内容有以下几个方面

1）会议目标是否明确？

2）会议筹备计划是否翔实、科学，是否有备用计划

3）会议议程是否合理？议题分配时间是否适中？

4）与会人员是否选择得当？人数是否合适？

5）会议日期是否选择得当？

6）会议地点的选择是否得当？

7）会议场地设备是否齐全？

8）开会通知的发放是否得当？通知内容是否详尽？

9）会议代表接站与报到组织工作是否有序？

10）与会者是否做好了准备？

2. 会中嘉宾评估

1）与会者在会中交往是否正常？

2）外界对会议场所和与会代表的影响程度如何？

3）与会者会议发言情况。

4）会议主持人能否科学主持会议？

5）是否有少数人垄断会议的现象？

6）与会者是否对议题关心？会议期间外出办私事的人多否？

7）与会者是否敢于发表自己的见解？

8）与会者的发言是否超时？

9）会议文件和资料数量是否适中？会议记录是否详细与周全？

10）会议场所中的设备是否能合理利用？

11）会议的交通与通信是否畅通？

12）会议代表在会议期间的文体活动、茶歇参观游览活动是否安排得当？

13）会议代表的食宿是否安排妥当？

3. 会后成果评估

1）会议代表离场工作的组织是否科学有序？

2）清理会议场所是否及时与彻底？会议期间的物品是否及时无损归还？

3）会议记录的整理是否及时而详尽？

4）会议的新闻报道是否有效而及时？

5）会议的精神传达是否及时？

6）对会议议决事项的督办是否按规定进行？

7）会议的预算和开支是否在计划内？

8）会议总结是否得当？

（四）质量评价方法

（1）调查问卷

（2）面对面交流

（3）电话调查

（4）会场观察

（5）述职报告

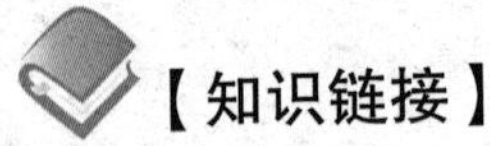

【知识链接】

ICED 世界大会宣传策划方案

宣传策划主旨：国际开放与远程教育协会（ICDE）世界大会是世界范围内的顶级教育盛会之一，是远程开放教育领域专业期待的盛事。为引起社会各界的高度关注及广泛参与，促进中外开放与教育的深入交流与合作，由第 25 届 ICDE 世界大会承办方天津广播电视大学联合《中国远程教育》杂志共同推出大会宣传策划方案。

宣传基调：隆重、高端、学术性、产业性、世界级、影响力

宣传模式：新闻发布会、大会专题网站、《中国远程教育》杂志报道、社会媒体报道。

宣传阶段——大会前期

一、网站宣传

2013 年 6~12 月，在《中国远程教育》杂志旗下网站“学习港”建立第 25 届 ICDE 世界大会及展览会专题网页进行宣传，包括大会介绍、大会通知、参会单位、大会动态、大会日程、演讲嘉宾、参会媒体、赞助单位、历届现场等。

二、新闻发布会

2013 年 9 月初，在国家开放大学召开新闻发布会，通过主流媒体向其他媒体及大众传播。

三、《中国远程教育》杂志

（一）前期预热

1）2013 年 3 月，介绍 ICDE 及 ICDE 世界大会。（3 页，4500 字）

2）2013 年 4 月，专访 ICDE 及 25 届大会成承办方。（3~4 页，4500~6000 字）

3）2013 年 2 月、5~8 月连续 5 期刊发第 25 届 ICDE 世界大会品牌广告。

另外在《中国远程教育》杂志举办的会议上进行宣传推广。

（二）大会进行时

1）网站宣传：学习港专题网站随时更新大会动态、微博直播盛况。

2）《中国远程教育》杂宣传：会议报道、现场采访、现场发布新闻通稿。

（三）大会结束

1）网站宣传：将大会精彩图文、视频内容、媒体报道、嘉宾访谈等编辑加工成“精彩回眸”专题，通过学习港每日快讯、手机报、微博等发送给教育部相关领导、远程教育行业负责人等。

2）杂志宣传：以第 25 届 ICDE 世界大会内容为基础，加入现场采访内容及背景资料撰写特别报道（6 页图文，9000 字左右）。

（四）宣传组织分工

以上所有活动由《中国远程教育》杂志社策划，天津广播电视大学指导审核，《中国远程教育杂志》执行。

【案例分析】

中迅显示器有限公司全国代理商会议

中迅显示器有限公司是我国主要的计算机显示器生产基地之一，去年实现销售额 8 亿元人民币，产品 30% 出口海外，并不断保持产量连年递增的势头，质量管理也达到了同行业的先进水平。

目前，中迅显示器有限公司在全国设有 300 多个代理商，为了让代理商更多地了解公司的发展，同时展示其即将推向市场的新产品的优势及性能，研究如何扩大产品销售等问题，公司领导决定 8 月 8 日 ~10 日在上海市召开一次全国代理商会议，由公司总经理介绍企业的基本概况及发展远景；生产部总监介绍目前企业的生产能力及生产情况；销售部总监介绍公司产品的销售情况；公司主管副总经理就下一步销售策略、销售政策及开展销售竞赛评比等事项做专题发言。同时，选择东北、华北、华南三位销售代表介绍各自的经验，最后表彰 50 家优秀代理商。

会议期间，还要组织与会代表参观企业，利用一个晚上的时间举办一场联欢晚会，安排代表游览上海市内的几个景点。为保证会议的成功举办，公司还决定会议地点安排在上海国际会议中心，食宿也在上海国际会议中心。同时各部门抽调10人组成大会筹备处，由张副经理负责，具体工作包括准备会议所需文件、材料，寄发会议通知，接待，安排食宿，布置会场，联系上海国际会议中心及旅游景点，预订返程车、船、机票，邀请新闻媒体，组织联欢晚会，购置礼品等。总经理还特别强调，要在保证会议隆重、热烈、节俭的前提下，尽量让代表们吃好、住好、玩好。

根据公司领导的意见，张副经理立即从各部门抽调了10位同志成立了大会筹备处，并召开了会务工作会议，对会议准备工作进行了部署和分工。

分析题：

1）为中迅显示器有限公司代理商会议拟定一份会议方案。

2）根据会议的规模、层次和主题，会议筹备处应具体划分哪几个小组展开准备工作。

3）以筹备处的名义提交一份本次会议经费预算方案报总经理审批。

4）请根据会议的内容制作一份会议日程表（要有日期、时间、内容安排、地点、参加人、负责人、备注等项）。

5）请根据会议内容拟写一份会议通知。

6）制作一份会议签到单。

【复习思考题】

1）会议策划的内容有哪些？

2）会议运营管理主要分几个阶段，主要有哪些要点？

3）会议的支出费用主要有哪些？

第四章

展览业

【本章导读】

展览会的名称有博览会、展览会、展览、展销会、博览展销会、交易会、贸易洽谈会、展评会、样品陈列等，展览筹办的整个过程是一个展览推销策划的过程，所有策划行为都要以市场为导向。展览会的申请和承办是一个系统的过程，展览会的运作程序更是一个复杂的过程，分成三大阶段：会前、会期、会后。展览馆是展览活动过程中一个不可少的因素，在展览活动中，举办国际展和出国参展是有不同程序和要求的。

【学习目标】

1）了解展览、展览会的概念。

2）掌握展览策划的过程。

3）掌握展览运营管理的各个阶段的工作。

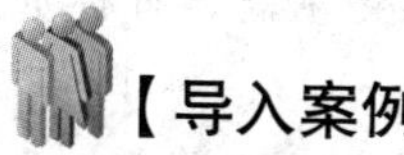

IBM 如何选择展会

对于任何一个 IT 行业展会的主办者来说，IBM 无疑都是一个较大的买家，IBM 的参加是对展会质量的一种肯定。IBM 参加展会的目的主要有两个：一是树立良好的品牌形象；二是发掘新的商机。

面对全国乃至世界各种各样的展会邀请，IBM 如何选择参加，它会对展会的哪些问题表示关注呢？

1. IBM **对展会的选择**

1）目标市场的确定及细分。任何一种产品或服务，都有它特定的消费群体。展会目标市场的确定和细分尤为关键。

2）所来的观众是什么样的人。参展商都希望有大批高质量的观众到场，因此，做好展会前期的宣传推广，吸引更多优秀的观众到场，是主办机构所要努力完成的一项工作。那么，到场的观众是不是有广泛的社会及行业影响力，是不是企业的决策者，是不是具有很强的购买力，都是IBM所关心的问题。

3）主题是什么。每个展会都会有一个鲜明的主题，是新产品的全新亮相，还是为了加强行业间的交流；是新技术的展示，还是为完善服务体系……IBM会根据展会不同的主题，提供相应的产品或服务。

4）我们能为客户做什么。IBM所做的每一件事，都有明确的目的。面对众多观众，有选择地为不同的消费群体提供所需的产品或服务是首先要考虑的问题。

5）我们能得到什么。是企业和品牌形象能够得到充分的展示，进一步扩大产品的影响力，还是会有IBM所期望的商家、消费者的到来，不断有新的商机涌现，能够获得什么样的回报，这是每一个参展商都要考虑的。

6）展会背景及历史资料。向IBM发出展会邀请时，如能详细介绍该展会的举办背景、举办过几次、规模怎样、反响如何等，都会有助于IBM选择。

7）业界影响力如何。主、承办机构是不是有良好的办展经验，所举办的展会是不是得到了政府的认可和支持，在同行业内是不是颇具影响力，与会嘉宾有没有行业专家、著名人士等，也是IBM所关心的问题。

8）是否有同类产品厂商参加。同类产品著名厂商的参加，也是吸引IBM参加展会的一个重要因素。参加展览会是同行业间交流的一个重要方式，有助于开阔视野，了解竞争对手，把握市场动态，为企业决策积累有效数据。

2. IBM **会选择的展会**

在详细了解了一个展会的总体情况之后，IBM会做出是否参加该展会的决定。通常IBM会参加这样的展会：

IBM选择的展会应是高质量的展会，有一定的规模，能够代表行业的发展动态，反映行业的发展趋势，并对行业起到指导作用，拥有广泛的影响力，科技含量高，目标市场明确。

1）有新意。IBM选择展会要求主题、形式、内容上都具有较新的创意，这样才会吸引更多消费者的目光。

2）主题明确。IBM要参加的展会，主题必须是明确的、务实的，不应只停留于概念。只有这样才能使IBM的品牌内涵得到充分展示，并不断发掘新的商机。

3）服务完善。IBM所参加的展会，通常希望组委会给IBM独立设置主题论坛，提供特别展示产品的机会，并在展会期间收集客户资料及意见反馈表。

通过全面了解，IBM在决定参加一个展会之后，会发出邀请函，或通过电话访问、传真等方式，通知他们的目标受众，从而确保所需观众的到来。

第一节 展览概述

一、展览的概念

展览或展览会的名称有很多。展览或展览会的名称有博览会、展览会、展览、展销会、博览展销会、交易会、贸易洽谈会、展评会、样品陈列等。无论怎么称呼，它们都主要由表达性质的基本部分和时间、地点、内容的限定部分构成。

《辞海》中对展览会是这样叙述的："用固定或巡回方式公开展出农业产品、手工业制品、艺术作品、图书、图片以及各种重要实物、标本、模型等供群众参观、欣赏的一种临时性组织。"

有位美国商人从展览的贸易特点出发，认为展览就是：在最短的时间里，在最小的空间里，用最少的成本做出最大的生意。

这两种定义似乎都并不准确。前一种解释没有把贸易、营销包含进去，后一种又剔除了观赏的因素。我们认为，展览或展览会可以这样理解：展览是一种特殊的流通媒介，是在固定或一系列的地点、特定的日期和期限里，通过展出达到产品、服务、信息交流的社会形式。

从字面上理解展览会有陈列、观看的意思，在形式上它具有正规的展览场地、现代的组织管理特点，在内容上不仅有贸易和娱乐，而且还扩大到科学技术、文化艺术等人类活动的各个领域。从广义上讲，它可以包括所有形式的展览会；从狭义上讲，展览会可以指贸易和宣传性质的展览，包括交易会、贸易洽谈会、展销会、看样订货会、成就展览等，展览会的目的是宣传、进出口、批发等。

一些专门用来供展览用的固定建筑物也叫展览会。交易会是指进行商品交易的大型活动，既可定期举办，又可不定期举办。博览会一般指规模庞大、内容广泛、参展企业和参观者众多的展览会。博览会是展览活动的一种重要形式，大型国际性博览会影响巨大、意义深远，目前最知名、影响力最大的博览会是世界博览会（World Exhibition or Exposition）。一般认为，博览会是高档次的，对社会、文化以及经济的发展能产生影响并能起促进作用的展览会。

展览是一种古老、特殊的经济交换（流通）形式。在计划经济体制下，展览较少被用作流通媒介或渠道，而更多被用于政治宣传。在市场经济中，流通媒介或渠道的划分标准有所不同，但一般认为最具市场性的流通媒介是商品交易所（Commodity Exchange）、期货市场以及展览。西方经济理论界对商品交易所和期货市场已有相当深入的研究，并形成了有多种学派的理论体系。但是对展览这一流通媒介却缺乏系统的研究。

二、展览的性质

展览是一种既有市场性，又有展示性的经济交换形式。在古代，它曾在经济交流中起过重要的作用；在现代，它仍在很多方面发挥作用，包括宏观方面的经济、社会作用和微观方面的企业市场营销作用。展览作为经济交换（流通）的一种形式，现已深深介入中国的经济活动，在流通和信息领域充当重要角色，成为重要的商品市场、技术市场、信息市场和资金引进市场。

中国现有的展览覆盖各个领域，每年中同一专业展览举办多次，为行业交易提供了重要机会，为企业发展创造了条件，因此，展览业也成为企业经营的重要方式。展览会已经不是简单意义上的展览产品、推销产品、购买商进货的场所，现代展览会已发展为获取信息、交流沟通的渠道。参加展览会是企业整个市场拓展工作的重要组成部分，应被列入市场整体规划之中。

会展是人们进行信息交流、洽谈商业合作和进行市场营销的场所，发挥着桥梁和媒介作用。西方大多数企业把每年的参展费用开支作为对外联系交际费列在“COMMUNICATION”项目下，在营销方式上则把它与直接销售和电子商务相并列，三者属同一范畴的概念。由于会展业本身是一种无污染产业，且对整个城市经济发展具有较大的带动和促进作用，因此对那些地域狭小，但在交通、通信和对外开放度等方面具有较大优势的国家或地区来说，发展会展业常常成为城市经济发展的首选战略之一。新加坡和中国香港都在采取各种措施，努力把自己建设成为亚洲一流的会议展览举办地。在一些办展历史悠久、展览业高度发达的国家，如德国，会展业成为服务业中最重要的经济部门之一。

三、展览的分类

（一）按照展览性质划分

1. 贸易展览会

贸易性质的展览通常是为产业（如制造业、商业等行业）举办的展览。展览的主要目的是交流信息、洽谈贸易，展出者和参观者主体是商人的展览会。贸易展览会的展期多为3~5天，举办日期、地点相对稳定，有规律。贸易展览会限制展出者的行业，观众主要是对口的贸易公司人员，大都是经过挑选并通过特殊途径（直接发函、在专业期刊刊登广告等）邀请而来的工商界“目标观众”，普通公众一般被排除在外。这类展览会重视观众质量，贸易展览会通常禁止直接销售。

2. 消费性展览会

消费性展览会是面对公众消费者开放的展览会。这类展览会多具地方性、综合性，比如服装、名优产品展等，这类展览会重视观众的数量。消费展览会的展期比贸易展览会长，一般为10~15天。消费展览会在中国常被称作展销会。

具有贸易和消费两种性质的展览被称作综合性展览。经济越不发达的国家，展览的综合性倾向越强；反之，经济越发达的国家，展览的贸易和消费性质分得越清楚。

3. 宣传性展览会

宣传性展览会是以宣传展示为目的的展览会，如世界博览会就是以展示、宣传人类当代文明记录为目的的特大型展览会。

（二）从内容上划分

1. 综合展

综合展包括全行业或数个行业的展览会，也被称作横向型展览会，比如工业展、轻工业展。这类展览会既展出工业品，也展出消费品；既吸引工商界人士，也吸引消费者。它能比较全面地反映经济或工业的发展状况及实力，也有良好的展览经济效益和地方经济效益。

2. 专业展

专业展是展示某一行业甚至某一项产品的展览会，比如钟表展。专业展览会的突出特点之一是常常同时举办讨论会、报告会，用以介绍新产品、新技术等。

（三）按照展览规模划分

1. 国际展

由两个以上国家参加的展览会都可以称作“国际”展览会，这是国际展览局在其公约中规定的。但是，在贸易展览业中，使用比较普遍的标准是：20%以上的展出者来自国外；20%以上的观众来自国外；20%以上的广告宣传费使用在国外。

2. 国家展

国家展是展览中的参展商、观众来自会展举办地所在国的全国各地。

3. 地区展

地区展是展览中的参展商、观众来自会展举办地所在地区。

4. 地方展览会

地方展览会一般规模不大，特征是参展商、观众以当地为主。

5. 独家展览会

独家展览会是由单个公司为其产品或服务举办的展览会。独家展览会的好处是公司可自主选择并决定展览时间、地点和观众。公司还可以充分发挥设计能力，搞特殊展示效果，而不受常规的展览会的规定限制。独家展的费用只是常规展的10%。据统计，英国的独家展览在20世纪80年代增长了330%。

独家展览会大多在旅馆举办。这类展览会可以与研讨会、报告会、年订货会等结合起来组织。独家展览会的成功要点是选择和邀请观众。独家展览会的一种特殊并且常见的形式是常设展厅。

【知识链接】

世界展览第一城——汉诺威（Hanover）

汉诺威以举办国际展览和会议而享誉世界，它拥有世界上最大的展览场馆和最著名的展览公司。全球规模最大、最著名的五个展览会都在汉诺威举行，包括一年一届的汉诺威工业博览会、汉诺威信息技术博览会（即CeBIT）、两年一届的国际商用汽车展览会（双数年）、国际林业木工展览会（单数年）、四年一届的国际机床展览会（即EMO）。因此汉诺威堪称世界展览第一城。

汉诺威位于欧洲中部，是德国北部重要的经济文化中心和交通中心，面积为203万平方公里，人口为51.4万。它位于北德平原和中德山地的相交处，处于巴黎到莫斯科、北欧到意大利的十字路口，濒临中德运河，是一个重要的水陆交通枢纽。汉诺威也是工业高度发达的城市，它的汽车、机械和附件、电视制造工业的技术被世界上许多国家所采用，其中，制造业尤为突出，它拥有全国最大的轮胎厂。作为著名的国际展览和会议举办城市，汉诺威也以其卓越的艺术文化和迷人的风光吸引着世界各地的旅游者。汉诺威拥有风格各异的博物馆、艺术馆，经常举办音乐会和一些特别活动。近年来，汉诺威的第三产业异军突起，其从业人员已占就业人数的2/3，除商业、金融、保险业外，会展业、旅游业也蓬勃兴起，成为汉诺威城新的支柱产业。

第二次世界大战后初期，德国百业凋零，一切从零开始。为了振兴经济，1947年，政府下令举办工业博览会，工程在一家名叫联合轻合金工厂的厂址动工，因陋就简，开办展览。出乎意料的是，开展后不久，竟有几十万人络绎不绝前来参观。他们看到久违了的德国产品，欣喜之情，溢于言表，上千家公司得到订单，摆脱困境。展后各方面反应良好，于是奠定了博览会的地位，以后年年举办，遂发展成世界上最大的工业博览会。现在汉诺威另一个更著名的博览会是信息技术博览会“CeBIT”，这个博览会脱胎于综合性的汉诺威博览会，但现在可以说已经青出于蓝而胜于蓝了。每年3月，有60万以上的人前来参观这个博览会。它现在已演变成世界上最大的博览会，成为汉诺威市的象征。

第二节　展览策划

一、展览承办策划

简单地说，策划过程包括确定一个组织当前的位置、该组织未来最佳的地位以及为了达到这一地位所需的战略或战术。也就是说，策划所关心的是目标和为达到这些目标而使用的手段。

为了在策划过程中高效地工作，展览承办管理者需要牢记一系列事项。其中重要的是需要监控和评估进展；为推动展览逐步达到目的而在所有领域内协调决策；要与执行策划的各个元素的负责人进行沟通，鼓励和激发他们的积极性。

展览承办管理者还需要时刻记住策划要适应不断变化的环境。此外，还应保持警惕，以免与策划的缺陷相撞。策划的缺陷包括策划过度，被细节问题所困而不能做出全面的战略性考虑，将策划视作一次工作而非动态的可经常查阅和修改的文件，认为策划本质上是结论性的而不注意整个展览策划过程。展览策划过程是从哪里开始的呢？这个问题的答案取决于这项展览是否是新的展览。如果是以前承办过的，有很多的经验可借鉴，对新承办的展览来说，策划过程如下：

（一）提出展览理念或申办意图

对于一个新的展览承办机构而言，这个阶段包括展览主题、展览内容、展览的类型、展览时间、展览场所等具体事务。

（二）预测展览的价值

展览承办策划是使展览独树一帜或与众不同的关键因素。一旦展览确定下来，就可以做一个初步的估计，看看它与展览组织机构的能力和主办目标是否相吻合。如果评估认为值得对展览进行进一步调查，那么将通过可行性研究对该展览进行更具体、更细致的审核。

（三）可行性研究

展览策划者在决定继续进行之前需要进行可行性研究，要对他们所代表的组织连同主办地举办展览能力进行全面分析，特别是处理该展览的成本和收益的能力。

进行可行性研究考虑的因素很多。这些因素视展览的具体情况包括可能的预算需求、管理技能的需要、展览举办地点容量、主办团体和目的地的影响、志愿者、赞助商和辅助性服务（如设备租用公司的可用性）、预计参展人数、基础设施需要、公共与私人财政支援的可用性、该展览所得到的政治支持率、盈利等。

应当注意的是，与这些研究相联系的细节复杂程度是会变化的。比方说，一个像世博会这样的大型国际综合展览策划和展览组团过程就比一个地区性的贸易展览要更长、更为详细。

（四）申办准备

在可行性研究结果的基础上，当决定进行展览竞标时，这一步骤是必需的。申办的过程包括好几个步骤，具体来说有：

1）确认可以被调配以支持展览的资源，即场地、政府拨款、展览企业足够资金。

2）给展览所有者开发一条准备和陈述竞标文件的关键路径。

3）形成对展览的组织以及展览本身的性质的理解。

4）明确过去成功竞标的关键因素。

5）准备一份申办文件。

只有申办成功，展览策划过程的下一阶段才能继续。对新展览来说，可行性研究的结果将直接决定展览是否可行以及将何时继续。

（五）策划和执行

设计这一过程是为了通过制定一个合适的战略和辅助操作策划使展览能按时、按预定目标进行。策划过程主要考虑监控和评估系统的要求，以保证展览向目标接近，在这一阶段里，通过进行展览的适当组织机构来加以保证。

（六）展览

一旦一个展览正在进行，在前一阶段形成的监控和评估系统就应当提供反馈，这些反馈可以被用来改善或改变展览的某些方面。

（七）展览的结束

作为策划过程的一部分，制定一个结束该展览的策划是必需的。这一策划将涉及一个时间表的制定和任务的权责分配。这些任务包括拆掉和运走场地建筑以及收集设备。

（八）评估和反馈

正如前面所提到的，评估过程应被安排进各种操作策划之中。评估过程的总结应记入最终报告。这个报告主要是处理操作策划所面向的各个方面，并且按照为各方面订立的目标对它们进行讨论。此外，这一文件应当指出展览达到广义目标的成功程度，出现的问题和事情也应被注明。

二、展览战略的确认

承办展览的管理者可以利用在对环境扫描过程中收集到的重要信息，挑选出可以完成任务、达到展览目标的战略。战略必须充分利用优势，将不利降至最低，并且要避免威胁，充分利用已识别的机会。下面简要说明承办展览组织可以采用的几个一般性战略。

（一）成长战略

在20世纪末，人们似乎对规模情有独钟。在展览上，这种努力表现为一种渴望，希望此次展览比过去的规模要大、比其他的展览要大、比其他团体的展览要大。人们觉得“更大”就更好一些。特别是那些有雄心壮志的展览管理者更是这么想。增长可以表现为更多受益、更多的展览组成部分、更多的参与者、更多的消费者和更大的消费市场。值得指出的是，“更大”未必更好。一些展览管理者已经发现这一点。展览不一定非得扩大规模才能使它的参与者觉得它比以前的同类展览好，认识到这一点是十分重要的。因为通过将注意力集中于展览质量、仔细地选择举办地点以及改进策划也可得到此效果。但是，如果历史数据证明人们对此类展览策划的需求有所增长，或者由于资金问题迫切需要提高收益，那么成长战略是适合的。

（二）巩固战略

在某种环境下，采取巩固战略是合适的，就是说，通过限制展位和参展者资格将参展的人数保持在一定水平上。这种战略的效果是基于供应不变，而需求增长的事实上。这样，摊位价格会上浮，从而提高了展览投入的质量。缩小展览的规模，而增值现有展览的组成部分是一个恰当的战略，这种战略在展览的操作环境发生变化的情况下是可行的。紧缩会被认为是失败主义或消极的战略，但对于不乐观的经济环境或社会文化经历重大变化的情况下，紧缩不失为一种必要的应付战略。比如，展览可能也会取消附带的研讨会节目，而将重心置于展览的主要目的之上。

（三）组合战略

组合包括这类战略的一个以上元素。例如，承办展览管理者决定修建甚至删除展览的某些不再吸引市场的方面，同时又不断地发展其他方面。

（四）展览战略评估与选择

大多数的管理学家都认为，可以用几种主要的标准来评估战略性选择。

1. 适当或适宜性

战略以及它们的组成部分要一致。也就是说，选择的战略应互相补充，并且与环境、资源以及展览组织的价值观保持一致。

2. 可接受性与愿望

战略要能够达到展览的目的。战略要重视那些在环境审查中已被证明是重要的部分，忽略那些不重要的部分。然而，展览公司应该谨慎从事，不能忽视战略中的潜在危险，比如资金或环境危机或承办组织技术缺乏的危险。

三、展览的策划矫正机制

（一）控制系统

一旦执行了操作策划，就要有相应机制来确保行动与策划相统一。这种以系统形式出现的机制使绩效能够不断地与目标进行对比。一般情况下，会议与报告对控制过程至关重要，预算也是如此。预算使实际的成本与开支可以与那些为各种操作领域制定的成本与开支相比较。

（二）展览评估与反馈

评估是展览策划过程中的一个容易被忽略的方面，对其投入的资源和给予的重视总是太少。然而，只有通过评估，展览管理者才能确定他们的努力在实现展览目标的过程中成功与否。如果同样的展览再次发生，通过这种方式，还可以把反馈传达给利益关系人，可以发现策划中的问题与不足，提出改进方法。从展览管理者的角度来讲，评估要考虑的主要事项包括何时评估、评估什么、如何评估。

为了说明以上概念，下面列出了展览管理者常常进行的营销评估：

1）分析目标市场的需要，确定合适的展览要素，即“产品”。

2）确定其他展览竞争对手会怎样满足类似的需求，以保证他们的展览具有独一无二的卖点。

3）预测参加展览的人数。

4）确定人们参加展览的时间。

5）评估参展者愿意花多少钱来参加展览。

6）决定用来向目标市场宣传展览内容的促销展览的类型和数量。

7）决定展览的信息进入目标市场的渠道。

8）确定市场营销展览取得成功的可能性。

以上展览评估因素是市场营销职能的一部分，对于展览的成功举办具有至关重要的作用。

（三）展览市场营销的必要性

通过使用市场营销原则，管理者可以获得决策框架，并保证展览的成功进行，展览依然富有新意和创造性，不过这是为了满足喜欢猎奇和新颖的目标需要，赞助商要求得到保证，所寻求的目标市场能够得到他们的赞助。产品展览策划可以使赞助商相信参加展览是他们用来和目标市场进行沟通的最好媒介。

政府对很多展览都提供财政扶持。但是在一般情况下，政府只会资助那些管理者可以熟练进行市场营销策划和管理的展览。

（四）消费者的期望

和其他产品一样，展览服务业也可以使用市场营销概念。事实上，由于展览服务业与其他服务业一样，具有无形性、可变性、脆弱性和不可分割性，所以，市场营销在展览服务业中可以有更大的应用。参展企业参加展览活动，仅仅是因为他们期望展览可以满足他们的某种需要，尤其是与目标观众沟通和扩大市场。参展企业的期望来自于以下几个方面的组合：展览主办者的营销沟通、行业机构的推荐、参展企业以前的相同或相似的经历、展览的主题和品牌形象等。对市场营销功能进行仔细、有条理的构思和策划是任何展览取得成功的一个不可或缺的部分。

【知识链接】

“天堂”里的“面包”——达沃斯会议旅游一瞥

达沃斯位于瑞士的阿尔卑斯山区，雪峰绵延，绿木葱茏，鲜花缤纷，景色如诗如画，被称作欧洲的“人间天堂”，旅游业十分发达。而近20年来，除了原有的健身、滑雪、观光等旅游项目外，达沃斯的会议旅游也越来越出彩，成为当地一大收入来源。瑞士会展旅游一直很发达，日内瓦、洛桑、伯尔尼等主要城市都以开会办展而闻名。比起它们，达沃斯只是一个小镇，常住人口不过万余名，但目前其国际知名度直逼大城市。究其原因，成功的会议旅游不能不说是一个重要纽带。达沃斯旅游局负责市场推广的迈克尔先生自豪地说，当各国政要和比尔·盖茨这样的“新经济”骄子前来开会、旅游，全世界多数媒体的头条新闻都会出现“达沃斯”。

为什么小镇的会议旅游这么吸引人？迈克尔说，首先是环境优美，民风淳朴，与繁杂喧闹的大城市反差鲜明，符合当今回归自然的时尚，在业内具有独特的竞争优势。另外，更为关键的是其设施完备、服务到位。达沃斯会议中心建立于1969年，后经几次扩建，分成A、B、C区，拥有全套最先进的会议接待设施。不管什么类型、什么规模、什么级别的会议，主办者无须像在其他一些会议中心那样另租配套的技术设备，因为这儿一应俱全，哪怕是一个同声传译，也力求完美而从无差池。会议期间，住宿、餐饮、娱乐、通信、交通等全部是高质、高效的服务，并且一切井然有序，让客人在紧张工作之余，得到彻底的放松。镇内免费观景巴士10分钟一班。开会之余，可凭一纸地图东跑西逛、大饱眼福。会议旅游是个新兴市场，据统计，全世界每年从中获益约2 800亿美元。在达沃斯，会议被比喻成“面包”，人们开发会议旅游的意识非常强。迈克尔说，做会议是门大学问。会议旅游者层次较高，消费能力较强，能产生相关带动效应。达沃斯仅会议收入就占整个旅游业收入的10%。还有，如果一位在此参加国际会议的专家或企业老板对达沃斯感觉不错，那么下次他很可能带着家人来度假休闲，这种潜在利益是无法估量的。走进达沃斯会议中心，也许里面的建筑装修并不像我们想象的那么豪华，但这里的音响及其他设施却是世界一流的。

达沃斯举办的世界经济论坛之所以成功，主要是依靠当地优美的自然风光，完善的旅游设施和成功的商业运作。此外，达沃斯还有多年丰富的会议旅游承办经验。

达沃斯是阿尔卑斯山系最高的小镇，海拔高达1 560米，人口只有一万多人。

瑞士日内瓦大学商学院教授施瓦布于1971年在这里创办了世界经济论坛，至今已有几十年。每年1月，世界经济论坛都要在达沃斯召开为期一周的年会，世界经济论坛也因此被称为“达沃斯论坛”。世界经济论坛使达沃斯这个小镇闻名遐迩。现在，达沃斯是世界知名的温泉度假、会议、运动度假胜地。每年有70万名以上的游客光顾这里。

第三节　展览的运营与管理

一、展览业管理模式

起步时间不同，经济状况不同，其管理模式也存在一些差别。根据政府、行业协会调节力量力度大小，可以将展览业管理模式分为三种：

（一）市场主导型

市场主导型管理模式代表性的国家与地区是法国、英国、加拿大、澳大利亚和瑞士等。

法国的展览政府参与程度低，市场竞争相对较完全。展览公司不拥有场馆，而场地公司不组办会展，也不参与其经营。法国的展览业人士坚持认为这种模式能够促进展览公司之间的公平竞争，也有利于场馆公司专心做好自己的场馆服务工作。

法国会展市场竞争激烈，为了保持自己在市场上的地位，展览公司在会展装修、会展活动、宣传报道等方面精益求精，把工作的重点放在参观观众的组织上。参展公司花了很多经费参加会展主要是为了拓展销路和市场。如果观众很少，或者观众的质量不高，参展公司就不会再次参展。已有知名度的展览公司，不愁找不到参展商，就担心观众数量少、质量低，从而把大量的经费和人力投到参观人员的组织上。

法国展览业激烈竞争的结果是展览公司的专业化和集团化。在20世纪五六十年代，许多专业性会展由行业协会主办。随着展览会之间竞争的日益激烈，行业协会逐渐把自己的展览会转让给专业展览公司，或者和专业展览公司合资经营展览会。另外，由于市场对展览会的要求越来越高，展览公司需要在资金、人力等方面做更大的投入，而小公司大多力不从心，于是被大公司兼并，展览公司集团化成为趋势。

法国还有世界上独一无二的全球展览促销网络。在法国，有一种较为独特的会展营销模式：法国的主要展览公司共同组织了一个叫作法国国际专业展促进会的机构，专门从事促进国外专业人士来法国参观和交流的工作，在近50个国家和地区建立了办事处。这些办事处的任务是在各自负责的国家和地区为会展开展形式多样的促进业务。

英国政府虽然长期以来也十分重视展览业的发展，强调展览对于扩大出口发挥的推动作用，但英国目前没有专门的政府部门负责展览事务，主要通过财政手段来鼓励英国企业参加海外展览。英国举办展览完全是商业行为，政府不直接介入，展览市场准入政策十分宽松，任何商业机构和贸易组织不需要经过特殊的审批程序便可以进行展览业务。

英国的展览行业高度开放，鼓励国际竞争，而且对本国企业基本没有保护政策。各类展览公司为加强竞争力纷纷通过兼并和收购手段来保持企业发展，而对于效益不好的下属公司和分支业务则尽快出售，以免影响整体实力。目前英国展览业的一个显著特点是公司规模变大，但业务范围却越来越专一，以便充分实现专项业务的规模效益和降低管理成本。

在澳大利亚，对会展行业运行起重要作用的是澳大利亚展览和会议协会，该协会成立于1986年，总部设在悉尼，是代表澳大利亚展览和会议领域唯一的行业组织。

澳大利亚展览和会议协会采用会员制，经营范围还覆盖新西兰，会员来自澳大利亚和新西兰的展览和会议行业，包括展览会主办者、展览场馆经营者以及会议展览服务行业相关企业。

澳大利亚展览和会议协会还同美国展览经理人国际协会、英国展览组织者协会和美国展览行业研究中心等建立了合作关系。

（二）政府主导型

政府主导型是指政府通过投资与管理对会展业发展起重要推动作用，其中最具代表性的是德国和新加坡。

德国是名不虚传的展览大国、展览强国，作为国家经济和国际贸易发展战略中的一个重要环节，展览业首先受到德国各级政府的高度重视。

每年，德国联邦经济科技部直接对出国展览提供财政支持，通过特定的组织或机构，组织德国企业赴国外参加展览会。另外，联邦食品、农业与林业部也对若干专业展览会提供出国参展的经费支持。德国的展馆是由政府投资兴建，经营模式是展馆既是展览主办者，也是展览场地的经营者。德国实力雄厚的展览公司多由政府控股。德国展览业的最高协会是AUMA，是由参展商、购买者和博览会组织者三方面力量组合而成的联合体。AUMA对德国展览业实行统一、权威性的管理，其地位在德国是不可动摇的。也可以说，它是德国唯一的中央级的展览管理机构，有着最高的权威性。它的职责包括：制定全国性的展览管理法律条例和相关政策、支配使用政府的展览预算、代表政府出席国际展览界的各种活动以及规划、投资和管理展览基础设施（如展馆、酒店、交通、旅游等）。德国政府管理展览行业的职能和展览行业协会紧密地结合在一起，共同合作，相辅相成，使展览业得到了有效管理。

新加坡对会展的管理模式也属于政府主导型。在促进会展经济发展中，政府的主要作用是促进活跃经济和加强基础设施建设。发展会展经济，基础设施必不可少，展馆建设是首要条件之一。新加坡政府对会展业发展的扶持主要表现在对大型会展设施与配套设施建设的支持与投资上。新加坡博览中心就是有政府背景的新加坡港务集团投资建立的。

在意大利，其最大的展览中心米兰国际展览中心的总经理由国家总理直接任命，一方面是由于展馆投资大、社会效益大大超过其本身经济效益，另一方面政府还可通过展馆及展馆经营来对展览市场进行调控。

（三）政府市场结合型

政府市场结合型是指政府参与和市场运作同时并行，美国和中国香港属于此类型。以会展场馆管理为例，在美国，大部分展览中心都是公有的，在全美面积超过 2 500 平方米的展览中心中，大约 64%（约为 243 个）属于地方政府所有。在长期的产业发展过程中，形成了三种各有特点的公有展览中心管理模式：政府管理模式、委员会管理模式以及私人管理模式。

在中国香港亚洲国际博览馆建成前，作为中国香港最大的秀场之一，香港会展中心差不多是独家经营，特区政府更是把生意交给新世界集团打理，不涉足具体事务，而完善的管理体系与优质的服务更是其成功的必要条件。中国香港连续 9 年被英国权威杂志《会议及奖励旅游》评为全球最佳会议中心。见证 1997 香港回归的香港会展中心规模并不大，仅属中等，但是每年举办各类活动 2 000 多次、接待国际旅客 320 万人次、会议 15 万多人次、商务活动约 32 万人次。会议中心的有效经营面积，平均每平方米每年接待约 100 人，这在国际上都属罕见。

另外，任何一种因素为主导的会展经济发展模式，并不排斥其他力量的推动，如以“政府推动型”发展模式为代表的德国和新加坡，也非常重视协会的力量；而在以市场推动为主的法国、瑞士和英国，尽管政府干预较少，但政府也在会展经济发展过程中给予必要的支持。

二、展览的运营管理

以大型的国际展览为例，展览策划的筹备工作进度分成三大阶段：展前、展期、展后，现分别说明如下。

（一）展前规划阶段的运营管理

这个阶段通常时间最长，事情最多，因为要筹备的事项很多，所以最好早一点开始进行。

1. 规划阶段一：展前两年半

1）确定展览日期与场地：视察场地、评估并商议费用。

2）评估财源并制作预算：预估展览可能产生的收入及支出。

3）成立筹备委员会：邀请相关部门适合的人选并分工。

4）成立秘书处：指定工作人员、安置设备并建立档案。

5）设计展览印刷品：印制信封、信纸。

6）确定饭店房间数的预订：检查使用的饭店房间及设备，并与饭店签约。

7）确定展馆使用数量，检查有关设备、场地并签约。

8）制作工作进度表：可由展览筹办人控制进度。

9）搜集准备宣传寄发名单：寄发展览宣传资料、报名表等。

10）定期召开筹备会议，审视各项工作进度及决议。

2. 规划阶段二：展前 2 年

1）制作筹备计划书，用以上报政府单位申请经费补助或向民间相关组织募款。内容包括：展览缘起、宗旨、内容；拟邀请参展单位阵容、主题；筹备委员会组织及名单；各组工作职责、工作进度表和预算。

2）拟定推广策划：本次展览如何有效宣传。

3）选定合适的展览专业顾问公司，可协助主办单位整体规划一个具专业水准的展览，避免人力资源浪费，并有效控制预算的花费。

4）草拟确定展览主题及拟邀请人员名单。

5）决定报名费及相关费用：可参考以前展览并由筹备会决议。

6）搜集旅游、文艺等资料：可指定专业旅行社办理。

3. 规划阶段三：展前 18 个月

1）草拟展览通告：包括邀请函、展览日期地点、主题等。

2）印刷并寄发展览通告：初步预告可能参与人士，展览将于何时何地举行以及报名费、摊位费等资料。

3）确定展览期间学术论坛形式及内容：发函邀请演讲人及各场次主持人。

4）确定社交节目的安排：包括酒会、晚宴、开闭幕典礼等。

5）设定展览所有印刷品的印刷时间表并与印刷设计公司协调：宣传手册、报名表、海报、参展手册、名牌、证书、邀请卡等。

6）确定所有将寄发给报名参展者的宣传手册应包括的资料，并着手草拟宣传手册及报名表，包括报名费、各项宣传活动费用、参展报名截止日期、视听设备的提供、饭店房价及订房手续、提早报名优惠日期、取消报名截止日期、优惠订房截止日期、通信报名截止日期。

7）网页设计，委托专业公司或专业人士设计展览网页，以便参展企业上网浏览，或使用网上报名。

4. 规划阶段四：展前 12 个月

1）草拟展览说明书及合约：拟印制发给参展厂商招展。

2）收集参展厂商名单：可请筹备委员提供。

3）征展开始：寄出说明书，举办说明会，亲自拜访。

4）印制并寄发宣传手册及相关表格：确定所有相关名单及单位都已寄出。

5）确认贵宾人员是否接受邀请并请提供论坛题目，如有人无法应邀，则另邀请其他人选，尽快确认。

6）选制展览会纪念品、资料袋、奖牌、名牌胶套等：评估可能数量，先预定并确认交货期。

7）报备政府有关单位本次展览的举办时间：请协调有关驻外单位给予参展者签证事宜的协助。

8）联络并确定展览各项安排的供应厂商：视听设备、灯光音响、旅行社、交通、餐饮安排、会场布置等。

5. 规划阶段五：展前 6 个月

1）审核展览各项具体工作。

2）安排展览议程并挑选邀请论坛主持人。

3）寄发通知函件给参展人：告知其参展是否被接受及其时间、地点。

4）寄发通知函件给所有受邀的主持人并寄发相关参考资料，如参展单位、报告人背景等。

6. 规划阶段六：展前 3 个月

1）发布新闻：向相关媒体预告展览有关资讯。

2）邀请开、闭幕典礼出席贵宾：如需贵宾致辞，需书面告知时间、地点。

3）现场工作接待人员规划及招聘：报到处、展览室、接待等人员安排并拟定训练课程。

4）草拟设计展览期间活动手册：议程确定，演讲人、主持人确定，各项社交节目确定。

5）安排接机事宜：车辆、接机人员、通关安排等。

6）展场布置设计：含机场欢迎牌、会场、展览室、报到处、展览区、酒会、晚宴场地。

7）报到处使用规划：设计报到流程。

8）确认各项餐饮安排：酒会、晚宴、咖啡茶点、午餐。

9）社交、展览节目设计：开幕典礼、闭幕典礼、酒会、晚宴。

7. 规划阶段七：展前 1~2 个月

1）报名截止：统计评估参展报名人数。

2）与饭店核算已订房数量：与实际预订房数量相差多少。

3）现场接待人员工作训练：1~2 次训练。

4）印制展览会节目手册、参展企业名册：报到时应领取的资料。

5）印制展览相关印刷品：名牌、证书、感谢状、邀请卡、餐券。

6）检视各项展览环节：参展议程，论坛演讲人、主持人通知，视听设备，开、闭幕典礼流程，酒会及晚宴，午餐及咖啡茶点，旅游人数等。

7）展览厂商协调会：摊位位置、布置、进场、撤场等。

8）检视展场各项与展览有关事务，最后确认。

（二）展期执行阶段的运营管理

所有展前的筹划、准备就是为了这几天的展览。其时间指展前3天至展期这一时间段。主要工作包括以下几项。

1）召开记者会：准备新闻稿及展会相关资料。

2）现场接待工作人员预演，筹备委员会主要委员也应到场。

3）报到相关资料装袋，并安排运送至展场。

4）检视各场所布置，确认并现场验收。

5）各项节目、表演彩排，司仪或主持人也应到场。

6）会场桌椅摆设确认：灯光、音响、麦克风、银幕、讲台、幻灯机、投影机一一检视无误。

7）报到处、秘书处：报到资料及展览相关资料进场。

8）展览厂商进场：厂商报到并发给相关资料。

9）检视餐饮安排：再确认数量、菜单。

10）展览正式开始：根据工作流程表进行每一项工作，每日工作结束后，主要工作负责人集中总结当日工作有无任何缺失并及时改善，同时再预习第2天的工作流程。

（三）展后阶段的运营管理

很多筹备展览的机构通常会忽略这个阶段，展览闭幕后其实还有很多工作要总结，要把这些工作完成之后，展览才算结束。

展览后一个月内应做好如下总结工作：

1）分国家及总数统计参展人数。

2）与饭店核对总住房数，收集账单，支付账款。

3）财务结算。

4）撰写、寄发感谢函，如寄发给协助单位及演讲人、主持人等。

5）举行庆功宴。

6）整理展览相关资料并归档，含报名表。

7）召开总结会，报告收支情形，结案会议并解散筹备委员会。

8）展览文集编撰。

9）薪资清册. 以备次年初申报所得税。

10）结案。

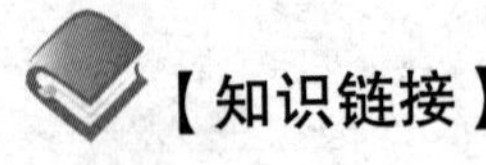

【知识链接】

国际博览会联盟（UFI）的展览会分类标准

A：综合性展览

A1：技术与消费品展览会

A2：技术展览会

A3：消费品博览会

B 专业性展会

B1：农业、林业、葡萄业及设备

B2：食品、餐馆和旅馆生意、烹调及设备

B3：纺织品、服装、鞋、皮制品、首饰及设备

B4：公共工程、建筑、装饰、扩建及设备

B5：装饰品、家庭用品、装修及设备

B6：健康、卫生、环境安全及设备

B7：交通、运输及设备

B8：信息、通信、办公管理及设备

B9：运动、娱乐、休闲及设备

B10：工业、贸易、服务、技术及设备

C 消费展览会

C1：艺术品及古董

C2：综合地方展览会

【复习思考题】

1）简述展览的概念。

2）简述展览策划的过程。

3）简述展览的展前阶段需要做哪些准备工作?

4）简述展览的展中阶段需要做哪些准备工作?

5）简述展览的展后阶段需要做哪些准备工作?

【案例分析】

案例1：布里斯班会议与展览中心

Brisbane 会展中心（BCEC）1995 年 5 月开张。在开张的头三天，就举办了 17 个会议，接待了一共 70 000 人，包括 PC95 展览中的 24 085 名代表。自从会展中心开放以来，随着它的美名在全世界的传扬，会展中心的生意越来越兴隆，生意也越做越大。

中心作为在南半球最大、设施最先进的场馆之一被人们认可。从它开张到 1998 年，BECE 已经接待举办了 2 000 多起活动。它的预订已经到了 2006 年。那时，它将成为七日国际会议的接待地。这个会议预期将吸引 28 000 个全球范围的俱乐部中的 25 000 个会议代表，而且投入 6000 万美元支持 Queens land 的经济发展。BCEC 和黄金海岸预计将提供 175 000 个住宿夜。有 2/3 的与会代表从海外来到 BCEC，这个会议被看成“展现伟

大的世界"的良机。

那么，是什么使BCEC这么成功呢？其中一个因素就是它的面积范围和适宜的设施。这些设施包括有4 000个座位的大厅，如果展览厅也用上就是9 000个座位。有4个展览厅，每个都有5 000平方米的幽雅的柱形空间。还有一个豪华的舞厅有2 200平方米。它能举办1 550人的宴会。还有17个面积从27平方米到1 000平方米不等的厅屋。除此以外，每个展览厅都有它自己组织者的办公室、私人娱乐区域，还有从地下街道到私人寓所的电梯。在这个中心里，还有设施齐全的商业中心、信息部、餐厅、酒吧和咖啡厅。那里还有可容纳1 600辆车的停车场。私人娱乐区域，还有从地下街道到私人寓所的电梯。在这个中心里，还有设施Brisbane会展中心里有综合的室内音响设施和最先进的技术机构。它因为有澳大利亚最现代化的设施和视频尖端技术而被人们认可，能够提供食品和餐饮服务被顾客接受和表扬。最好的法国食品和传统的澳大利亚饮食在那里应有尽有。那里还为会议后勤策划组织者提供会议所需的支持服务。

在政府最开始创制时，中心被设置在城北岸的花园和水道旁。那里可以很方便地通往CBD，拥有有效的运输渠道及公路系统。

BCEC有很高的荣誉不仅仅因为它有适合和先进的基层组织机构和设施，而且还因为他们员工所提供的服务很好。会议组织者完全认可和享受着这里的服务。

BCEC作为它自己主要的王牌，还依赖于这个城市被人们认为是个安全、休闲、友好和愉悦的地方。中心的康体设施在城市吸引会展贸易中扮演着重要的角色。这个中心是和旅游局、城市旅游者、会议局联合工作的。

在中心开放以来的时间里，BCEC总是在增强自己在世界会展贸易中的市场领导者地位，而且也发展成为在医药、自然、信息技术部门有很高荣誉的地方。在1998年，中心组织了世界网络会议。在2001年，它将举办国际众议院会议。这样，就使Brisbane、Queens land和澳大利亚得了很多好处，而且促成了Brisbane会展业的成功。随着BCEC的开放，Brisbane有2 680万美元的会展贸易。BECE对城市的经济贡献估计是每年1000万美元。

来源：Convention & Incentive Marketing

分析题：

1）该会展中心为当地带来了哪些经济效益和社会效益？

2）说明该会展中心运营管理的成功之处。

案例2：美国展览馆的三种管理模式

在美国，展览产业对地方经济的拉动作用很明显，据有关调查部门估算，每位参观者每次参观平均要支出1 200美元，可以带给当地国内生产总值2 000~8 000美元的增长。就展览业本身而言，多年来展览产业的增长速度比美国GDP增长快得多。

在美国，大部分展览中心都是公有的。在全美面积超过2 500m^2的展览中心中，大约64%（大约243个）的展览中心属于地方政府所有。在长期的产业发展过程中，形成了三种各有特点的公有展览中心管理模式。

1. 政府管理模式

首先，展览中心的经营可以更好地体现政府发展区域经济和特定产业的意图。其次，控制展览场地市场可以作为展览市场宏观调控的手段。因此，政府直接管理是美国一种重要的公有展览中心管理模式。通常的办法是在地方政府里成立大会和参观者事务局，负责管理公有展览中心。在此模式里，展览会组织者预定展览场地需要到该机构事先登记，而不是去展览中心。

在政府管理模式下，尽管某些服务也外包给专有承包商，但参观者事务局一般都有管理队伍，包括市场营销、销售和公共关系人员。在很长的时期里，政府管理的市政展览中心通过提高停车价格和提供更多的专有服务等方式，都能够增加收入和赢利。

对市政展览中心来说，赢利能力往往基于下列关键因素：经营实体的政治结构（一般认为，私人或权威机构/委员会的管理优于市政当局）；来自城市的对特定展览中心和整个观光事业的营销支持；最重要的是，展览中心经营和参观者事务局管理的质量。作为政府管理模式的一个例子，佐治亚州设立了佐治亚世界会议中心管理局，以开发和经营佐治亚世界会议中心、佐治亚“圆顶房”、百年奥林匹克公园和相关设施，以促进和方便那些给佐治亚州和亚特兰大市创造经济利益的展览会。

佐治亚世界会议中心管理局是州长任命的15人董事会，它必须挣得自己经营支出所需的资金，但是如果有短缺也能额外得到州里的资助。管理局从展览大厅和会议室的租金及其提供的服务中，获得收入。佐治亚世界会议中心通常是可以做到盈亏平衡的。

政府管理模式虽然有利于政府获得某些重要的利益，但是也会造成展览中心经营绩效低下、市场机制扭曲等问题，不利于展览产业的长远发展。从美国的情况来看，拉斯维加斯和芝加哥等最重要的展览城市都已不实行这种模式。

2. 委员会管理模式

美国某些地区在公有展览中心的管理中实行委员会管理模式，即由地方议会或政府成立一个单独的非谋利管理委员会经营公有展览中心，对议会或政府负责。例如依照内华达州的一部法律，成立了半官方的拉斯维加斯大会和参观者事务管理委员会。

委员会管理往往是比政府管理更有效的模式。由于经营自主和收入独立，由一个管理委员会管理的展览中心，可以更少地受政府采购和城市服务需求的限制。

管理麦考米克展览馆和“海军码头”的芝加哥“都市码头一展览机构”（MPEA），就是成功应用委员会管理模式的一个例子。MPEA是伊利诺伊州议会创立的一家市政公司，其董事会是由伊利诺伊州州长和芝加哥市市长任命的。

MPEA管理麦考米克展览馆联合体，在芝加哥地区促销和运作展览会和商品交易会。按照法律规定，麦考米克展览馆需要创造足够的收入以支付其运营成本。为此，作为管理委员会的MPEA实行半企业化的运作。麦考米克展览馆提供电信、电气、有线电视、输水管道、餐饮和停车等若干种专有服务。展览会组织者必须雇用MPEA在这些服务领域指定的卖主。MPEA基本上不负众望。每年有400多万展览会参观者和公众参观者来到麦考米克，有50个主要的展览会和数百个小的展览会在麦考米克展览馆举办。按照《贸易展览周刊》的统计，这些展览会里大约有33个居全美贸易展览会前200强之列。

不过这个模式也有其弱点，那就是可能产生政治影响、官僚主义等问题。历史上著名的旅游胜地“海军码头”也归MPEA拥有和管理，而这家权威机构也因为对“海军码头”实施娱乐、商业和文化的重新利用和经营而广受指责。此外，从企业治理的角度来看，委员会管理模式下存在着激励不足的问题。很多时候政府还是要充当救火队长，补贴公有展览中心经营的损失。芝加哥市政府就每年都把旅馆房间税收的2.5%转移给麦考米克展览馆。

3. 私人管理模式

将公有展览中心的管理业务外包给私人展览管理公司，这就是私人管理模式。当前展览产业一致认为，这是一个积极而难以逆转的趋势。私人管理公司越来越多地从市政府那里赢得公有展览中心的经营权和管理权。

北美两家主要的展览中心管理公司，Spectacor管理集团和环球光谱集团，因为不断提升该产业的服务水平和标准而广受信赖。更多的市政府都在考虑把其展览中心管理业务外包给这样的私人管理公司。

私人管理模式具有许多公认的优势，包括：①政企分开，经营自主。②诸如奖金之类的效率激励措施，建立在赢利能力大小、毛收入和成本节省情况的基础上。③集中注意力于客户服务上，有利于克服官僚主义。④人力资源得到深度开发。⑤衡量业绩的标准客观。⑥赢利能力较强。⑦管理培训专业化，管理有职业倾向性。⑧雇佣工人有灵活性，有利于裁减冗员。⑨对政府来说，财政风险相对较小，这一点至关重要，政府毕竟也不能做赔本生意。

在美国，私人管理公司一般都收取一种基本酬金，外加一种可变激励酬金，它与基准数据联系在一起，诸如毛收入、赢利能力、成本节省情况、参观水平和展览会数量等。

根据《设施管理者》杂志的报道，1986年的美国税收法案，对经营通过免税债券筹措资金的公有展览中心的展览公司，设置了收取酬金上的限制。

展览中心管理契约在各展览中心之间可以有很大的差异。为适合每个市政客户的独特需要，大部分协议都是客户化的。按照具有代表性的私人管理公司的情况看，带激励的酬金平均起来一般相当于毛收入的大约5%。

当然，对地方政府而言，将公有展览中心交给私人公司管理也有一定风险，有可能失去对其谋利动机的控制。由于不能排除异地办展的内在冲动，且所办展览会不适应当地产业发展规划，私人管理公司利润最大化的经营可能不符合城市发展的整体利益。

分析题：

1）三种场馆管理模式各有何优点和缺点？

2）以当地一个展览中心为例，分析并评价该展览中心的管理模式。

第五章

节事活动

【本章导读】

随着社会和经济的不断发展，会展的内涵也在不断地深入，并被赋予新的含义。如今，MICE 中的 E 不仅代表着博览会（Exposition）和展览会（Exhibition），还代表着节事活动（Events）。本章首先介绍节事活动的内涵、特点和作用；然后探讨节事活动的策划问题；最后介绍节事活动的运营及管理。

【学习目标】

1）了解节事活动的内涵、特点和作用。

2）掌握节事活动策划的原则和程序。

3）懂得节事活动中安全管理的方法。

【导入案例】

国际背老婆比赛

距芬兰首都赫尔辛基 550 公里的松卡耶维镇是人口不足 6000 人的小镇，但每年 7 月在这里举行的“国际背老婆锦标赛”却使这个小镇扬名世界。

该比赛规则如下：

1）跑道长度 135.5 米，其中一段为沙路，一段为草地，还有一段在柏油路上进行。

在最短时间内跑完赛程者为获胜者，但如果“老婆”不慎掉在地上，则要加罚 15 秒。

2）跑道上设有两道木障碍物和一道水障碍物。

3）男子所背的女性必须年满 17 周岁，体重 45 公斤以上，可以是自己的老婆，也可以是临时找来的搭档。

类似项目趣味性很强，观赏性、娱乐性兼备，男女老少皆宜，是值得现代节事活动大力提倡和推广的项目。

（资料来源：斯科特·南格尔. 节庆对北美的经济影响. 中国展会，2003）

从该案例可以初步认识到：节事活动策划可以理解为快乐活动策划、幸福生活策划。节事活动的策划、组织，目的就是让人们在参与节事活动的过程中获得快乐和提高幸福指数。随着人民生活的不断改善，象征品质生活的节事活动，正越来越受到社会各阶层的关注。

第一节　节事活动概述

一、节事活动的定义及其内涵

（一）节事活动的定义

节事是一个外来词，英文为 event。它包含了节日（festival）和特殊事件（special event）两部分内容。Event，牛津词典上译为大事、事件、体育比赛项目等。也有学者翻译为“节事”“节庆活动”“会展与节事”。在汉字中，有相当多描述各种类型的活动，如节日庆典、盛事、大型宴会等，它们都在“大事”“事件”的范畴里。

目前，学术界对于“节事活动”还没有明确统一的定义。西方普遍认可的有两种说法。一是美国乔治·华盛顿大学节事活动管理创始人乔·戈德布拉特博士在《现代节事活动管理的最佳实践》（The Best Practice of Modern Event Management）一书中的提法，他将节事活动定义为：“为满足特殊需要，用仪式和典礼进行欢庆的特殊时刻。”另一定义来自盖茨教授，节事活动是指“短时间内发生的、一系列活动项目的总和”。同样，由于研究角度的不同，我国学者对“节事活动”的定义也各不相同，较有代表性的有以下三种：

1）节事活动专指以各种节日和盛事的庆祝和举办为核心吸引力的一种特殊旅游形式。（邹统钎，2001）

2）节事活动是指城市举办的一系列事件或活动，包括：节日、庆典、地方特色产品展览会、交易会、博览会、会议以及各种文化、体育等具有特色的活动或非日常发生的特殊事件。（吴必虎，2001）

3）能对人们产生吸引，并有可能被用来规划开发成消费对象的各类庆典和活动的总和。（卢晓，2006）

综观各国学者对节事的研究，虽然各自对节事活动的定义还存在不同的认识，但存在着一些共同点：

第一，节事活动有着广泛的内涵。它不仅指的是各种周期性举办的（通常一年一次）

节日和庆典活动，也包括了其他各种丰富多彩的项目，包括地方特色风物展览营销活动、文艺演出、体育比赛、文化仪式等活动或非日常性发生的一次性或经常举办的特殊活动。

第二，节事活动与旅游业的关系密不可分。当前，节事活动和旅游相结合形成的节事旅游已成为一种新型的旅游产品，各国各地都将节事活动作为发展旅游业的重要推手。节事旅游可以成为旅游目的地的重要营销手段，同时也是保护当地传统文化和提高国家、城市形象以及知名度的有力手段。因而相较于传统旅游产品，节事旅游具有更强大的社会经济效益和更持久的生命力。

综上所述，我们可以将节事活动定义为“在短时间内发生的、经过精心策划的、能对公众产生吸引的，一系列的融合旅游、娱乐、休闲、文化等参与性消费形式的各类庆典和活动的总和”。所以，大到举世瞩目的奥运会，小到社区的文娱活动，都属于节事活动的范畴。

（二）节事活动的内涵

与常规旅游活动相比，节事活动吸引旅游者为某一目的（如观看体育盛会等）从全世界或全国各地在短时间内集聚到旅游目的地，具有旅游团体规模大、停留时间长、消费水平较高等特点，使得举办活动的城市或地区旅游设施的综合利用率提高，具有强大的产业联动效应，它不仅能给城市带来场租费、搭建费、广告费、运输费等直接收入，还能创造住宿、餐饮、通信、购物、贸易等相关收入。更为重要的是，作为节事活动能汇聚更大的客源流、信息流、技术流、商品流和人才流，对一个城市或地区的国民经济和社会进步产生难以估量的影响和催化作用。为此，我们可以从以下五个方面来理解：

1. 目的

举办节事活动的主要目的是为了庆祝、教育、市场营销和重聚。对于旅游业来说，节事活动可以提高举办地的知名度，树立举办地的良好形象，促进当地旅游业的发展并以此带动经济的发展。

2. 内容

节事活动的内容一般从当地的特色和文化传统出发，经过精心策划和组织后形成的，它需要满足参与者社交性、体验性、娱乐性的要求，并能实现组织者商业性或公益性或社交性的目标。

3. 形式

由于节事活动参与者的目的是通过参加节事活动获得特殊的娱乐、社交和体验经历，因此节事活动的表现内容必然要求其形式具有活泼、亲和力强和参与性大的特点，而且作为市场经济中的一个产品，节事活动的内容组合形式必须严谨，环环相扣，围绕主题开展。

4. 功能性

节事活动兼具文化价值和经济价值，是地区文化现象与经济内容的载体。

随着节事活动的发展，人们越来越认识到节事活动的经济内容载体功能，并且意识到这种功能的潜在价值。

5. 实质

节事活动实质为经济性活动，大量的人流使举办地的零售业、娱乐业、住宿业、餐饮业和物流业等服务性行业收入大大增加，又促进交通、贸易、金融、通信等行业的发展，整个市场销售量大幅度提升，刺激消费，商业活动频繁。

更为重要的是节事活动有利于举办地塑造良好的形象和扩大其影响，并对举办地的经济和社会的发展产生巨大的推动作用。

二、节事活动的特点

由于节事活动定义外延很广，因此，很难概括其中的特点。根据观察，一般而言，一项节事活动往往表现出以下的一些特点：

（一）有一定的主题

（二）有严密的或松散的组织

（三）大量的人流聚集在相对较小的空间里，特定时间、地点的人口密度很大

（四）参加者来自不同的社会层面，涉及不同阶层

有活动相关主题的社会（行业）知名人士、特别邀请参加的对象、媒体、商业机构代表、普通市民等。

（五）吸引众多媒体进行追踪报道

（六）影响面广泛

节事活动的现场气氛不仅影响现场，而且还往往会通过电视的现场直播影响活动现场以外的地方；节事活动本身会形成一股强大的社会力量，其影响面可能超越地域、超越国界；节事活动结束后其影响还可能持续一段时间。

如世界杯足球赛，这一体育盛事的参加者除了参加比赛的球队、裁判组及各级足联、足协官员外，甚至有国家政要出席，有数万观众集中在运动场；场内外还有相当数量的工作人员、媒体记者、防暴警察；场外有利用活动提供商业性服务的人群等，造成在特定区域中集合了众多的人群。无法到达现场的来自国内外的游客、观众还聚集在广场、酒吧等地，集体观看比赛。赛前、赛后媒体追踪报道，无孔不入，所有有关世界杯的题材都被大肆炒作。这个时刻，举办地成为全球关注的焦点，吸引了数以亿计的目光。赛后除了举办地，其他地方往往还有狂欢庆祝活动，持续数天。

国庆纪念日是为纪念国家建国或独立而确定的历史性纪念日，是近代国家的一种特征，是伴随着近代国家的出现而出现的。它成为一个独立国家的标志，反映这个国家的国体和政体。国庆纪念日这种特殊的纪念方式一旦成为新的、全民性的节日形式，便承载了反映这个国家、民族的凝聚力的功能。同时，国庆纪念日上的大规模庆典活动，也是政府动员与号召力的具体体现。近代国家的这种庆典就是对外显示力量，因为它们大多是在争取独立、政治革命、反对殖民主义的斗争中诞生的，需要通过这种力量的显示以增强国民信心。显示力量、增强国民信心，体现凝聚力，发挥号召力，即为国庆庆典的三个基本目标。为达成上述庆典目标，往往通过组织大规模集会、阅兵、展览、游园、宴会、文艺演出等活动表现庆典主题。其影响面不仅遍及全国，还引起其他国家的关注。

三、节事活动的类型

按不同的分类方法节事活动可被分为多种类型，了解节事活动的类型对于开发和策划节事活动，推动会展业和旅游业的发展有着十分重要的意义。

一般来讲，节事活动可按下列方法分类：

（一）按规模分类

这是最常见的一种分类标准，通常由节事主办方来界定。按照规模，节事活动可以分为全球性的、国际区域性的、全国性的、国内区域性的和地方性的。

全球性的节事活动诸如“奥运会”“世界杯”“世博会”等。

国际区域性的如“亚太经济合作组织峰会”“东盟会议”等。

全国性的例如“全运会”“中国市长论坛”等。

国内区域性的如“长三角经贸交易会”“丝绸之路狂欢节”等。

地方性的节事活动则主要包括各种地方性庙会、传统庆典以及本地居民为主的民族节日等，例如“象山开渔节”“内蒙古草原摔跤大会”等。

（二）按影响力分类

可分为特大型节事活动、标志型活动、重要型活动和中小型活动。

1. 特大型

节事活动（mega event）是指那些规模庞大以至于影响整个经济并对参与者和媒体尤其是国际媒体有强烈的吸引力并引起反响的活动。

当今学术界对于超大型活动的界定仍然没有统一的标准，有的学者认为应该从参加人数、花费及声誉影响来判断，也有的认为应该以获得的国际媒体关注度来衡量，还有的认为主要应以主办国或地区获得的经济效益及该活动对其社会经济结构产生的影响来界定。目前普遍采用的界定标准来自盖茨（Gets，1997）提出的超大型节事活动的指标（见表 5–1）。依据这些指标，超大型节事活动包括所有规模宏大、参与国家和人数众多、媒体传播效果巨大、经济和社会效益明显的节事活动。这类节事活动在人们心目中的地位应该是“必看的”节事。从盖茨提出的特大型节事活动的 2 项定量指标和 14 项定性指标来看，特大型节事活动包括奥运会、世博会、世界杯足球赛等规模宏大、参与国家和人数众多、经济影响明显的节事活动。

2. 标志型

标志型活动（hallmark event）是指那些在某地重复举办，大多一年一次，并与一个乡镇、城市或地区的精神或风气如此相同，以至于成了举办地代名词并广为人知的节事活动或因其强大的表现力而成为举办地旅游主题的活动才能称之为标志型活动。对于举办地来说，它们具有传统、吸引力、形象和名声等方面的重要性（卢晓，2006）。它们包括交易博览会、节庆、文化和体育活动等。标志型节事活动在国际或地区性旅游营销战略中起着关键性的作用。它们提高和保证了举办地在旅游市场中的卓越声望（Hall，1989）。

德国慕尼黑啤酒节、戛纳国际电影节、意大利威尼斯狂欢节、西班牙斗牛节、奥地利维也纳新年音乐会、瑞士达沃斯世界经济论坛等都是国际著名的标志型节事活动。

3. 重要型

从范围和媒体关注的程度来说，重要型活动（major event）就是指那些能吸引大量参与者和媒体报道并具有较大经济利益的活动（卢晓，2006）。如：我国一年一度的春节庆祝活动、F1 中国大奖赛、ATP 网球大师杯赛和全球绿色经济财富论坛等。重要型节事活动对活跃举办地的政治经济和文化体育活动、树立举办地良好的社会形象、推动旅游业和举办地的经济发展也起着十分积极的作用。

4. 中小型

中小型节事活动（minor event）是指那些规模不大、参与人数少、影响范围有限的节事活动。在主题各异、形式多样的中小型节事活动中，各类庆典、评比认证、颁奖仪式、营销推广、文化宣传、体育赛事和公关社交等活动占据了大部分。

表5-1　盖茨提出的特大型节事活动指标

指　标		标准和含义
定量指标	参观人次	>100万人次
	投资成本	>5亿美元
定性指标	目的多元化	目标的多样性
	节日精神	浓厚的节日气氛
	满足基本需要	满足相关利益主体（利益相关者、干系人）及观众的基本需要，提供相关的休闲和旅游机会
	独特性	“必看性”“一生仅此一次”的独特性
	质量	高质量、超越观众的期望值并提高他们的满意度
	真实性	以本土文化价值为基，活动的品质具有内在独特性
	传统	以社区及其传统为根源，并展示相关的神秘性
	适应性	基础设施、空间和时间的要求，对不断变化的市场需求和相关机构需要的适应性
	殷勤好客	使每一个活动观众和参与者体会贵客的感觉
	确切性	体验到目的地鲜明的主题相关资源的“特殊性”，包括文化、款待和自然资源方面的特点
	主题	鲜明的主题，体现最佳的节日精神、真实性、传统、互动及活动观众服务至上
	象征性	综合运用仪式和符号，以强化节日氛围
	供给能力	提供游客买得起的旅游、休闲、社会、教育和文化体验
	便利性	为参与者和观众提供各种特别的、不需要事先策划的休闲和社交活动机会，为以工作为中心、紧张忙碌的世人提供各种机会

资料来源：卢晓，2006

（三）按节事活动的内容分类

按活动内容节事活动可分为体育、娱乐、艺术和文化、商场市场营销和促销活动、会议和展览、节日庆祝活动、家庭活动、筹集活动等（Wagen，2004）。

1. 体育

世界各地蓬勃开展的体育活动，不仅能健身强体，而且能超越社会、种族、语言的界限，成为各国人民沟通和友谊发展的桥梁。同时，也提供了大量具有吸引力和富有竞争性的就业机会，对推动各地的经济发展起着重要的作用。体育产业作为朝阳产业，在当今全球经济中扮演着重要角色，体育产业的发展水平已成为一个国家和地区综合实力和社会文明程度的重要标志。

在发达国家，体育产业是支柱型产业，报载，目前全球体育产业的年产值超过 1 万亿美元。其中，美国是体育产业最发达的国家，2010 年体育产业产值高达 4410 亿美元，约占 GDP 的 3%，已经是美国排前十位的十大产业之一。（人民网，2012）奥运会、各地的各类球类联赛（如：美国的 NBA 职业篮球联赛和美国职业棒球联盟明星赛、世界杯足球赛和各地的足球联赛、网球大师杯赛和公开赛）、F1 方程式大赛及世界花样滑冰锦标赛等体育活动不仅仅是体育活动，实际上也成了人们喜爱参与的娱乐活动，观看这些赛事早已成为人们喜闻乐见的休闲方式和日常生活的重要组成部分。

中国体育产业的发展潜力非常巨大。目前，中国不仅是全球体育用品最重要的生产基地，也成为继美国之后世界第二大体育用品消费市场。有数据显示，2015 年中国体育总产值约为 4000 亿元人民币。国务院已经制订了 2025 年中国体育总产值达到 5 万亿元的目标。换言之，未来 10 年，中国体育产业的年增长率需超过 20%，远超 GDP 增幅。（中国证券网，2016）

如今，形式多样的体育活动不仅数量很多，而且规模越来越大。尤其是大型国际体育活动不仅有人数众多的运动员和教练员参加，而且还有随队工作人员、记者以及大量的“拉拉队员”和观众参与。举办大型体育活动可以提供发展旅游业的契机，带来更多的客源，最大限度地利用现有条件设施，还可以为一个城市树立新的形象提供良好机会，提高举办国和城市的知名度，并获得巨大的社会效益和经济效益。

2. 娱乐、艺术和文化

随着人们经济收入和生活水平的不断提高，人们对娱乐、艺术和文化活动的参与性不断增强，2010 年 5 月 6 日，中国社科院文化研究中心和社会科学文献出版社联合发布的《文化蓝皮书：2010 年中国文化产业发展报告》指出：根据国家统计局公布的数字和课题组的估算，2009 年，中国城乡居民家庭文化娱乐用品及服务支出总额约 6076 亿元，政府公共财政文化消费支出 1095.74 亿元，文化产品和服务出口约 700 亿元人民币左右。上述三项相加，2009 年，中国文化产业国内外市场规模大约为 8000 亿元人民币（中国新闻网，2010）。

这些数据表明了我国文化、艺术和娱乐活动的蓬勃发展以及这些活动和人民生活的密切关系。中央电视台策划的《同一首歌》和《中华情》以及各地的红歌大赛等就是知名度高、参与度广的娱乐、艺术和文化活动。

3. 市场营销和促销活动

市场营销是企业在变化的市场中，为满足消费者需要和实现企业目标，综合运用各种市场营销手段，把商品和服务整体地销售给消费者的一系列市场经营活动（王方华，黄沛，2003）。而其中的促销活动则是将有关企业和产品的信息传递给目标市场上的顾客，以达到销售的目的。在今天这样一个“信息爆炸”和“市场竞争日趋激烈”的时代，市场营销和促销活动对企业的生存至关重要。生产企业、消费者、潜在购买者、销售商、广告商、公关企业和媒体都可能是活动的参与者。

4. 会议和展览

从广义的活动含义来看，会议和展览当然也是活动的一种类型。有关会议和展览活动的详述可见本书前面相关章节。

5. 节庆活动

节庆活动就是节日庆典活动，也就是说，在节日期间，人们出自对生活的热爱，通过各种方式怀念先人、寄托思念、表达祝愿、放飞希望、狂欢庆祝的活动。节庆活动的起源和发展是一个逐渐形成，潜移默化地慢慢渗入社会生活的过程。尤其是传统节庆活动的形成实际上已是一个民族或国家的历史文化长期积淀凝聚的过程。节庆活动也被称为“有主题的公众庆典”和“平民参与的节日活动”，是一种能创造可观的社会和经济效应的特殊旅游产品和吸引物。

6. 家庭活动

家庭活动包括家庭舞会、家庭宴会、生日祝寿、婚礼庆典、野外旅行等活动。尤其在新年、中国的春节、西方的感恩节和圣诞节是家庭成员团聚的好时光，人们会开展各种活动以示庆祝。

7. 筹集资金活动

筹集资金活动是邀请自愿参与者和非营利机构的支持者到同一个社交场合，以轻松愉快的方式向来宾介绍筹集资金的目的，并最终筹集到一定资金的活动。筹集活动一般通过早餐会、午餐会、晚餐会或招待会、义卖、慈善募捐晚会、高尔夫或网球比赛、慈善长跑、拍卖会、义演等形式实现筹集资金的目标。

（四）按节事活动产生属性分类

节事活动又可分为传统节日活动、现代庆典活动和其他重大活动三大类。

1. 传统节日活动

从传统节日的发展历史可分为古代传统型和近代纪念型：

1）古代传统型。这是指追溯历史文化、反映和弘扬民族传统文化的节事活动。重阳节的大型登山活动、端午节的赛龙舟活动、新春元宵节的逛花灯活动、庙会、圣诞节、复活节、狂欢节等，都属于这一类型的节事活动。

2）近代纪念型。这类是指各国国庆节、国际劳动节、儿童节、妇女节、美国纽约的玫瑰花节、奥尔良的圣女贞德节等这样的节日活动。

2. 现代庆典活动

1）与生产劳动紧密联系的节事活动。广州花会、深圳的荔枝节、菲律宾的捕鱼节、水牛节、阿尔及利亚的番茄节、摩洛哥的献羊节、意大利丰迪市的黄瓜节、新墨西哥州哈奇城的辣椒节、西班牙的鸡节等。

2）与生活紧密联系的节事活动。潍坊风筝节、上海旅游节、大连和上海的国际服装节、青岛啤酒节、浦东牛排节、西餐饮食文化节等美食节、各种影视文化和农民旅游节及浙江浦江书画水晶节、中国淳安的千岛湖秀水节、内蒙古蒙古族的那达慕大会、浦东国际烟花节等都是对美好生活满意的自然流露。

3. 其他重大活动

包括各类会议、展览和体育盛事等。

（五）按节事活动的影响范围分类

节事活动可分为：国际性、全国性和地区性。

1. 国际性

具有世界影响的节事活动又可分为全世界性的和有限的国际性的，奥运会、世博会、世界杯足球赛、戛纳国际电影节等属于全世界性的；有限的国际性的，如深圳欢乐谷国际魔术节、三亚国际婚庆节、中国曲阜国际孔子文化节、长江三峡国际旅游节、上海国际电影节、上海国际艺术节、上海国际音乐节、上海国际文化服饰节等。

2. 全国性

全国性影响的活动有如国庆、五一劳动节、春节、清明节、端午节和中秋节等。

3. 地区性

许多地方的柑橘节、茶文化节、火把节、都市森林狂欢节、桃花节、森林旅游节、民俗文化节、庙会等都是在当地有广泛影响的节事活动。

（六）按节事活动的组织者分类

节事活动就可分为政府性、民间性和企业性的。

1. 政府性

政府出面组织的公益节事活动可称为政府性节事活动，如春节或中秋的联谊活动，五一和国庆的联欢活动；上海市一年一度的旅游节等。

2. 民间性

这是指民间组织的自发节事活动，如彝族的火把节、傣族的泼水节、法国的狂跳暴饮节、意大利狂欢节等。

3. 企业性

这类活动是指企业组织的商业节事活动，包括公司庆典、企业年会、颁奖表彰、员工联欢、产品促销、企业公关等活动。如江西上饶市的“联华超市之夜上饶市首届戏剧艺术节”、辽宁大连市的中兴大连商业大厦的“敬送国旗”公关活动，上海新世界商厦“美丽绽放四月天 品牌荟萃新世界”营销活动等。

（七）按节事活动的主题类型分类

可分为宗教性、文化性、商业性、体育性和政治性的节事活动。

1. 宗教性

如麦加朝圣、西藏晒大佛、伊斯兰教古尔邦节、复活节、佛教的观音菩萨生日等。

2. 文化性

如巴西嘉年华、哥伦布航海500年历史纪念日、柏林国际电影节、上海国际文化艺术节等。

3. 商业性

如五年一次的世界博览会、一年两次的广交会、一年一度的德国法兰克福书展等。

4. 体育性

如奥运会、世界杯足球赛、F1方程式大赛、网球大师杯赛等。

5. 政治性

如两国建立周年庆典、世界银行大会、APEC等。

（八）按节事活动的涉及内容和形式多少分类

节事活动又可分为单一性和综合性的节事活动。

1. 单一性

单一性的节事活动是指活动内容和形式的单一。如瑞士伯尔尼的洋葱节、法国香槟节、徐家汇广场啤酒节、不夜城啤酒节、新加坡食品节等。

2. 综合性

综合性的节事活动是指活动内容和形式的综合广泛。如杭州的西湖博览会、上海的旅游节等。

（九）按节事活动参与者的参与程度分类

节事活动还可按照节事活动参与者的参与程度分为三大类，一是亲身参与型，如西班牙番茄节、我国傣族的泼水节等；二是观赏型，如戏剧节、电影节、舞蹈节、体育赛事等；三是混合型，既可亲身参与也可旁观欣赏，如西班牙的奔牛节。

（十）按节事活动是否营利来划分

以节事活动是否营利为标准，可以将节事活动分为公益型和营利型。公益型节事活动不以营利为目的，为了广大公众的利益服务。如慈善募捐、每年的感动中国十大人物评选和颁奖活动等。营利型节事活动是指以营利为目的的节事活动。如购物节、电影节、NBA联赛等。目前，总体来看，营利型的节事活动数量多于公益型的节事活动。

（十一）其他分类

梅耶按主题将节事活动分为体育节、工艺节、戏剧节、电影节、舞蹈节、音乐节、农业节等几种类型（Meyer，1970）。

里奇将节事活动分为世界博览会和展示会，特殊游行、体育赛事、文化和宗教节事、历史里程碑事件纪念活动、古典商业和农业解释以及与某些政治任务有关的节事（卢晓，2006）。

四、节事活动的特殊作用

节事活动作为会展业的一部分，除了在迅速提升举办地的知名度和美誉度、扩大信息交流、增强对外合作、推动旅游发展、加快城市建设、促进经济繁荣等方面具有会展业的共同作用之外，还具有自己的一些特殊作用，而这些特殊作用是其他会展业组成部分所没有的或者起码是不那么强烈和明显的。

概况而言，节事活动可有下列特殊作用：

（一）带来欢乐和幸福，丰富精神生活

会展业的核心部分——会议和展览是工作，针对的是商务旅游市场，不管是会议和展览的主办者，还是会议的出席者或展览的参展商及专业观众，会议和展览对他们来讲都是紧张而又忙碌的工作，而节事活动则不一样，节事活动对于广大参与者来讲是一种放松和愉悦，参与者获得的是欢乐。一位希腊早期的学者就曾经这样说过："过节没有别的，就是欢乐。"人们在辛勤的劳动工作之余，适当的、有节制的放松并积极投入到节日庆贺之中，不仅有益于身心健康，而且也能在欢乐之后带来工作效率的提高。

节事活动首先基本上是一种富裕的表征。当然，这种富裕与物质财富有一定关系，但花天酒地的生活方式也绝非节事活动的本意。节事活动最主要的还是建筑在精神的富裕上。节事活动是对劳动成果和工作成就的庆祝，是精神财富的一部分。它的来源就是爱，因为人们热爱生活，热爱真、善、美。其次，节事活动可以采用一切可能的形式来让感情得到自由的宣泄。节事活动可以单独策划组织，也可以策划在会议展览举办期间，通过举办一个欢庆的节事活动，让参与者暂时避开和忘却工作的紧张和烦恼。没有欢乐的节事活动是令人不可思议的，真正的节事活动是用欢乐来填充的。获得并拥有自己所喜爱的东西，这就是欢乐。欢乐也是爱的一种表现。人们必须亲身体验并获得所喜爱的东西，节事活动才有意义。最后，节事活动所取得的欢乐可以使参与者精神愉快，从而更加热爱生活，大大提高工作的主动性和创造力，使人类生活走上良性循环的道路。"哪里有爱的欢乐，哪里就有节庆的欢乐。"

（二）展现文化内涵，促进特色定位

与会展业的其他组成部分相比，节事活动更有强烈的文化特性，首先节事活动的举办基础就是文化，节事活动的强烈参与性又体现了人与人交往的社交文化，而使节事活动成为狂欢、热闹、欢娱的代名词。通过举办节事活动，开展各类动态文化娱乐休闲旅游活动，展现多姿的文化色彩和丰富的文化内涵。促进了举办地的文化特色定位。上海旅游节的举办便充分说明了这一点。上海旅游节强调体现三结合，即商旅结合、文旅结合、教旅结合，其中，文化是各种活动的基底，没有深厚的文化底蕴作依靠，节事活动只能是无源之水，无本之木，活不起来。世纪之交的 1999 年上海旅游节就与上海文化界共同联手，把上海国际艺术节和上海电影节 32 台优秀节目和近 100 项旅游项目促销到江苏、浙江等地 10 个城市，并第一次将旅游节节目直接带到中国香港地区，受到广泛而热烈的欢迎。如今，上海旅游节经历了 20 余年的锤炼，在传承文化中不断创新，已成了上海市 1800 万人民和国内外旅游者的一道丰盛的旅游文化大餐。现代节事活动需要有经济

的“轮子”，但其核心是人文活动，而人文活动的最高境界是艺术化。旅游节事活动的艺术化与艺术节事活动的大众化，正是节事活动的切入点所在。大连国际服装节汇融了中西文化，也充分体现了大连城市的文化特色，使人们从服饰文化、展览文化中感受到更深层次的文化底蕴，提高了城市的文化品位，加快了城市文化基础设施的建设，促进了城市商业文化的合理走向，形成了大连独特的多层次的文化特色。

（三）针对休闲、商务两大市场，产生更大经济效益

会展业的核心——会议和展览主要针对的是商务市场，吸引的是商务活动参与者，而节事活动针对的却是休闲和商务两大市场，既吸引着商务活动参与者，又吸引着休闲活动参与者。正因为这个原因，所以节事活动产生的经济效益一般讲也更大。如：奥运会不仅是国际体育界的一次聚会，也同样是大规模的世界盛事，它吸引的不仅是运动员，教练员、各国政府体育部门的官员、各类体育和消费用品的供应商，也同样吸引着全世界各国人民。事实证明，奥运会的成功举办不仅能推动旅游业，而且更能对一个主办城市和地区的经济发展产生难以估量的整体推动作用，其经济效益远远大于一般的会议和展览会。1988 年汉城奥运会，使得韩国旅游业在随后的两年里以 13%的速度递增；1992 年巴塞罗那奥运会前，西班牙巴塞罗那三星级以上饭店的住宿率不足 60%；一、二星级饭店的住宿率也只有 60%，而奥运会期间三星级以上豪华饭店客房的住宿率上升到 97%，一、二星级饭店的住宿率也达到 95%。1996 年美国亚特兰大奥运会给美国佐治亚州增加了 7.7 万个就业机会，为州政府产生了 1.76 亿美元的税收，给亚特兰大及其所在的佐治亚州带来了 51 亿美元的经济收入。澳大利亚认为，2000 年悉尼奥运会带给澳大利亚的不仅是 16 天运动会，而是 10 年的发展机遇。根据《中国经济周刊》报道：从 2003 年至 2010 年，北京奥运会产生的总体经济影响达到 717.06 亿美元，其中直接影响为 419.32 亿美元。2008 年北京奥运会直接经济效益超过 20 亿美元（《中国经济周刊》，2008）。

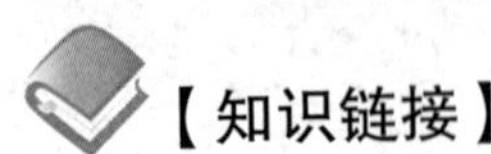

【知识链接】

泰国宋干节

时间：每年 4 月 13 日 ~15 日

泰语中的“宋干”即“求雨”之意，每年 4 月 13 日 ~15 日为宋干节，举国欢腾，游人如织，热闹非凡。清晨，善男信女们先到寺庙内拜佛，由德高望重的和尚把浸着桃枝花瓣的香水淋洒在他们身上，以驱除邪气，然后再由领先们用香水轮番洒于佛像全身，祈求吉祥。这一庄严隆重的仪式结束后，大家涌出寺庙，不分男女老少，不分国籍，互相泼水祝福。谁被水泼得全身湿透，谁就高兴，因为得到了良好的祝愿。

来自泰国各地和世界各国上千名演员组成 25 个游行方阵，向泰国民众和各国游客展示了泰国宋干节的神奇魅力。泰国人民希望通过宋干节的各项庆祝活动使泰国民众更加了解本民族的传统文化，使外国游客进一步体会到泰国人民的热情友好。

第二节 节事活动策划

一、节事活动策划的原则

节事活动的策划是一项极具创造性的工作，一方面要遵循策划本身的运作规律，体现策划的科学性；另一方面又要求在思维方式上突破原有的框架，体现策划的艺术性。具体而言，节事活动的策划大体要遵循以下原则：

（一）系统性、综合性和协调性原则

策划和举办节事活动，尤其是策划和举办大型的节事活动，是一个社会经济、政治、文化、环境的系统工程，要涉及交通、住宿、餐饮、通信、购物、贸易等许多相关行业，节事活动的策划过程是活动各部分和各要素系统化的过程，所以在策划中要从整体出发，使各环节、各部分、各层次相互制约和相互作用，有序进行。节事活动集环境、资源、资金、人力和潜力于一体，受多种因素的制约和干扰，所以需要搞清楚该系统的诸要素及诸要素之间的关系，从经济效益、社会效益和环境效益三者综合统一的角度，根据节事活动的主题、举办活动地的现实条件和未来发展的情况，动态地进行策划，以确定在活动举办中不同阶段的主题、目标、规模和手段。节事与旅游密切相关，而旅游是综合性的社会现象，在策划时，只有考虑各方面的关系和影响，才能在举办和管理上使旅游业良性循环，社会持续发展。系统性应贯穿整个规划过程，在不同层面上各构成部分、各部门有机组合、协调发展、综合考虑各要素间的关系，在整个系统中又有重点、有次序，构成完善的良性循环的节事活动策划系统。

（二）参与性原则

由于节事活动参与者的需求正向多样化、高层次的方向发展，因而将贸易、展览、会议与举办地的自然风光、名胜古迹、文化娱乐、购物等有机组合在一起，使节事活动更为丰富多彩，便已成一种趋势。如今，人们希望节事活动能有吸引力的文化、运动的内容和参与的机会，传统的走马观花的游览方式只是为人们提供了从旁观赏的机会，远远没有让人参与到活动项目中去那么亲切，那么激动人心，那么让人难以忘怀。参与性的活动能给参与者一种体验，而这种体验正是节事活动参与者所追求的。西班牙就十分强调开发具有地方和民族特色的各种参与性活动，利用各种可能的机会吸引游客。该国巴斯克地区的民间节庆和宗教活动很频繁，当地政府及文化部门对此十分重视，扶持利用当地的这些节事活动，大力推销当地的旅游资源、各种文化娱乐活动及郊野式参与活动，让节事活动的参与者感到趣味无穷，取得了较好的效果。所以我们在策划节事活动的过程中应该考虑参与性原则，策划出能提供节事活动莅临者参与机会的各种活动，让他们通过亲身参与，留下难忘和美好的回忆。

（三）市场化原则

市场化原则就是要走出政府出钱包办的旧模式，把举办节事活动当成一个产业来经营，这样，在策划节事活动时就不仅要根据市场的需求来开发节事活动的产品和服务，而且要在调查现有市场的需求和其发展趋势的基础上找出消费的亮点，开发适合市场发展趋势的需求并具有前瞻性的节事活动产品和服务，来引导市场的需求和消费。这样策划出来的节事活动产品和服务就能受到市场的欢迎，并具有旺盛的生命力。精确的市场定位是节事活动成功策划的核心。

节事活动策划的市场化原则还要求按市场化运作的要求来策划节事活动的组织和经营，也就是说，要改变政府办节的做法，淡化政府行为，强化市场行为，坚持市场化规律，引入公平竞争机制，权责分明，既要追求远期的潜在效益，又要争取眼前的现实收益，既要充分考虑社会效益和环境效益，又要最大限度地追求经济效益。

节事活动策划的市场化原则还要考虑节事活动结束后的总结和市场评估，应该将节事活动当作一项产品一样，注意它的品牌注册和无形资产的维护。

目前，我国许多重大的节事活动已经改变了原来政府操办的模式，北京为奥运会，上海为世博会都成立了专门的会展公司，按市场化原则进行市场运作。

（四）针对性原则

节事活动策划一定要坚持针对性原则。也就是说，策划节事活动要针对节事活动的市场定位和参与对象来策划。这样策划出来的活动主题、内容和形式、产品价格和服务，就会更受到节事活动参与者的欢迎，更会增强节事活动的吸引力。因而，节事活动成功的可能性也就越大。

（五）可行性原则

节事活动策划需要遵循可行性原则，也就是说，要从实际情况出发，按照一定的程序，制定出最佳方案，以取得经济效益、社会效益和环境效益的统一，方案中的经济指标必须符合节事活动参与者的消费能力和市场的消费水平，方案的实施途径也必须切实可行，策划的活动内容和形式既具有前瞻性和吸引力，也不脱离实际，具有可操作性。切忌不顾民生，只求面子，超越实际、劳民伤财、舍本逐末。

（六）个性化原则

要使策划的活动对社会公众构成吸引力，活动的策划就必须具有与众不同的鲜明特点，在活动主题、活动项目及表现方式上具有新颖性、独特性。节事活动策划要坚持的个性化原则是保证节事活动具有地方性和个性化特色的前提。个性化原则要求节事活动的举办地或举办单位要根据举办地的地理、民俗、文化、体育、经济各方面的特色或举办单位的具体特点策划出有别于其他地区和其他单位的节事活动。不能简单地全盘模仿和重复使用，只有具有地方性和个性化特色的节事活动才会有其魅力和吸引力，只有具有差异性的节事活动才会有其生命力。

二、节事活动策划的程序

节事活动策划是一项复杂的系统工程，涉及各项法律法规的遵守、公共秩序与安全的保证等政府行政管理层面的内容，同时也涉及活动的市场化运作问题。社会效益与经济效益是评价活动社会意义与综合效益的两大支点。策划一项节事活动必须经过两大阶段：第一阶段为主题确定；第二阶段为节事活动的具体策划阶段。

（一）主题确定

确定活动主题通常需要进行前期市场调查，收集近年来本地区与周边地区的节事活动举办情况，分析相关活动的成功经验，吸取教训。尽可能避免主题的重复。此外，要综合考虑以下因素：

1. 本地资源的特点

本地的自然资源和人文资源与周边地区比较是否具有自己的特色，对目标游客市场是否能构成一定的吸引力。节事活动的主题确定必须是建立在对本地资源的认识与评价的基础上，建立在对目标游客市场的需求、偏好的分析上，发挥本地的资源优势。一个盛产山楂的地区策划举办山楂节，主题非常鲜明，目的很明确，即通过活动达到宣传本地优势资源，开拓市场，引进资金，引进人才与其他先进的生产经营管理理念与模式，最终达到利用优势资源发展本地经济，把资源转化为生产力、转化为经济效益的目标。一次赈灾义演活动设在经济发达、人们有乐善好施习惯的地区举办，更容易达成活动的目标的实现。

2. 本地的经济发展水平与社会面貌

无论地区经济发展水平的高低，都可能策划出成功的节事活动。但在活动主题的策划上，主题选择应与当地的经济发展水平、社会面貌、民风民俗相适应。一个相对封闭的小城，居民保留了传统的生活方式，在价值观念上、审美观上有自己独特之处，如果在此举办国际电影节，或许是一个非常大胆的策划。如果活动主题不能被本地居民认同，那么，就意味着居民的参与度低，甚至产生抵触情绪。不能得到本地居民支持的节事活动，仅靠政府或某组织独力支撑，其综合效益必定大打折扣。

3. 其他因素

如政策法规的许可、政府的支持度、民间组织的支持度等。在一定时期，政府部门往往会根据本地的整体发展战略与形势要求大力宣传某种思想观念、倡导某些行为。大型活动的主题如能得到政府的高度支持与配合，将大大提升活动的影响面，为活动最终取得效益打下良好基础。

（二）具体策划阶段

节事活动的具体策划阶段包括拟订活动方案、费用预算、宣传方案制订、项目落实、活动评价等部分内容。

1. 寻找合作伙伴——策划公司

节事活动的主办方一般为政府部门或大型企业、大型组织，如地方旅游节一般是当地政府、旅游局作为主办方；宗教盛事一般是宗教组织作为主办方；体育盛事的主办方一般为专业性协会与组织，如奥运会的主办方是国际奥委会等。由于各种组织对策划节事活动的经验不同，尤其是作为政府部门，不可能像专业公司或专业机构那样，对特定主题的活动有丰富的策划经验，熟悉特定主题活动的组织、程序以及相关经验教训，因此，需要寻求与专业公司合作；即使是具有举办特定主题活动的丰富经验的专业机构，由于人力资源的局限，或者是需要不断吸取“外脑”灵感与创意，也需要寻求与专业公司合作，如策划公司、广告公司、公关公司、管理咨询公司等。

对专业公司的选择可以通过多种形式进行，如采取公开竞标、拍卖的方式进行，或根据以往的工作经验，与曾经合作过、相互熟悉与了解的专业公司合作，也可以通过朋友介绍，或者是联系在该行业内具有一定声誉和影响的公司。一般来讲，采用公开竞标的方式可以较公平、合理地选择合作伙伴，同时也能通过媒体对竞标过程的报道使活动的知名度得以提高。

2. 成立组委会

节事活动的组委会是活动的筹备、组织、策划与实施的领导机构。组委会一般由节事活动的主办方、承办方和协办方组成。组委会的人员构成、组织分工、工作协调直接影响到活动的成败。通常要根据活动的性质、活动的主题内容、活动的具体项目与形式、活动涉及的相关工作类别，按实际需要在组委会下设立具体部门，承担相应职责。

一般为组委会办公室、策划部、公关宣传部、资金招募部、项目执行部等。政府主办的节事活动，考虑到活动的组织实施过程中可能与相关政府部门的工作直接相关，因此在组委会的人员构成中，往往会把政府相关部门的负责人列入组委会名单，以便在活动实施阶段有更完美的配合与协作。如一个地方举办综合性节事活动，组委会名誉主任由该省副书记、省长担任；组委会成员包括了市委、市政府、市委宣传部、公安局、农办、计委、经委、建委、旅委、科技局、财政局、人事局、房管局、园林局、贸易局、外经贸局、文化局、广电局、卫生局、工商局、体育局、质监局、城管执法局、市外办、团市委、邮政局、贸促会、海关、交警、各区政府等部门的官员以及机场、铁路分局、各主要活动场馆等机构的负责人。力求使活动得到政府和商业机构的自上而下的全方位配合。

3. 制订活动的具体策划方案

以节事活动的主题为基础，围绕主题策划出具有个性的、内容充实、趣味盎然的活动，是吸引社会公众参与活动、吸引外地游客的基本保证。一个活动是否具有鲜明的个性，是否充分挖掘了主题内涵，是否赋予了传统题材新的表现形式，是否能使活动达到预期的效果或产生更大的影响力，具体策划方案的出台是关键点。

具体策划方案应包含活动的时间、地点、参加者、具体内容与形式、实施程序与标准控制、资源配置、预期效果、特殊情况的预备方案等。

4. 费用预算

节事活动的费用预算主要包括场地租金、设备器材的购置费用（或租金）、宣传费用、公关活动费、日常行政费用、劳务费等。

节事活动往往需要巨额资金的支持。因此在预算时应注意：考虑活动各方的承受能力，在具体策划方案中应有每一份项目的具体预算，力求让决策者能根据自身的经济实力和募集资金的能力对项目内容进行选择；在策划方案中应包含活动募集资金的基本渠道；由于节事活动在整个筹备、实施过程中存在不确定因素，或者由于发生预想不到的事件而增加费用．因此对活动预算要比较宽松。

5. 资金募集方案

由于活动的性质、功能定位不同，资金的募集方案也会不一样。基本上可分为以下几类：政府拨款、企业赞助、广告收入、门票收入、租金收入等。对不同的活动，以上资金募集的比例也各不相同。

对于政治盛事，大部分的资金来源于政府拨款或政党经费，也可能会有部分的企业赞助。

对于体育盛事，有的属于政府拨款与其他渠道收入并举；有的是无须政府投入资金，活动资金全部来源于广告收入、企业赞助、门票收入以及体育产业链的收入，完全商业化运作。在1984年美国洛杉矶奥运会以前，受奥林匹克“非商业化、非职业化、非政治化”准则的限制，举办奥运会基本上是政府“赔本”的“形象工程”。如1972年慕尼黑奥运会花了10亿美元，1976年蒙特利尔花了24亿美元，1980年莫斯科花费高达90多亿美元，而收入却屈指可数。1984年美国商业奇才彼得·尤伯罗斯通过出售电视转播权、商业广告与赞助等商业运作方式，把洛杉矶奥运会办成了赚钱的奥运会。

此后，奥运会举办权被视作世界最大的全球性商业机会。

各种机构给予活动的赞助已经成为近年节事活动经费的重要来源。有关统计表明，1998年美国总赞助（共68亿美元）的9%都流入节庆和展览赞助中，赞助总额达6.12亿美元。国际节庆协会（IEG）1999年9月的赞助报告指出，节庆所得赞助超过所有赞助的47%，体育所得赞助占所有赞助的25%。

6. 活动宣传方案

节事活动宣传方案质量的高低会直接影响到活动募集的资金数额，影响到活动的成败。活动宣传方案包括以下内容：

1）明确宣传的基调和目的。活动主题确定后，明确宣传的基调和目的是活动宣传方案的基础。

2）宣传口号的确定。宣传口号要与活动主题相贴切，口号内容要求简洁、易记和朗朗上口，如“新北京，新奥运”。一个好的宣传口号常常能对整个活动起到点睛之笔的作用。

3）确定宣传策略和创意表现。一般的规律是，在活动启动阶段，采用新闻发布会、人物专访、新闻报道等软式宣传活动，目的是让公众知道和了解活动的主题、内容、意义及理念等，吸引公众和媒体的注意力。在活动初期和中期，要加大宣传的力度，烘托活动气氛。

宣传策略可采取活动专题、活动内容报道、阶段性成果宣传等炒热活动。要善于挖掘活动的热点和亮点，善于结合时事做技巧性宣传。在活动的尾声，要配合活动进程再次掀起宣传热浪，推动活动进入高潮，并为下一届活动的举办奠定基础。

7. 项目落实

当方案思路与策划文本都确定后，就进入了具体项目的落实阶段。项目落实要规定具体的内容和时间，责任要具体落实到部门及其负责人身上，规定工作的进度与完成的时间。此外，要做好各部门的协调和沟通工作，细致检查每一环节。做好各种突发事件的解决预案，做到有备无患。

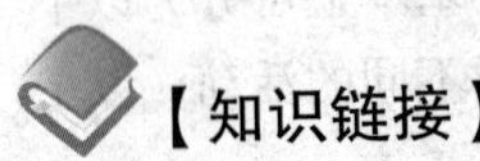【知识链接】

××珠宝周年庆活动策划案

活动主题：××珠宝 代代相传——珍珠月

活动目的：以"珍珠月"活动为主线，结合珍珠文化宣传、新产品推广和丰富的现场活动，精致的布置和良好活动氛围的营造，在加深与老客户关系的同时吸引新客户，从而达到营销目标。

活动时间：2016年6月11日~7月3日

活动内容：

一、珍珠展

（一）珍珠月　精品珍珠展

在珍珠月期间，××金店各大珍珠品牌联手推出精品珍珠展，届时各色、各类、各型、各样高档珍珠将齐现精品珍珠展。

（二）珍珠月　珍珠养殖展

在珍珠月期间，将推出珍珠养殖箱及珍珠的文化，让顾客与珍珠零距离接触。

二、尊贵会员卡珍珠显高雅

（一）珍珠月　尊贵会员价

A. 在珍珠月期间，各大珍珠品牌联手推出持会员卡在6.5折基础上再打8.5折。

B. 珍珠品牌推出会员商品，会员商品需持会员卡购买。

C. 各大珍珠品牌将推出各自的特色活动。

（二）珍珠月——珍珠墙

在珍珠月期间，马里亚纳品牌将推出珍珠墙活动，各种精品珍珠荟萃。

（三）珍珠月——现场开蚌取珠

在珍珠月期间，只要在××购物满80元即可在马里亚纳珍珠领取新鲜活蚌一只，当场开蚌取珠。每颗珍珠抵30元现金，可在开蚌柜台换购商品。

三、珍珠月——珍珠作坊

（一）珍珠月期间，推出珍珠作坊，现场加工穿制珍珠饰品

（二）珍珠月期间，珍珠作坊将免费为新老顾客提供免费串珠服务

四、珍珠月——同庆活动

（一）24K黄金同庆价，黄金兑换免收加工费。

（二）名牌铂金送"实"礼，电话充值送到底。

在珍珠月期间购买名牌铂金饰品满 500 元送 50 元电话充值卡；满 1000 元送 100 元电话充值卡。

（三）珍珠月——其他珠宝首饰献贺礼

在珍珠月期间，其他珠宝首饰有各种优惠活动。

资料来源：www.doc88.com

第三节　节事活动运营与管理

一、节事活动的运作模式

节事活动运作模式主要有以下四种：

（一）政府包办的模式

这种模式的特点是：政府在节事活动的举办过程中身兼数职，扮演着策划、导演、演员等众多角色。节事活动的主要内容由政府决定，活动场地、时间由政府选择，参加单位由政府行政指派。这种运作模式给政府带来很大的财政负担，而节事活动给旅游地、社会、当地民众带来的经济效益、社会效益等却大打折扣。

（二）各部委、局及协会主办或与政府、地区联合主办的模式

这种模式是目前许多专题旅游节事活动采用较多的模式，它具有政府包办模式的一些特点，但也在不断地加入市场化运作的一些成分。

如中国国际高新技术成果交易会（深圳）由对外贸易经济合作部、科学技术部、工信部、国家发展计划委员会、中国科学院和深圳市人民政府共同举办。它坚持“政府推动与商业运作相结合，成果交易与风险投资相结合、技术产权交易与资本市场相结合、成果交易与产品展示相结合、落幕的交易会与不落幕的交易会相结合”等原则，面向国内外科研院所、企业、高等院校、投资和中介机构，提供交易服务。

桐庐、富春江山水节提出了“区域联动、行业联合、企业联手、产品联体”合力办节的模式，成功的商业化运作模式，突出的群众参与性，全民办节、全方位联动的方式，使山水节成为提升当地旅游业的重要部分。

（三）市场化运作模式

节事活动首先是一种经济活动，举办的重要目的之一就是要获得良好的经济效益和市场效果，因此，不论是节事活动举办的需求还是供给方面，都应当遵循一定的市场规律，把节事活动纳入市场经济的轨道，进行市场化运作。可以说，市场化运作模式是节事活动走向市场化的最终极模式。市场化运作模式，一是可以节约成本。在节事活动举办过程中，时间地点选择、广告宣传方式等方面完全按照市场的需求来做，可以大大节约成本，避免因行政力量介入时造成的不必要的浪费；二是可以做到收益最大化。这里

的收益包括参加企事业的收益，包括政府的形象收益，也包括给当地带来的其他社会效益。

目前我国节事活动运作模式正在走向市场化，市场规律在节事活动举办中正在发挥着越来越强的作用。例如，南宁国际民歌艺术节从2002年起，实行“政府办节，公司经营，社会参与”的运行机制。具体的运作思路是：实行民歌艺术节组委会领导下的专业公司经营与部门负责相结合的机制，提高资金运筹能力，减轻财政负担，最大限度地实现节庆的社会效益与经济效益相结合。

（四）政府引导、社会参与、市场运作的模式

政府引导、社会参与、市场运作是一种比较适用于中国国情的节事活动运作模式，这种模式显现出来的优越性、带来的效益，正在越来越多地被各方面所认同。这种运作模式的特点是：

政府仍旧是重要的主办单位，政府引导作用主要体现在确定节事活动的主题及名称，并以政府名义进行召集和对外的宣传。

社会参与就是充分调动社会各方面的力量来办好节事活动。社会力量主要体现在：节事活动主题选择时的献计献策，节事环境氛围的营造，各项活动的积极参与等方面。

而市场运作则是节事活动的举办过程，交给市场来运作。比如节事活动的冠名权、赞助商、广告宣传等方面，都可以采用市场竞争的方式，激励更多的企事业单位参加。这样做一方面可以为企事业扩大知名度，另一方面还可以节省大量开支。

如青岛国际啤酒节、哈尔滨冰雪节、中国潍坊风筝节、广州国际美食节、南宁国际民歌节等几个国内著名的大型节事活动就是按照“政府引导、企业参加、市场运作”的模式来运作的。

实践证明，目前城市节事活动还带有一定的公益性质，完全走市场化运作的模式还行不通。旅游节事活动采取“政府引导、社会参与、市场运作”模式，是比较适合我国大多数旅游地实际情况的。针对节事活动运作涉及部门、行业和企业众多，需要政府对其运作实行整体协调的实际，应该在现有的会展办、大型活动办公室的基础上，建立城市政府的专业节事管理部门，加强对节事活动的宏观管理和指导。同时建立节事专项资金，为节事活动提供公共服务保障，而节事本身的运作则由专业节事公司操作。

二、节事活动的管理与控制

节事活动的管理和控制是一项复杂的系统工程，涉及日常运营、组织管理、财务管理、人员管理等内容，需要各相关部门协同作战。因此，在活动举办前要召开协调会，对所有参与节事活动实施的部门和工作人员进行分工与培训，使每个人都深刻理解活动各环节的重要意义，以保障每个环节的顺利实施。另外，还要建立包括诸如交通、食宿、安全、水电等各方面的后勤保障体系。节事活动的对象是旅游者，旅游者十分重视经历和体验，这就要求后勤保障体系的组织，不仅仅是落实人员、物质，还要落实思想教育和到位的服务。对后勤保障体系的工作应该给予足够的重视。

节事活动的管理和控制费时费力，如何使控制管理更加经济合算就需要设计科学合

理的管理控制机制。在设计管控机制时要考虑以下几点：

1）注重实际意义和效率。要首先找出对节事活动成功起关键作用的几项基本工作，对这些重点工作要随时监控，衡量工作成效。

2）程序要简洁。管控程序应尽量简洁，因为如果程序过于复杂将不利于组织内各机构的及时沟通。

3）责任到人。各部门的管理控制必须有专人负责，各负责人只复制管理和控制本部门事务。

4）管控要及时灵活。实际工作如果偏离了计划应及时纠正以免造成更严重的错误。另外灵活性也是非常必要的，因为管理控制要应对实际情况，如果实际情况发生与计划不同的变化，管理控制者要及时调整计划灵活应对。

5）要具有实践指导性。管控工作要做的是给基层工作人员一些工作原则，而不是要求管理者事无巨细，事必躬亲。

三、节事活动的评估

节事活动举办后应该对活动效果进行分析和评价，根据活动的目标不同评价标准也有所差异。但总的来说，对节事活动的评估要从计划执行的偏差、游客量的增加、媒体的报道篇幅与数量、公众的参与度、社会的关注程度、参加者的满意度、资金投入与回报等各方面进行全面分析，从而为以后的活动积累经验。

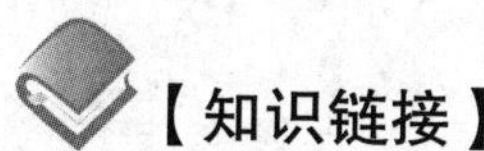

【知识链接】

慕尼黑啤酒节

德国慕尼黑啤酒节是世界上规模最大的狂欢节，参与的600多万人可以喝掉600多万升扎啤，吃掉近50万根烤肠和5万多只烤猪腿。

慕尼黑啤酒节可以追溯到1810年。巴伐利亚加冕王子路德维希和特蕾瑟公主当年10月完婚，官方的庆祝活动持续了5天。人们聚集到慕尼黑城外的大草坪上，唱歌、跳舞、观看赛马和痛饮啤酒。

从此，这个深受欢迎的活动便被延续下来，流传至今，每年9月的第三个星期六至10月第一个星期日就固定成为啤酒节。历史上，除因战争和霍乱中断外，慕尼黑啤酒节已整整举办了170届。

慕尼黑啤酒节最大的感受是狂欢，一种有着浓郁巴伐利亚风情的狂欢。想不到德国人也会如此热情奔放，无拘无束。狂欢节设在慕尼黑市中心的一个当地人叫WIESN的广场，占地42公顷。顺着熙熙攘攘的人流，走进一个临时搭起的巨型啤酒棚，里面人声鼎沸，近半个足球场大小的空间挤满了人，想找个座位已经是奢望了。天快黑的时候，保拉纳啤酒帐篷里，人们站在一排排长凳上，和着大厅中央乐队的演奏，载歌载舞，尽兴狂欢。碰上脍炙人口的歌曲，全场近千人手拉着手，一起随着音乐引吭高歌。

啤酒节当然离不开啤酒，节日会场就是一个巨大的欢乐海洋，到处是开怀畅饮的人们。慕尼黑啤酒节只出售优质的慕尼黑本地啤酒，德国其他地方的啤酒，甚至慕尼黑之外的巴伐利亚本地啤酒都没有机会露脸，更谈不上外国的牌子了。啤酒节并非各啤酒厂商借机搭台唱戏、寻找商机的商品交易会，它就是一个纯粹的民间节日。

啤酒节组委会工作人员对记者说，慕尼黑啤酒节规定，只有那些保留慕尼黑传统酿造方法、符合1487年“慕尼黑纯度要求”和1906年“德国纯度要求”的优质慕尼黑本地啤酒，才可以在啤酒节上亮相。

目前啤酒节只允许销售6家啤酒酿造厂的啤酒，包括保拉纳、奥古斯丁、勒文和狮子等品牌。节日期间，规定每晚啤酒供应到22时30分，22时45分乐队演奏流行乐曲，催促人们离去。这时，万千酒兴未尽的游客会齐声抗议，清洁女工不得不把椅子倒置在桌上，对那些久久不肯离去的游客，保安人员也不得不把他们推向出口，强行让其离开。

（资料来源：卢晓著，节事活动策划一管理：第2版，上海人民出版社，2009.11，第38页）

【复习思考题】

1）如何理解节事活动的内涵？

2）简述节事活动的特点。

3）简述节事活动的类型。

4）简述节事活动的作用。

5）试述节事活动策划的原则和程序。

6）试述节事活动运作模式，我国适合什么样的动作模式？为什么？

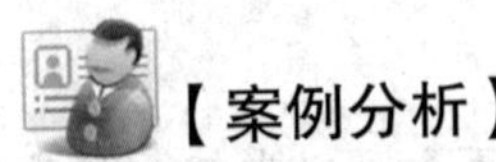

【案例分析】

诺丁山狂欢节

诺丁山狂欢节是欧洲规模最大的街头文化艺术节，每年8月底的最后一个周末在英国伦敦西区诺丁山地区举行，以非洲和加勒比地区文化为主题。因为诺丁山区的黑人居民多半不是来自非洲，而是来自加勒比海或拉美其他地区。正是诺丁山的移民文化孕育了诺丁山狂欢节。20世纪60年代，聚居在诺丁山地区的西印度群岛移民因思乡情重而举办狂欢节，当时不过只有一小群人穿着民族服装，敲着钢鼓在街上走一圈而已。几十年后，它发展成为规模盛大的多元文化节日和伦敦最炙手可热的旅游项目之一。

英国人克劳迪亚·琼斯1915年出生于加勒比地区的英国殖民地特立尼达，9岁时去美国与父母团聚。她于1936年加入美国共产党。在第二次世界大战后的麦卡锡主义盛行期间，琼斯曾屡次入狱，并于1955年被美国驱逐，之后移居伦敦西部加勒比移民聚居的诺丁山区。

1958年，琼斯创办《西印度群岛报》，号召殖民地人民团结起来争取独立、实现种族平等与世界和平。次年，诺丁山区出现针对黑人的种族暴力事件，琼斯为此在当地组织了一次步行活动，宣扬加勒比地区的优秀文化，并于当年8月发起了英国第一届室内加勒比狂欢节，倡导种族之间的融合与团结。1964年琼斯去世后这一活动演变成街头狂欢，即后来在欧洲家喻户晓的诺丁山狂欢节。

连续三天的狂欢主要分三个部分：第一天是特有的钢鼓乐队展示与比赛。使用的乐器都是用汽油桶制作的钢鼓，其目的就是吸引当地的加勒比移民出来狂欢，提醒他们不要忘记自己的故乡。第二天则是儿童日。社区组织少年儿童们打扮得漂漂亮亮，脸上涂上油彩图案，让孩子们度过一个美好的日子。第三天，狂欢活动达到高潮，参加游行的队伍在诺丁山的几条街道上载歌载舞，吸引大批游客前来捧场。来自英国甚至世界各地的DJ们在车载调音台上尽情演绎加力索、索卡、桑巴等各种音乐。

分析题：

结合本章所学理论，谈谈诺丁山狂欢节有什么特点？它的策划遵循了哪些原则？它为什么可以成为欧洲规模最大的街头文化艺术节？

第六章 奖励旅游

【本章导读】

会展业在国际上被称为MICE产业，它的内涵远远大于仅从中文字面上理解的会议和展览，还应包括奖励旅游，即MICE中所代表的Incentive Travel。奖励旅游同会议、展览和节事活动一样，也是会展产业架构中不可缺少的组成部分。本章从奖励旅游的起源和发展开始介绍，说明奖励旅游的策划、奖励旅游经营机构及成功的因素，对认识、了解和抓好奖励旅游的发展是非常重要的，也是全面发展会展业所不可忽视的一环。

【学习目标】

1）了解奖励旅游的含义、特点和类型。
2）了解奖励旅游的功能。
3）理解奖励旅游的产生及发展。
4）理解奖励旅游活动中安全管理的内容及对策。
5）掌握奖励旅游活动中风险管理的内容及对策。
6）了解策划的原则。
7）理解策划奖励旅游活动的前期准备工作。
8）掌握奖励旅游的执行流程。

【导入案例】

安利花费8000万美元请1.3万名中国业务员游美国

环球网记者李宗泽报道，据美国世界新闻网6月1日消息，直销公司安利（Amway）

邀请业绩最佳的1.3万名中国推销员前往美国南加州观光一周，高达8 000万美元的费用全由公司支付。美国加州观光官员表示，这是他们所见过的较大规模的国际观光团之一，预计为地方经济注入1000万美元。

该报道称，从30日起，一辆辆坐满中国观光客的巴士纷纷开往迪士尼乐园和购物商场，有时车辆多达100辆。分为5波的中国观光客将在6月陆续抵达。美国加州旅游观光委员会会长卡罗琳·贝瑞塔说："这是未来的趋势，中国观光客对洛杉矶来说很重要。去年27.7万名中国观光客在加州消费了40 200万元，成绩不容小看。"

安利在全球80个国家拥有300万人组成的销售大军，在最大市场的中国就有20万名独立企业主挨家挨户推销化妆品、牙膏、洗洁精和"纽崔莱"维生素营养品。这次偕同配偶前来加州一游的推销员的年度业绩至少达16万元。

安利大中华区副总裁刘明雄表示，将中国推销员送到美国加州观光是难得一见的奖励，但值得这么做。刘明雄称"从事推销的人每天都面对挫折和拒绝，他们需要鼓励。用现金奖励很好，但还有比现金更有力的做法，到洛杉矶一游是很多中国人的梦想"。

（案例来源：环球网）

第一节　概述

奖励旅游是会展旅游的重要组成部分，是高品位、高消费、极富文化内涵的享受型特殊活动。奖励旅游始自20世纪60年代的美国，至今已成为一项相对发达的激励机制，全球500强企业（如IBM、惠普、摩托罗拉、麦当劳、可口可乐、柯达公司、宝马公司等）都十分重视推行奖励机制。

一、奖励旅游的含义、特点和类型

（一）奖励旅游的含义

世界奖励旅游协会认为奖励旅游是一种现代化的管理体制工具，目的在于协助企业达到特定的企业目标，并对于达到该目标的参与人员给予一个非同寻常的旅游假期作为奖励，同时也是为了各大公司安排以旅游为诱因，以开发市场作为最终目的的客户邀请团。

曹淳亮主编的《香港大词典》中将奖励旅游定义为："工商企业及其他行业为刺激工作人员的积极性、增强归属感以及搞好与有关部门、团体和个人的公共关系而组织的免费旅游。"

梅远主编的《中国旅游百科全书》则认为奖励旅游是："一些组织单位为调节员工的积极性、增强凝聚力举办的免费旅游。"

从上述三个定义中可以看出奖励旅游有以下几层基本含义。

1. 目的性

奖励旅游的目的是为达成组织自身的目标。

2. 工具性

奖励旅游是一种组织使用的激励工具。

3. 专业性

奖励旅游的组织不同于普通的商务旅游，它是按具体客户的需求专门定制的高度专业的服务性活动。

4. 系统性

尽管奖励旅游作为一种管理工具，服务于组织的目标，但是它的策划、组织乃至实施的环节要与组织的价值观、团队建设、奖酬体系相协调，体现组织的系统性。

5. 广泛性

需要奖励旅游的组织不局限于企业组织一种形式上，其他形式的非营利组织也是奖励旅游重要的需求者，因此具有相当的广泛性。

根据上述对奖励旅游内涵的分析，我们认为所谓奖励旅游是组织使用的一种管理工具，旨在为组织达到目标而专门设计的一项综合性活动。它需要专业公司的专业化运作，是一项高度专业化的服务性活动。

因此，奖励旅游团队的组织有别于普通的旅行团，它通常由主题活动、会议、旅游、晚会等精心策划的部分组成。参与奖励旅游的成员中，一般包括组织的领导人物，如企业的 CEO 等，在活动中与成员们共商组织发展大计，使参与的成员倍感激励。活动的场地选择、布置，晚会节目的编排，气氛的营造以及餐饮安排等应与组织文化相融合，从而增强参与者的荣誉感，加强组织团队建设的作用。

（二）奖励旅游的特点

奖励旅游除了一般旅游消费的基本要素，还具备以下特点。

1. 福利性

《中国旅游百科全书》指出："从性质上看，奖励旅游是一种带薪的、休闲的、免费的旅行游览活动。"这就揭示了奖励旅游的福利性本质特点。有关研究显示，奖励旅游费用约占企业超额利润的 30%。奖励旅游的支出对于现代企业经营管理来说，既可计入企业再生产成本，又可反映企业当期生产效益，是用于对企业做出贡献的优秀员工的福利性待遇，这是与个人自发旅游消费的最大区别。就企业开发人力资源而言，奖励旅游是一项有长远利益的战略性投资，而不是一项普通的成本开支。奖励旅游属于企业内部营销的人力资源管理中与培训管理同等重要的福利管理，体现了现代企业的人文关怀理念。

2. 公务性

奖励旅游无疑是带有公务性质的不同于散客旅游的专项旅游，也是商务旅游的发展和延伸，会议与奖励合二为一的倾向越来越明显。奖励旅游不仅仅是企业的公费旅游，而且是企业的公务旅游，它是把办理公务事项作为活动的主要目的，寓旅游于公务之中。奖励旅游是因公而起的组织行为，而不是因私而起的个人行为，因此更注重团队和集体的名义，企业会在旅游过程中不失时机地进行培训教育等活动，有的放矢地显示内部营销的组织性和亲和力，从而有利于增强员工对企业宗旨和使命的认可，有助于增进员工或同事之间的沟通和友谊。

3. 激励性

奖励旅游的激励性功效是显而易见的，通过奖励旅游中的一系列活动，如专项会议、颁奖典礼、主题晚宴、集体游戏、友情赠送等，极大地激励着员工的生产积极性和社会荣誉感，使其获得地位性身份而成为忠诚员工，以更好地为企业服务。实际上，奖励旅游的组织过程也可视为现代企业经营的一种激励机制的养成，在对企业员工进行某种激励的同时，也起到了对企业本身组织建设的激励作用。采取奖励旅游的形式不仅是企业工具理性的运用，而且是企业价值理性的反映，是企业文化、企业理念的体现。一次较大规模的奖励旅游活动也是企业展现自身实力，树立社会公众形象的宣传活动。

4. 参与性

奖励旅游活动为企业员工与管理者共同参与企业发展创造了条件。平时，企业员工很难与企业管理者或高层面对面地共商企业发展大计，而奖励旅游活动通常会安排这样的机会，使他们能够零距离接触，有效地调整企业上下层关系，以实现企业的“共同愿景”。奖励旅游的过程还经常会加入一些参与性活动，为企业与员工、员工与员工之间特别的朋友式的交流提供便利。参与性活动的形式能够帮助直接解决一些问题，对团队协作精神的形成，无疑能起到事半功倍的效用，并且参与性活动的一些富有人情味的做法，能在活动结束后给人留下值得回味的经历。

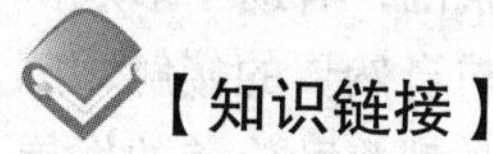

【知识链接】

国际奖励旅游协会组织简介

国际奖励旅游协会成立于1973年，是目前国际上奖励旅游行业知名的一个国际性的非营利专业协会，主要向会员提供奖励旅游方面的信息服务和教育性研讨会。目前国际奖励旅游协会组织有2 100多个会员，分属35个大区的87个国家和地区，总部设在美国芝加哥。

国际奖励旅游协会组织的会员涉及航空、游轮、目的地管理公司、酒店和度假地、奖励旅游公司、旅游局、会议中心、旅游批发商、研究机构、旅游景点、餐馆等领域。

目前，国际奖励旅游协会中国分会有来自北京、上海、西安、桂林、苏州等地的25名会员。由于目前国内还没有奖励旅游这方面成熟的理论，国内外对奖励旅游也是见解不一，除了具有代表性的国际奖励旅游协会给出的定义外，还有很多相关组织、学者对奖励旅游有不同的界定。

（三）奖励旅游的基本类型

奖励旅游根据不同的划分角度可区分为不同的类型。我们介绍两种基本的区分方式。

1. 根据奖励旅游目的的不同分类

奖励旅游在现阶段还是以企业为主体，其目的一般包括：激励员工努力工作以提高企业产品与服务在市场上的占有率；促进员工之间，员工与企业、客户之间的感情交流；舒解紧张的工作压力；建设企业文化，增强企业的凝聚力，建立经销商的忠诚度。根据目的不同，奖励旅游可分为三类。

（1）企业年度会议（商务会议旅游）

（2）海外教育训练

（3）奖励有特别贡献的员工

2. 根据奖励旅游客源市场的强度趋势，奖励旅游可分为两类

（1）传统型

传统型奖励旅游是指 20 世纪 90 年代以前旅游企业常用的组织形式。这一阶段的组织模式一般是在旅游中安排颁奖典礼、主题活动或晚会以及赠送赋予特殊内涵的礼物，由企业领导参加，请名人参与奖励旅游活动中的某一环节等。借助豪华、高档的活动衬托参与奖励旅游成员的价值，通过精心策划的安排制造令人难忘的惊喜。传统型奖励旅游以美国为代表，因此世界上最大的奖励旅游市场在美国。

（2）参与型

参与型旅游是传统形式的发展，它更多地在内容安排上有了不同以往的变化，如徒步、爬山、划船、生态旅游和氢气球旅游等。由于这类活动富有冒险性，在欧洲市场上反映特别强烈。欧洲大部分奖励旅游的参加者要求在他们的日程安排中加入这类参与性活动，而不再仅仅参与的是一个“有特色的 Party”。英国奖励旅游公司 CEO 约翰·劳逊先生认为：奖励旅游是一种创造性旅游活动，它创造了与众不同的氛围，有助于形成协作精神，并给人们留下值得回忆的经历。参与型奖励旅游注重通过与自然界的接触，感受人与自然的和谐境界，有助于唤起人们保护环境的责任感。在参与型奖励旅游的发展历程中仍需处理好以下几个问题。

首先，在内容上，活动日程安排不仅要适合团体的特点和需求，也要与组织文化相适应。

其次，在安全上，要正确掌握活动参与者的身体状况。为确保活动安全，事先要有适应性训练，配置合适的装备，购买好保险。

再次，在协调上，委托方（组织）应与承办方公司相互确认活动涉及的相关责任，委托方在活动的收益上应有较为明确的衡量标准。

最后，在组织上，承接奖励旅游的专业公司要培养自身在活动组织上的能力，可以通过聘请专业培训机构加强相关的训练。因为奖励旅游不是简单的观光旅游，它往往是与一些会议主题活动等联系在一起的，这些活动不仅对安排会议场地、灯光、音响有特殊的要求，而且需要从组织机构、人员素质上具备举行特殊活动的知识，这些都不是一般旅行社所能胜任的。

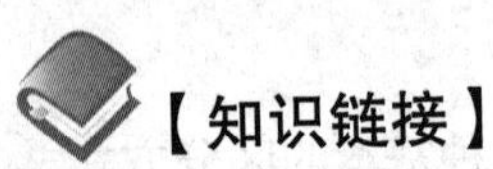

【知识链接】

奖励旅游纳入直销企业管理架构

某大型跨国直销企业对于员工的业绩考核进入最后冲刺阶段，完成考核的销售经理即可参加 2014 年去迪拜的奖励旅游。根据一份该企业内部为员工设计的 2013 成功蓝图显示，企业对于员工在不同阶段的销售业绩都设置了考核目标，而每一个考核目标都配备了相应的奖励旅游方案。这一系列的奖励旅游方案在激励员工完成相应的考核目标的同时也成为其对外营销的手段。

1. 奖励旅游成管理与营销手段

根据某企业2013奖励旅游方案，企业员工完成4个月“红宝石级主任”（或以上）业务考核，可参加“3天2夜创新学院”澳门游；员工亲自培训1位新业务伙伴，且本身完成“红宝石级主任”业务考核，可参加“2人创新登峰迪拜游”。“寰宇领袖之旅”地中海游相应的奖励旅游方案对应的考核目标是员工需发展15位任期至少6个月的业务主任，或完成任期至少6个月，每月达到36个领导积分且培养12位业务主任的目标。

通过一系列奖励旅游方案，企业激励员工实现销售与发展业务伙伴的目标。另一方面，豪华的奖励旅游也是企业员工发展业务伙伴的一个重要营销点。

2. 奖励旅游以直销行业显著

事实上，直销企业的奖励旅游此起彼伏。跨国直销公司安利（中国）日用品有限公司在2013年3月12日~4月1日，组织了5批共1.2万安利优秀直销人员去中国台湾的奖励旅游。

2014年5~6月，安利将组织多达2万人的奖励旅游团，搭乘邮轮前去韩国济州岛。直销公司完美（中国）也将于2014年5月组织规模为7 000人的奖励旅游团去韩国济州岛。他们将乘坐邮轮分两批前往。业内人士表示，直销企业对于员工的激励尤为重要，随着奖励旅游逐渐被认可，企业也开始将奖励旅游作为一项重要的管理手段。

北京联合大学旅游经济系会展专业副教授王春才表示，奖励旅游在国外很普遍，但在国内还属于发展期。且主要集中在以销售为核心的金融保险类、医药类企业，制造业的奖励旅游比较少。企业为奖励对企业做出杰出贡献的员工，培养他们对于企业的忠诚度以及荣誉感而组织奖励旅游。一般平均每年组织一到两次的奖励旅游，奖励旅游将占企业管理重要地位。

根据《企业奖励旅游问卷调查》显示，国内六成的企业从未有过奖励旅游，且56.25%的企业奖励旅游集中在国内游。而在直销行业，相较于其他类型的企业，其奖励旅游频次更多、规模更大。

《国民旅游休闲纲要（2013—2020年）》的“主要任务和措施”部分提出：“鼓励企业将安排职工旅游休闲作为奖励和福利措施，鼓励旅游企业采取灵活多样的方式给予旅游者优惠。”业内人士表示，奖励旅游将在企业管理中占据重要地位。奖励旅游原本并不是企业经营管理的方式，随着市场的发展以及营销渠道的扩展，奖励旅游的作用逐渐被大众所认识。在以销售为核心的企业中，作为一种销售手段，奖励旅游能够激励员工不断完成销售任务；而作为一种宣传手段，奖励旅游可以吸引更多的人加入该团队。

（资料来源：韩金萍．奖励旅游纳入直销企业管理架构［N］．北京商报，2013.07（8）.）

二、奖励旅游在现代企业管理中的功能

柔性化管理是现代企业管理有效的方式之一。奖励旅游是国外现代企业管理较为常用、效果甚佳的一种柔性管理形式。伴随现代企业管理逐渐由刚性管理转为“以人为中心”的柔性管理，奖励旅游在现代企业管理中的作用也越来越突出。

（一）奖励旅游是一种现代管理手段

奖励旅游作为一种现代管理手段，在当代社会被越来越多的现代企业所采用。奖励旅游的目的在于协助企业达到特定的企业目标，并对于达到该目标的参与人员给予一个非比寻常的旅游假期以作为奖励。奖励旅游可以提高企业业绩，增强员工的荣誉感和向心力，加强团队建设，塑造企业文化，相比起常见的物质奖励，奖励旅游的出现更加凸显了以人为本的管理模式，也象征着现代管理的日趋成熟完善。

（二）奖励旅游是企业人力资源管理的法宝

奖励旅游作为企业人力资源管理的法宝，主要体现在以下两个方面：一是在意识管理方法上，将“硬性”的人力资源管理方法与“软性”的人力资源管理方法有机地结合起来。奖励旅游通过企业花钱购买旅游产品，对业绩突出的优秀员工给予直接的旅游奖励，体现了实用主义的硬性人力资源管理方式；奖励旅游常常与重要会议、培训结合在一起．关注员工的发展，体现了人性化“软性”的人力资源管理方式；二是提升员工的工作业绩，实现企业经营管理目标。

从事企业管理的专家指出，奖励旅游让员工对公司更有归属感，工作也就更卖力。美国 2005 年的一项调查结果显示，80%的受访者认为获得奖励旅游要比现钞奖金更令人难忘。全球性研究 SITE 基金会的研究结果表明，奖励旅游可让部分员工的工作业绩提升 20%。

（三）奖励旅游是达到企业管理目标的重要手段

奖励旅游不同于一般意义上的观光和商务旅游，它通常需要提供奖励旅游服务的专业公司来为企业“量身定做”，使奖励旅游活动中的计划与内容尽可能地与企业的经营理念和管理目标相融合、一些研究管理问题的心理学专家在经过大量调查和分析后发现，将旅游作为奖品来奖励员工、客户时，其所产生的积极作用要强、要好得多。首先，奖励旅游是刺激员工积极性行之有效的方式，通过奖励旅游中的一系列活动，如颁奖典礼、主题晚宴、企业会议、赠送贴心小礼物等，将企业文化、理念有机地融于奖励旅游活动中，还有如企业的高层人物若出面作陪，与受奖者共商企业发展大计等，这对参与者既是一种殊荣，而且又达到了“寓教于游”的与众不同的效果，同时还可有效地调节企业上下层、企业与客户间的关系，使受奖者有一种新的荣誉感，增强对企业的认同感，激励其更好地为企业服务。其次，奖励旅游为企业与员工、企业与客户、员工与员工、客户与客户之间创造了一个比较特别的接触机会，大家可以在旅游这种比较轻松的情境中做一种朋友式的交流，这样，员工与客户不但能借此了解到企业管理者富有人情味的一

面，而且员工之间、客户之间也能因此而加强彼此间的沟通与了解，为今后开展工作和业务交流提供了便利。

（四）奖励旅游有助于企业的营销管理

现代企业的营销管理形式多变，奖励旅游能起到促进企业营销管理的作用，因为奖励旅游表面上是企业对优秀员工的一种奖励，但其真正目的是为树立企业形象、宣扬企业理念，并求最终达到提高企业业绩、促进企业未来的发展。一次较大规模的奖励旅游实际上是企业的一项重要的市场宣传活动。一次较大规模的奖励旅游，会有包机、包车、包场等现象，相应地会打出醒目的企业标志，如在一架奖励旅游的包机上印上醒目的企业标志，或包场某一有名的旅游景点，到时，人们首先瞩目的将会是举办奖励旅游的这家企业，而非那些被奖励的个人，所以在无形之中，这又是企业展现自身实力、宣传企业形象的大好时机，倘若有媒体进行相关报道，效果会更佳。

（五）奖励旅游有助于企业的产品质量管理

由于奖励旅游是企业与专业策划公司精心策划和打造出来的非同一般的旅游产品，能让参与者的体验更精彩，因而对增强员工的荣誉感和向心力，加强团队建设，塑造企业文化有着不可估量的作用，而这些作用将有助于增强员工对企业的认同感，激励其更好地生产高质量产品，为维护企业形象贡献一份力量。

（六）奖励旅游有助于企业的资金管理

奖励员工的方式多种多样，没有一种能像奖励旅游那样，能达到最大限度控制成本的功效。首先，奖励旅游的资金来源并不是企业自掏腰包，而是在实现了其特定目标后，用创造出来的超额利润的一部分进行的，企业不赔反赚。作为企业管理的一种策略，奖励旅游可以计入工资管理成本，所以还可以合理避税。因此从企业的角度考虑，奖励旅游还起到一箭双雕的作用。现在的研究一般认为，奖励旅游费用为企业超额利润的30%左右；其次，奖励旅游从策划到具体运作，主要是由专业公司来完成的，而这些专业公司由于具有从事奖励旅游、有效控制差旅成本的管理经验，因此，会大大降低企业的奖励成本，达到有效管理企业资金的目的。

三、奖励旅游的产生和发展

（一）奖励旅游的产生

20世纪初，北美和欧洲是世界经济最发达的地方，相对发达的商品经济和激烈的市场竞争成了奖励旅游萌生的沃土。早在1906年，美国"全国现金出纳机公司"（National Cash Register Company）就向客户提供了一次免费参观位于俄亥俄州代顿（Dayton）公司总部的参观活动。这次参观活动开创了奖励旅游的先河。

20世纪二三十年代在美国芝加哥的汽车销售业中，有的公司管理者为了提高销售额而在开展销售竞赛活动时，为销售人员规定了定额指标，只要超额完成销售指标，销售人员就有资格参加免费的旅游活动。在当时，活动的组织者潜意识地将这样的免费旅游活动归纳为促销手段的一种，认为可以“生利还本”，也就是说这种活动可以给公司带来足够的利润来支付免费旅游的费用，其结果也证明了活动组织者预想的正确性。

于是作为促销手段而产生的免费旅游活动逐渐演变成了奖励旅游活动，并首先受到了销售企业的认可，成为销售企业中对员工进行激励的方法。在当时，奖励旅游的最终使用者主要是汽车经销商、电器分销商和保险公司推销员等销售业精英，而这种奖励旅游活动包括全部免费和部分免费两种。

后来不少公司发现，承诺由公司支付费用到有异国情调的目的地去旅行，能成为非常有用的激励手段。当然这种想法最初基于这种奖励旅游应该是一种能生利还本的促销，即这种活动应该给公司产生足够的利润来支付奖励旅游的费用，并达到促销的目的。随着航空业的发展，美国的奖励旅游也就随之兴盛起来。

（二）国外奖励旅游的发展

由于乘机旅游比较方便，费用也不很高，企业也能承担，因而越来越多的公司便给那些已经完成公司规定目标的雇员提供旅游，并将此这作为一种奖励。也有公司为了提高销售额而在开展销售竞赛活动中，为销售人员规定了定额指标，只要超额完成销售定额，就有资格参加奖励旅游。奖励旅游在当代市场经济中起到了非常重要的作用。每年，因为千百万人超额完成了他们的销售指标与工作目标而受到奖励，而奖励形式之一便是奖励旅游。美国 1995 年出版的《会议销售与服务》一书中指出：“这种奖励旅游对旅游业来说意味着近 40 亿美元的收入，其中 45% 是花在旅馆饭店里的。”目前，世界每年奖励旅游客源约达 350 万（刘勇，2009）。

如今，已有 50% 的美国公司都采用奖励旅游的方法来奖励员工（朱雪红，2009）。在世界每年奖励旅游客源中，美国要占到 50%（刘勇，2009）。欧洲是美国奖励旅游最主要的海外目的地。当美国公司成功地将奖励旅游作为激励员工方式的观念输出到欧洲后，英国、德国、意大利和法国很快就成为欧洲推行奖励旅游最主要的国家。在英国，给员工的奖金中，有 2/5 是以奖励旅游的方式支付给员工的，而在法国和德国，一半以上的奖金是通过奖励旅游支付给员工的（朱雪红，2009）。四个欧洲主要奖励旅游客源市场国中只有英国将其 90% 多的奖励旅游团送往海外，而在德国、意大利和法国，约 40% ~50% 的奖励旅游都是在本国进行的。随着经济的复苏，就中期而言，欧洲奖励旅游市场每年将以 3% ~4% 的速度增长，基本上与世界旅游市场同步发展。但目前，欧洲奖励旅游市场还严重依赖美国的出境奖励旅游，美国出境奖励旅游市场几乎占到西欧的奖励旅游者中的一半。从市场角度讲，美国的奖励旅游几乎已经成熟，西欧则仍在发展阶段。

奖励旅游活动诞生以后很快就显示了其旺盛的生命力，发展的过程中虽然受到了第二次世界大战以及经济衰退的影响，但最终还是普及到了世界各地。纵观以北美和欧洲为代表的国外奖励旅游的发展历程，大致可以划分为三个阶段。

1. 萌芽阶段（20 世纪 20~50 年代中期）

在北美，奖励旅游诞生后的很长时期内，其应用范围仍然主要是销售业，绝大多数奖励旅游由企业自己组织、实施，团队规模不大，受交通工具的限制短程奖励旅游盛行。20世纪20年代末期，体型较大较为安全的客机开始投入使用，航空旅行的吸引力越来越大，到1939年的时候，欧美各主要城市间已经有了定期客运航班。航空交通的发展带动了远程奖励旅游的发展，美国公司开始将奖励旅游目的地瞄准欧洲，并将奖励旅游作为激励员工方式的观念初步输出到了欧洲，英国、德国、意大利和法国成为欧洲接受奖励旅游观念最快的国家。与此同时，人们逐渐认识到奖励旅游不仅仅是有效的促进销售的手段，还有增强士气、鼓舞干劲、提高雇员生产效率和工作效益、争取特殊的经营对象等作用，与传统的现金奖励和物质奖励相比较，奖励旅游有自身独特的优势，奖励旅游在企业管理方面的突出作用初步显现，于是许多非销售部门也开始实施奖励旅游计划。

2. 发展阶段（20世纪50年代中期~90年代初期）

到了20世纪50年代中期，喷气式飞机开始用于民航，这些飞机不仅更安全、更舒适，而且速度更快，票价也更便宜。飞机速度的提高使得旅行的时间得以进一步缩短，机票价格的降低使旅行的成本大大降低，从而使航空旅行不断普及。随着航空业的大发展，越来越多的公司加入了实施奖励旅游的行列，美国的奖励旅游兴盛起来，奖励旅游尤其是远距离的长途奖励旅游增长速度加快，此时欧洲成了美国奖励旅游最主要的海外目的地。美国出境奖励旅游的大发展，一方面在输出奖励旅游观念的同时，也带来了欧洲奖励旅游市场的繁荣，英国、德国、意大利和法国很快就成了欧洲推行奖励旅游最主要的国家。奖励旅游目的地开始扩散，由欧洲、北美扩散到了澳洲和亚太部分国家和地区，并逐渐和会议展览结合在一起。

这一时期，人们对奖励旅游的认识在进一步深化，但在不同的国家对奖励旅游的理解也出现了一定的差异。在美国，一直试图通过奖励旅游建立竞争性的氛围，因此非常强调预先设定目标，强调对奖励旅游参与者的资格进行审核，因此在奖励旅游活动设置方面，美国的奖励旅游特别强调“非比寻常”，强调豪华甚至是“奢华的旅游”，住宿设施非5星级不住，旅游目的地通常是文化和历史名城、中心城市。但是在欧洲，奖励旅游虽然还保持着对员工业绩进行激励的初衷，但正如奖励旅游经理人协会（Society of Incentive Travel Executives）一次名为“认识奖励旅游：不列颠和爱尔兰”的研究所显示的，许多公司使用这种激励性的奖励旅游活动是为了建立雇员的团队精神或者是为了对雇员进行培训，希望在旅游的过程中让同事间的感情变得更加融洽。为此，欧洲的公司并不想将奖励旅游办成奢华的活动，这些公司非常强调旅行中的活动组合，而并不是过多地考虑入住酒店的档次（一般是三四星级酒店），目的地通常是和公司有业务联系和有业务兴趣的地区。而在亚洲的新加坡，大多数公司使用奖励旅游的目的是为了表示感谢或激励士气，在实施奖励旅游前甚至有89%的企业没有预先为奖励旅游的参与者设立目标。奖励旅游从萌芽开始一度由公司自己策划并实施，奖励旅游的迅速发展促使了专业奖励旅游公司的诞生。一般认为EF麦当劳是奖励旅游的革新者，作为一家行李箱厂的库房管理员，他注意到一位NCR代表前来提取货物，并了解到行李箱被作为对经销商的奖励，他认为如果行李箱可以用作奖励，旅游也可以。由此诞生了专业奖励旅游代理。

其后S&H旅游奖励、马立兹和一些其他公司也加入了这个行列，并逐步发展成为三类专门从事奖励旅游业务的机构（HOUSES）：全方位服务奖励公司（full—Service

Incentive Company）；单纯安排旅游的奖励旅游公司或称为完成型奖励旅游公司（Full-fillment type of Incentive Company）；奖励旅游部（Incentive travel department）。负责奖励旅游的各种细节问题，它们与航空公司和饭店商议，然后协调交通、住宿、饮食、游览、娱乐和会议等活动，还负责准备促销宣传品，甚至可以参与制订奖励旅游的目标等内容。

随着奖励旅游的成长，奖励旅游的促销手段发生了质的改变，“欧洲会议奖励旅游展（EIBTM）”“芝加哥会议奖励旅游展（IT&ME）”，奖励旅游经理人协会纷纷创立，推动了奖励旅游的进一步繁荣。

3. 成熟阶段（20 世纪 90 年代初期至今）

自 20 世纪 90 年代初期以来，人们对奖励旅游的认识更加全面、更加深刻，奖励旅游的内涵变得越来越丰富，奖励旅游作为一种有效的企业管理手段被纳入企业的管理系统。此时，西方国家采用奖励旅游对相关人员进行激励的方式在所有的奖励方式之中占据了非常重要的地位，欧洲的奖励旅游市场每年以 3%~4%的速度增长，与世界旅游市场的发展几乎同步。奖励旅游的应用范围也更加宽广，根据美国奖励旅游管理人员协会（SITE）基金会的调查，在北美和欧洲有 61%的公司使用奖励旅游计划改善服务质量，有 50%的公司使用奖励旅游计划激励公司雇员，有 72%的公司将奖励旅游的目标瞄准了办公室雇员。

奖励旅游在延续美国奖励旅游方式的同时，出现了多样化的趋势．探险奖励旅游等新的奖励旅游方式纷纷出现；奖励旅游的参与人员也不再局限于对企业直接做出贡献的工作人员，家庭奖励旅游逐渐纳入了企业管理人员的视野。展览会在奖励旅游市场宣传与拓展中发挥着不可磨灭的作用。1999 年，“欧洲会议奖励旅游展”邀请买家 3 250 个，买家团预约洽谈次数多达 1 400 个；参展单位 2 500 家，覆盖 112 个国家和地区；业内参观者 5 250 人，1999 年，芝加哥会议奖励旅游展场面积 350 000 平方米，吸引了 2 500 多个参展商，参观人数超过 4 万人次。必须说明的是，奖励旅游在欧洲、美国获得大发展的同时，澳大利亚、加拿大以及亚洲部分国家和地区的奖励旅游也在蓬勃发展着。因为发展时期相对较晚，这些国家充分接受了北美和欧洲的奖励旅游观念，许多国家和地区没有经历奖励旅游的萌芽阶段（或者萌芽时期非常短暂）而直接进入了奖励旅游的发展阶段，并且形成了具有地方特色的奖励旅游理念，甚至发挥了后发制人的威力，很快就进入了奖励旅游的成熟期，比如加拿大、新加坡和中国香港等国家和地区就是如此。

在亚洲，奖励旅游远没有美国、欧洲发展得那么早、那么快。在发展初期阶段，亚洲的奖励旅游正如 1995 年亚太地区会议市场报告中指出的那样：“多数旅行是会议旅行，奖励旅游占很少部分。”“奖励旅游团人数较少。国内奖励旅游团平均约 103 人，而调查反馈者组织的海外奖励旅游团规模更小，大约平均 53 人左右。”但进入 21 世纪后，风靡欧美的奖励旅游在亚洲各国受到重视并得到了快速的发展，亚洲的奖励旅游业务随着亚洲经济的崛起和旅游业的发展开始出现了较大的变化，如：泰国一直将推广奖励旅游作为泰国建成“亚洲旅游之都”计划的重要内容，中国香港旅游发展局也把奖励旅游客源视为焦点市场并推出了“想象香港”（Imagine Hong Kong）和香港奖赏（Hong Kong Rewards）等活动，新加坡作为国际顶级的会展之都，在过去的几十年中，奖励旅游市场每年都有较大的增长。自 1994 年起，平均每年约有 3100 个奖励旅游团体、超过 12 万名奖励旅游旅客前往新加坡。日本东京为了发展更多的奖励旅游市场，推出六本木商业 IK.（Poppongo Hill Area）、品川商业区（Shinaga-wa Area）及新桥汐商业区（Shinbashi-Shiodome Area）三处的重要建设计划，此外，印度、马来西亚等亚洲国家近年来也加大了奖励旅游市场的开管力度（大连康辉旅游网，2008）。在亚洲各国的努力下，亚洲的奖励旅游商和奖励旅游团越来越多，中国和印度成了奖励旅游增长最为迅速的两个亚洲国家，大家的注意力已不再只集中于北美和欧洲这些传统市场了。美国、加拿大、澳大利亚和欧洲部分地区在 20 世纪末和 21 世纪初的经济复苏中，也一度推动了亚洲奖励旅游的发展。一些奖励旅游策划者选择了亚洲作为他们的奖励旅游目的地，越来越多总部设在亚洲的跨国公司，特别是亚洲的日本、韩国、新加坡、中国、印度等国家的大企业自己组织的洲内奖励旅游，更是推动了亚洲和全世界奖励旅游的发展。

（三）国内奖励旅游的产生和发展

在我国，20 世纪 50 年代工会为那些超额完成任务或有重大发明创造的劳动模范组织安排去风景名胜地疗养院的休假疗养，也应属于奖励旅游。

20 世纪 80 年代，我国改革开放的浪潮推动了经济体制的改革，大大促进了奖励旅游的发展，越来越多的外商投资企业、国有企业和民营企业纷纷将奖励旅游作为调动雇员、客户与销售商忠诚度和积极性的一种激励手段。

如今，我国奖励旅游团队主要来自外资企业，占到总数的 60%以上，民营企业和股份制企业大约占到 35%，而国有企业仅仅占到总数的 5%（刘勇，2009）。奖励旅游团队的规模从上百人发展到上万人。2005 年，安利中国公司 13500 人赴澳大利亚奖励旅游团成为中国奖励旅游史上的经典（杜然，2006）。

中国内地奖励旅游境外客源地主要是欧美发达国家、澳大利亚、新西兰、亚洲的日本、韩国、印度、新加坡等国家及港澳台地区，而奖励旅游境内客源地主要是我国经济发达地区，尤其是外资企业和民营企业密集的长三角地区、珠三角地区和环渤海地区，中部地区和西部地区奖励旅游的发展则要相对缓慢得多。

我国奖励旅游的目的地也从国内原有的旅游目的地发展到港澳台地区和东南亚，甚至于欧美和大洋洲地区。事实上，中国不仅已成为具有巨大发展潜力的国际奖励旅游的客源市场，而且也已成为世界主要的奖励旅游目的地之一。2004 年欧洲会议、公务和奖励旅游展的抽样调查表明，未来全球最热的奖励旅游目的地，中国名列第五位（刘勇，2009）。在 2006 年底召开的“奖励旅游商协会（SITE）”全球大会上，该组织的负责人正式宣布在北京成立“奖励旅游商协会（SITE）中国分会”，这标志着中国拿到了奖励旅游的国际通行证并进入了奖励旅游发展的新阶段。2009 年 11 月 1 日在阿鲁巴举办的“2012 年奖励旅游商协会（SITE）全球年会申办陈述”会议上，12 名理事一致投票通过北京获得 2012 年 SITE 全球年会的主办权（中广网，2009），这一表决结果再一次地说明了中国在全球奖励旅游发展中的地位和影响。

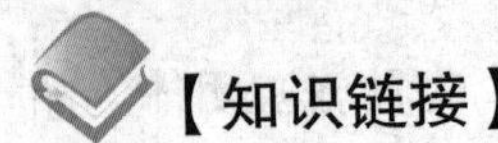
【知识链接】

北京奖励旅游2013年收入增两成多

“北京市会展业发展联席会暨北京市会展业发展报告研讨会”发布报告称，2013年，北京会展业总收入近230亿元，其中，会议收入约120亿元；展览收入约97亿元；奖励旅游收入接近10亿元，增长两成多。不过，据《北京商报》记者曾做调查显示，60.26%的企业没有举办过奖励旅游，举办过奖励旅游的企业仅占39.74%。

根据统计局统计资料显示，在“新会风”下，2013年北京会议业面临着新形势，办会质量有所提高；在展览方面，北京更注重品牌展览的发展，小型展览面临被挤出市场的现状，同时，国际展览发展迅速，2013年北京举办的国际展览数目比2012年增长5.8%，收入同比增长3.1%；在奖励旅游方面，2013年虽然北京奖励旅游项目与2012年相比有所减少，但奖励旅游收入同比增长20%以上。

（资料来源：中国会展门户）

第二节　奖励旅游活动策划

一、前期策划

（一）奖励旅游策划原则

对于专业奖励旅游公司而言，要把握以下几条策划原则。

1. 高标准

由于委托方有特殊的服务要求，比如高标准的接待规格，住五星级酒店，乘坐豪华车辆，安排主题宴会，邀请名人参与等，因此在策划上要满足这些高标准的要求。

2. 周密性

奖励旅游涉及相关的环节比较多，在通关、接站、交通、入住、出游、餐饮等方面更是环环相扣。比如海关、机场是否开辟特殊绿色通道，是否组织了欢迎仪式，交通车辆、就餐、参观游览节目是否妥当，所有这些环节都应计划周密、精心准备。

3. 文化性

奖励旅游的目的在于激励，它不同于一般的团队旅游，奖励旅游应该把组织文化融入活动中，因为奖励旅游不是旅行社或奖励旅游公司的行为，而是自己所在公司（组织）的一种极具荣誉感的集体活动。文化性的体现通过鲜明的主题设计来表达，也即需要一个合适而独特的主题表现形式，安排一些别出心裁的主题活动，比如，设计一个在船上的欢迎仪式，请参与代表钓鱼，并在钓上来的鱼腹中取出欢迎标语，这类活动对烘托“创新”之题具有较强的感染力。

4. 参与性

奖励旅游活动不仅是为了娱乐，而且还要让参与者的身心投入活动中，使整个奖励旅游过程成为一种团队创建活动，因此，把握好活动的参与原则极为重要。策划者（组织者）应当结合参与者的实际情况，针对其年龄、职业、性别、爱好等来安排一些既能调动大家的情绪，又给人留下深刻印象的参与性旅游活动的项目，如绿色生态游、旅游探险等。

（二）奖励旅游的影响因素

影响奖励旅游的因素比较多，一般有以下几个主要因素。

1. 地址

从美国《会议与会务》杂志的一项研究（如表 6–1 所示）中可以反映出奖励旅游策划者在选址中所重视的因素。

表6–1　美国《会议与会务》杂志的一项研究

“非常重要”的因素	占策划者意见的百分比
有无休闲设施，如高尔夫、游泳、网球等	72%
气候	67%
观光、文化和其他吸引力	62%
目的地的形象	60%
有无适合会议的饭店或其他设施	49%
交通成本	47%
与会代表到目的地是否方便	44%
到每个与会代表的距离	22%

2. 经济环境

奖励旅游的需求客户大都是以营利为目的的公司。因此，策划奖励旅游要考虑一个地区所处的经济环境状况，研究结果显示，奖励旅游在经济滑坡的情况下，其激励作用最为明显。因为，每当工作遭遇挑战、困难的时候，激励公司员工和客户是走出困境的关键所在，实践证明，奖励旅游在改进产品与服务方面可以提高员工和客户的参与。

3. 所在行业

考察奖励旅游的需求方可知，汽车、家电、保险、IT 等行业是重要需求方。这些公司不仅要给予其员工奖励旅游，而且还要奖励他们的客户团体，如汽车分销商、家电分销商等。另外，作为接待方的饭店也是奖励旅游的积极支持者。由于许多活动允许参与者的配偶参加，这就提高了饭店双人出租房间的比率，也促成了一些其他形式的消费。比如有些摸奖活动的获奖者需要自己花钱购买这些“额外物品”。

4. 休闲环境

奖励旅游需要舒适的休闲环境，这些环境包括美丽的自然景观，宜人的气候，刺激性活动或是一些与行业、公司相匹配的项目。

5. 人数

策划者在谋划奖励旅游时要考虑团队的规模。一般而言，奖励旅游的持续时间在一周（5 天）左右，平均参与人数为 125 人。因此，奖励旅游公司会限制参加人员的数量以保证所有参与者能得到特别的照顾和重视。

二、奖励旅游的执行

（一）筹备工作

奖励旅游计划的时间应适中，搭配合宜的竞赛计划，大致上以 3~6 个月为宜，并有专人负责。如果竞赛的期间太长，会失去鼓舞与激励的作用，尤其在人数众多时更应提早作业。

（二）编列预算

预算的提拔可视企业的规模、业绩的达成度由企业主来决定，预算确定后才能利于后续作业的进行。

（三）择时

进行奖励旅游的时间应避开旅游旺季，可减少成本。

（四）适当的旅游地点

应考虑大众化的目的地，并具备合乎需求的观光条件。

（五）安排行程内容

奖励旅游的行程内容安排需兼顾预算、时间、旅游天数及旅游目的等，除必要的食宿交通外，所有的参观活动、会议及主题宴会等都应事先规划安排，行程不能过于紧凑。行程内容安排会以半天或一天的会议或训练课程为开端，使接受奖励旅游的人员相聚一起，培养团队精神或参与学习训练，其次为旅游活动与主题晚宴，通常将主题晚宴安排于行程的最后一夜，为整个旅游活动之最高潮，让参与者感到永生难忘。

（六）展开作业

企业在办理奖励旅游时应选择信誉优良之旅行社来安排旅游活动，并作事前的沟通与规划。奖励旅游有别于一般旅游团，因需安排会议及主题宴会等，所以须先与各单位及饭店沟通，并展开作业与联系工作。

（七）结束后的后置作业

办理奖励旅游对企业而言是一种“有目的的旅游”，其效果评估对企业而言非常重要，因此，必须视被奖励者的满意度来评估奖励旅游是否办得成功，此外企业也可累积经验作为下次奖励旅游计划的参考。

奖励旅游不同于一般的观光旅游和商务旅游的传统式行程，而是非常专业的旅游形态，它是由提供奖励旅游的旅行社（或专业公司）为企业量身定做并实施运作，所有活动和形式中将尽可能多地融入企业理念和管理目标，因此，并不是所有的旅行社都具备开发奖励旅游项目的，如何推出更具特色、更具吸引力的旅游线路与服务项目、如何使行程顺利进行等是成功与否的关键，例如机场作业、通关、行李分送、车次安排等，完全考验着旅行社的事前准备工夫与团队合作的默契，承办旅行社必须具有相当高的专业素质、临时应变能力和危机处理能力。

三、后续工作

企业进行奖励旅游的特点之一是其持续性与稳定性，即存有奖励旅游需求的企业在形成一定惯例后，每年都会开展若干次的奖励旅游活动。因此，旅行社要想在激烈的市场竞争中立于不败之地，拥有稳定的客户群，并在此基础上不断拓展新客户，却不失为明智之举，而这些假设建立的基础是企业对旅行社提供的产品及服务满意，旅行社给受奖励人员出乎意料的惊喜，让他们体验愉快的服务经历，这就需要对奖励旅游效果进行评估，不断改进。

（一）对奖励旅游参与者满意度的调查

奖励旅游的参与者直接体验了奖励旅游产品，他们对各项工作及安排是否满意以及满意程度如何，是奖励旅游活动是否成功的一个重要指标，关系到是否能继续承办公司后续奖励旅游活动的问题。对直接参与奖励旅游活动的参加者的满意度调查主要包含以下几个方面：目的地、酒店、餐饮以及会议等特殊活动，调查问卷是最常采用的方法。活动结束时邀请部分参与者进行面谈，或者之后打电话给参与者，征求他们的意见和评价，也是获得满意度的重要信息来源。

（二）征询企业意见

奖励旅游对企业而言，是一种有目的的旅游，效果评估对企业是非常重要的，评估结果直接影响到二者合作关系的持续问题。旅行社在奖励旅游活动结束后，征询企业意见是一项必要举措。

（三）旅行社对本次任务的总结

在充分征询企业意见的基础上，结合旅行社内部看法，对本次任务进行总结，找出成功之处、失败教训，提出改进的方案。当总结完毕后，将其纳入案例库，以备后用。

第三节　奖励旅游活动运营与管理

一、政府的组织管理

奖励旅游是一个综合性强、主题性强和竞争性强的行业，这些特点决定了它是一个政府引导型产业。尤其是在一些奖励旅游发展初期的国家，政府更应扮演积极的角色，不能只依赖市场来自然调控。

（一）奖励旅游发展的支撑要素

纵观国内外奖励旅游的发展过程与管理实践可以发现，奖励旅游的持续、健康发展需要多方面的要素作为支撑。主要分为下述 6 个方面。

1. 经济条件

经济条件包括宏观经济条件和微观经济条件，前者指 GDP、国民收入这些数字所反映的国民经济发展水平和发展速度；后者包括资本、土地、劳动力、人才、技术、基础设施、顾客爱好、政策等要素。例如：只有一个国家或城市的经贸活动达到了一定规模，才能为参展商提供基本的交流平台，并带来较大规模的人员流动，从而为当地的旅游、咨询、通信等各项产业创造大量的市场机会；现代化的城市设施和专业的会展场馆为参展商提供良好的工作环境，这是会展活动得以开展的顺利保障。

2. 科技条件

一切与学术交流相关的会展活动必然要求奖励旅游承接地有充足的科技储备作保障，只有具备了相应的技术支持，才有资格举办一些技术性、专业性强的会展活动。这里的科学技术指发明创造和技能方法，包括如何设计、生产、分配和销售服务的方法。重要的技术环境还包括国家投资及支持重点，发展动态，技术转移及商品化速度，专利及其保护情况。

3. 政治及法律条件

政治和法律条件包括政府在该产业中的地位，可以通过税收、信贷、补助、支持开发、购买等间接干预手段实现；政府行政效率、政令贯彻情况；政治安定性；国际组织制约因素；法律体系执行情况；契约保障；个人利益受尊重情况。奖励旅游的持续稳定发展离不开政府的科学引导和积极的产业政策，政府部门应在争取会展主办权、基础设施建设、整体促销等方面对奖励旅游给予大力扶持，为其发展营造良好的环境。

4. 会展行业整体素质以及旅游产品的质量

完善的行业管理能有效避免重复办展，并能扩大奖励旅游的规模和优惠奖励旅游活动的整体促销效果，从而使会展资源和旅游资源得到有机整合；会展旅游的本质特征在于实现了会展业和旅游业的有效对接，所以针对参展人员和观展者的高品质旅游服务是旅游企业参与会展活动的重要条件。

5. 区位及自然条件

区位及自然条件包括地理位置、地质、资源、气候和土地等。

6. 文化条件

浪漫独特或底蕴深厚的都市文化是许多奖励旅游活动举办地的一项重要优势。

（二）政府提供政策支持

奖励旅游的发展离不开政府的相关支持，奖励旅游作为一种管理工具，在现代企业管理中占据着非常重要的地位。我国的奖励旅游则刚刚起步，急需国家政策的支持，对公费旅游进行科学的界定，以使奖励旅游透明化、公开化。

我国国有企业在实施奖励旅游的过程中，最大的一个问题就是奖励旅游有公费旅游之嫌，因为国家对公费旅游明令禁止，为此众多国有企业管理层对奖励旅游讳莫如深。事实上，奖励旅游并不等同于传统意义上的公费旅游。而奖励旅游作为一种现代较为先进的、颇具人性化的管理手段，更不应该被排斥在国有企业之外。解铃还须系铃人，政府应该牵头对公费旅游进行详细界定，使公费旅游和奖励旅游区别开来，并促使国有企业的奖励旅游透明化、公开化，真正发挥奖励旅游的企业管理功能。

2012 年，北京市落实的会奖旅游奖励政策包括《北京市旅游发展委员会关于促进会议与奖励旅游发展的若干意见（试行）》及《北京市会奖旅游奖励资金管理办法（试行）》，这是奖励旅游发展强有力的政策保障，将推动业界将产业做强、做优、做大。政策的奖励对象包括奖励会奖旅游的运营主体，鼓励其申办国际会议、举办国际会议、加入国际知名会奖旅游组织，还奖励创新机构和教育、培训、科研机构等主办方，会奖旅游产业链条上的各种业态都将列入奖励范畴。该奖励政策将配套总额为 2 000 万元的预算资金，重点鼓励在京举办商务会奖活动和国际会议。

（三）加强市场规范管理

为加强奖励旅游市场的规范管理，需要建立奖励旅游经营准入制度。奖励旅游与一般形式的旅游有很大的区别，其目的具有多样性，行程与活动安排独一无二、非比寻常，参与对象往往比较优秀，所需服务质量也较高，这就对从事奖励旅游经营的旅游企业提出了相当高的要求。这种要求主要体现在企业的综合实力方面，包括专业的经营管理人员，包括该企业与航空公司、饭店等旅游供应商的业务关系，包括相关的活动策划、运作经验，会议场所租赁与安排，专业设施的操作与管理，以及应变能力等。事实上就目前而言，我国许多旅游企业还不具备上述部分素质和能力。

鉴于目前我国旅游企业尤其是旅行社水平分工，实力与服务参差不齐、奖励旅游市场经营混乱的局面，故应尽快建立起奖励旅游经营行业准入制度，对经营奖励旅游的企业特别是旅行社进行审核、评估、监督，促使其提高奖励旅游服务质量，以促进我国奖励旅游业的良性发展。

二、奖励旅游活动的安全管理

安全是奖励旅游活动的基本需求，它不仅直接关系到奖励旅游的效果，甚至可能造成奖励旅游参与者人身、财产的损失，影响到企业的形象。安全是企业奖励旅游顺利运行的重要保障，是保证奖励旅游活动效果的必然要求。

（一）潜在安全性问题

奖励旅游活动的参与者在奖励旅游活动中受着自然因素、社会因素以及个人因素的影响，存在各种各样的安全隐患。自然灾害频发、社会不安定因素，安全基础薄弱、安全设施不足或老化，监管制度不健全、对旅游过程中的突发事件应急救援机制不健全都会成为奖励旅游活动中的安全隐患。很多奖励旅游活动的参与者对安全隐患了解不足，在旅游活动中又常常一时兴起单独活动甚至冒险行动，也会造成安全隐患。奖励旅游总体规模大、事件集中，设备及从业人员处于超负荷运转状态，更使旅游活动中的安全因素复杂化。奖励旅游的安全管理是由许许多多的安全要素组成的，层层相扣、缺一不可，形成了一个管理系统。

在奖励旅游活动举办前，需要收集各方面信息和确定方法，通过广泛收集可能导致各类安全突发事件发生的危险有害因素，预先识别奖励旅游活动中潜在的各类威胁、弱点，全面评估各方面的风险种类等级、可能造成的影响，对危机灾害后果进行准备和预警，制订相应的事故应急预案及疏散避难预案，确保安全事故应急工作迅速且高效。另外，购买相关保险是奖励旅游活动安全管理的重要措施，这是奖励旅游安全体系中不可或缺的一个环节。

旅行社主管认为，在奖励旅游过程里将会遭遇到的风险当中，大多数受访者认为奖励旅游所面临的风险在于“他国国家政策”，例如签证等障碍。其次是“机位风险”上的风险，在奖励旅游过程中经常面临机位变动性高，导致预订机位时有许多未知风险，而机位又是重要的出团交通工具。

（二）奖励旅游安全应急事件的对策

为了有效保障奖励旅游的安全顺利进行，应在奖励旅游活动过程中进行实地检查，对所有隐患进行排查，建立奖励旅游安全应急事件的对策机制也是必要的。一般奖励旅游安全应急事件分为一般突然事件和重大突发事件两类。

1. 一般突然事件

在奖励旅游过程中出现的突发事件，如拒签、护照遗失、物品丢失或被盗、人员走失、重症、急症等。

2. 重大突发事件

在海外旅游过程中出现的突发事件，如重大伤亡事故、出入境受阻或被边防海关扣留、有组织的群体对立事件、恐怖袭击、严重的自然灾害、政治动乱或者传染疫情等突发情况，或引发媒体极大关注并产生负面影响的事件。出现奖励旅游安全应急事件主要有报告、定性、制定方案、实施方案、总结汇报等程序。

（三）安全应急一般事件的预防与对策

1. 拒签

应采取的预防措施和对策如下所述：预防。出国旅游，要求出团人员准备完整且真实签证材料，并与旅行社保持密切沟通评估签证的成功率。如果出团成员需要到领事馆面签，旅行社应对游客进行签证官常见问题的培训及提醒；对策。向奖励旅游活动总负责人汇报，与组团社商量备用方案、发布信息解释原因，公布备选方案，安抚相关出团人员。按备用方案筹备及实施。一般来说，因自身原因（虚假材料、不提交资料）旅行社不予补偿，因不可抗力原因公司承担所有产生的费用并保留资格至下一年。

2. 护照丢失

应采取的预防措施和对策如下所述：预防。除在进出关时护照由本人保管，其他时间交由旅行社领队统一保管，并在出行前提醒出团人员携带身份证备用、出团前旅行社保留团队的护照、签证复印件；对策。第一时间向奖励旅游活动总负责人汇报并与组团社取得联系。组团社与地接社及中国驻旅游目的地使馆联系，做好处理报备、补办资料及证明等工作。如果无法在返回时间内办完相关手续，企业及旅行社应安排当事人滞留期间的食宿及返程交通。如有必要，可安排旅行社工作人员陪同当事人直至问题解决完毕。问题处理完毕后，组团社应与当事人协商产生的费用并划分相应的承担责任。

3. 物品遗失、被盗

应采取的预防措施和对策如下所述：预防。提高安全意识，夜间少出门、不去人多嘈杂混乱的公共场所，旅游者尽量结伴同行，入住酒店时，可由酒店安排保险箱帮忙保管贵重物品，并根据实际情况购买个人财产保险；对策。立即向当事人了解情况，协助寻找。安抚情绪、报案并取得相关部门的立案证明，通过旅行社向保险公司索赔。如行李在飞机等交通工具上丢失，应立即通知旅行社向航空公司申请处理及索取赔偿。

4. 人员走失

应采取的预防措施和对策如下所述：预防。出国旅游应提前开好国际漫游或者准备电话卡。随车领队和工作人员每次下车前应强调集合事件和地点，提醒出团人员记住所乘车辆的车牌号码，并在上车前清点人数。所有出团人员随身携带中英文出席证件，出席证上有工作人员及总领队的电话及紧急情况的联系方法，并携带酒店名片，另外仍需加强对团员的个人安全教育；对策。报告奖励旅游活动总负责人，联系走失人员，告知原地不动。派一名工作人员及当地地陪接待返回团队。如果联系不上、召集走失人员所在车的工作人员开会，回顾当日行程，找出最有可能走失的地点，分头去找。如 24 小时内没有结果应选择报警并联系当地中国领事馆，并与走失人员家属沟通、处理后续工作。

5. 重症、急症发作

应采取的预防措施和对策如下所述：预防。明确有重症或者不合适长途旅行的疾病的人员一律不允许出席。在出发前，如有发现应及时劝退。随车工作人员要随时关注同车出团人员的身体状况，尤其是年龄超过 60 岁的人员，及早发现突发事件，并准备应急药物和安排随团医生；对策。拨打当地急救电话，并在救护车来之前，请随团医生就地施救。安排地接社人员随车前往医院，协助医院处理。团队归国前一天，在征得本人及医院同意的情况下，决定随团回国治疗或者留在当地就医。如需在当地就医，组团旅行社应为其延长签证，并安排一名工作人员陪同，直至其可回国治疗为止。

三、奖励旅游风险的控制与规避

对奖励旅游的风险进行控制与规避之前，要首先对可能产生的风险进行识别，然后进行风险的预测和评价，最后进行控制与处理。旅游企业的一系列风险管理措施都要靠控制与管理来实现。

对于不同类型的风险，控制、处理与规避的方法也不相同。

1）为降低旅游企业的财务风险．旅游企业要经常分析财务报表，及时发现问题；制定有效的信用制度；尽量做到“先付款、后接待”。减少应收账款的数额；提取合理的坏账准备金；准备适度的流动资金，防止财务危机；采用合理的定价及催款制度，有效规避风险。

2）对于政治方面的风险，旅游企业无法处理，只能采取行之有效的手段进行规避。例如，在客户要求前往旅游目的地国家（或地区）之前，对该目的地的政治环境进行全方位的了解和掌握，特别是与本国的外交关系，并由此给出合理化建议。

3）安全方面的风险有些是可以通过旅游企业的前期防范进行规避的。但由于一些突发事件和不可抗力因素而造成的旅游者和旅游企业工作人员的人身及财产方面的损失是无法防范的。对此旅游企业可以在出发前为旅游者和工作人员购买保险，以降低损失。

4）由于社会文化的不同而产生的风险也是不容忽视的，故在奖励旅游出发前，旅游企业要给客人做好出团手册，将旅游目的地的社会文化等方面的相关信息告知客人，让客人提前了解目的地的风俗习惯及民族禁忌，这样就可以很好地规避这方面的风险。

【复习思考题】

1）谈谈您对奖励旅游的理解。

2）奖励旅游有什么作用以及具有哪些特点？

3）奖励旅游有哪些类型？请举例分析。

4）试分析奖励旅游与传统旅游的区别。

5）奖励旅游活动策划应注意哪些问题？

6）奖励旅游需要政府哪些方面的组织管理？

7）奖励旅游活动中面临的安全问题及应对策略有哪些？

8）奖励旅游过程中将面临哪些风险，应如何规避？

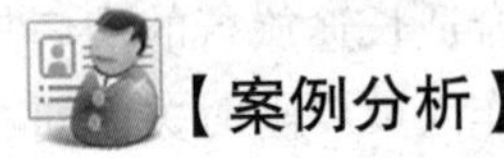

【案例分析】

法国标致公司经销商奖励旅游

（1）奖励客户：法国标致公司的英国经销商

（2）活动项目：第一季度奖励旅游

（3）参与人数：224 人

（4）委托公司：Adding Value

（5）活动日期：2010 年 6 月 12 日 ~22 日

（6）目的地：肯尼亚马赛马拉、桑给巴尔岛

（7）活动时间节点

2009 年 12 月：法国标致公司指定 Adding Value 公司负责奖励旅游活动。

2010 年 1 月：在公司年度经销商大会上，奖励旅游计划正式启动。

2010 年 2 月：第一次到非洲为活动选址。

2010 年 4 月：第二次到非洲为活动选址，标致公司宣布获得奖励旅游资格的经销商名单。

2010 年 5 月：提醒参与活动人员接种疫苗并提醒其行李重量。

2010 年 6 月：奖励旅游启程。

（8）准备阶段

通过竞标，法国标致公司指定 Adding Value 公司负责其 2010 年销售奖励旅游活动，Adding Value 公司在前一年的圣诞节前夕获得该业务并立即开始准备。2010 年 1 月 8 日，奖励旅游计划于年度经销商会议上向经销商负责人宣布。

委托公司给出的奖励旅游目的地包括百慕大群岛、马尔代夫、肯尼亚的马赛马拉及桑给巴尔岛。最终印度洋沿海岛屿桑给巴尔岛被选中，与此同时被选中的还有肯尼亚的马赛马拉。

Adding Value 项目总监蒂娜说："标致公司希望飞行时间最多不要超过 11 小时，同时需要将奖励旅游时间安排在夏季，而不是在学校放假期间。"

公司还要求整个奖励旅游计划可以使参与的经销商感到兴奋，并激发其销售热情，这意味着 Adding Value 公司需要同客户进行独特的沟通，激发他们参与其中的强烈愿望，从而促进其销售。1 月 8 日年度经销商会议举行后不久，以目的地旅游精彩图片为内容、以剪贴形式呈现的出行日志被包裹在棕榈叶中，派送到经销商的家中。

（9）活动目标

此次奖励旅游是公司从 450 名经销商负责人中，选出那些在 2010 年第一季度保持销售额提升的经销商负责人。在经历了经济不景气和汽车蓄电池问题导致的危机后，法国标致公司希望借助奖励旅游保证经销商的销售热情。蒂娜解释："标致公司希望借助奖励旅游对那些目光敏锐的经销商负责人和他们的妻子产生有效激励。"最初此次活动由 65 名经销商和其他宾客组成，结果共有 112 名经销商获得了此次奖励旅游的资格。

（10）活动挑战

此次活动非常受欢迎，以至团队数量从最初的 65 人发展到 112 人，再加上原本参与活动的宾客和一些合作伙伴，参加奖励旅游的最终人数为 224 人。"人数的增加不仅使原本的计划出现问题，在目的地的选择上同样出现问题。"蒂娜解释，"如果我们要去的是迪拜的亚特蒂斯酒店，那么这样的人数不成问题，但我们要去的是肯尼亚，人数就会有限制。"

此外，目的地的自然条件意味着一些场所没有完备的硬件设施，这样就难以保证"为客户提供难忘体验"计划的实行。桑给巴尔岛的小型机场"不能为大规模游客的到来

做好准备，并且显得有些混乱。”蒂娜说。而在行程中间，受肯尼亚内罗比爆炸威胁的影响，Adding Value 公司还不得不为 6 月 16 日在 Ole Sereni 酒店举办的告别宴会准备一套紧急预案。

（11）解决方案

围绕参加活动人数超过预算的问题，Adding Value 公司决定将整个行程分为两组连续进行。当第一组人员完成桑给巴尔的行程飞向肯尼亚之后，第二组人员到达桑给巴尔，重复前一组人员在桑给巴尔的体验。

为配合世界杯，一场以足球为主题的欢迎晚宴在肯尼亚内罗比的洲际酒店举行。第一组参加奖励旅游活动的经销商们在酒店一起通过巨大的屏幕观看了英格兰对美国的足球赛，该显示屏也是从英国带过来的。第二组人则在星空下，享受了英格兰对阿尔及利亚的足球赛，该场球赛被放映在一块岩石的表面。

南非的 DMC（目的地管理公司）——Green Route 被指定为此次活动的地面服务接待商，地方机构 Gallery Tours 则被指定协助解决桑给巴尔的机场接待工作。“在正常情况下，桑给巴尔机场只能为最多 10 名客人提供 VIP 接待，但幸亏 Gallery Tours 设法帮助我们做好了一切的准备工作，并陪同客人顺利通过了机场。”蒂娜说，“他们用新鲜的椰子和冷毛巾欢迎客人，这些看似容易做到的细节都是他们努力工作的结果。”

在整个行程中还包括多个晚宴，在马赛马拉的晚宴中伴有当地马赛风格的舞蹈，晚宴后大家可以围坐在篝火旁边喝边聊。在桑给巴尔则安排了一场斯瓦希里风格的晚宴和一场海滨盛宴。“这是一支挑剔的团队，但经销商们显然喜欢这样的安排。”蒂娜说。

而在奖励旅游期间，还穿插了一场募捐活动，客户为桑给巴尔的一所学校募集了钢笔、T 恤等物品。

（12）客户结论

标致公司英国经销商活动及奖励旅游负责人路易斯说：“在此次活动中，我们遇到了很多困难和挑战，比最初多了两倍的经销商获得了参与活动资格，缺少基础设施的桑给巴尔需要策划方及时对行程做出修改，以满足高预期客户。但不可思议的后勤保障、一丝不苟的准备工作和意外情况的到位处理让我们不得不对 Adding Value 公司的服务感到惊奇。整个团队展示了他们的能力和热情，并且在复杂的准备工作中真正关注每一个细节。如何在以后的活动中延续这样的服务已经成为我们新的挑战。”

（13）活动分析

活动结束后，客人们立即收到一封邮件，邀请这些人员完成一项调查。为了促使客人参与调查，标致公司将为每位参与调查者送去一份小纪念品表示感谢。调查问卷的回收率在 98% 左右。而此次活动也促使公司一个季度的销售成绩增长了约 55%。

分析题：

在本案例中，标致公司策划的奖励旅游活动有哪些方面值得借鉴？

第七章

会展管理

【本章导读】

本章从宏观上对会展管理进行介绍，阐述了政府在会展业发展中的常见管理模式，介绍了国内外会展行业协会的职能和运作模式，在此基础上对国际会展组织的影响、作用、分工和管理体系等进行了分析，是会展管理的基础性知识。

【学习目标】

1）学习和掌握政府在会展业发展中的常见管理模式。

2）了解国内外会展行业协会的职能和运行模式。

3）掌握目前国际上主要的会展管理组织。

4）了解各个组织的分工、管理体系、成员情况及其为成员提供的服务和产品。

【导入案例】

会展行业职业道德建设亟待加强

背景与情境：产业发展到一定规模时，职业道德问题便会受到关注。会展行业经多年发展，也存在职业道德建设问题，应引起有关部门高度重视。当前我国会展业职业道德存在如下几个突出问题：一是职业道德建设机构缺位，政府没有监督机构，各会展行业组织没把职业道德建设纳入议事日程，尚处于一个自由发展的状态；二是职业道德风气亟待改善，展会组织机构间关系不融洽，相互抢会、拆台、恶意攻击等现象时有发生，一些展会组织者只顾经济利益，在展会操作的各个阶段，不断掺假使假，败坏了行业声誉；三是职业道德成为行业健康发展的掣肘，职业道德问题已成为影响会展行业健康发展的绊脚石。

问题：应怎样加强会展行业的职业道德建设?

提示：加强会展行业职业道德建设，应从以下几方面着手：第一，积极制定道德规范。商务部、中国贸促会等有关部门要组织专门人员进行调研，在摸清实情后，制定出台会展行业职业道德规范，积极倡导全行业执行；第二，积极发挥行业组织的作用，中国会展经济研究会、中国展览馆协会等全国性组织应积极筹建职业道德建设委员会，号召全体会员维护会展行业的整体形象、整体利益，严格自律；第三，试行颁发职业道德奖。全国各级各类会展业论坛、评委会、联盟等机构，在设立各类评选活动时，可单设职业道德奖项，主动、积极地发现一批守法经营的会展企业和个人，推出一批值得全会展行业学习的典型；第四，建立淘汰机制。各地政府和会展业管理部门要倡导实事求是地发布有关展会组织者的违纪违规事件，通过发布公告、通告、简报等形式，督促其纠正不良行为，警示大家遵纪守法。对于较为恶劣的反面典型，要根据实际情况，积极配合工商等部门，直接撤销其展会组织资格；第五，充分发挥媒体的舆论监督作用，建议媒体对发现的各种有悖会展行业健康职业道德的问题，进行专题讨论、聚焦。

第一节　政府在会展业发展中的管理模式

一、国际会展业政府管理模式

在会展经济发达的国家和地区，会展业主要依靠市场机制的调节。但由于不同国家、不同地区会展行业起步时间不同，经济状况不同，其管理模式也存在一些差别。根据政府、行业协会调节力度大小，可以将会展产业管理模式分为：政府主导型、市场主导型及政府市场结合型三种模式。

（一）政府主导型

政府主导型是指政府通过投资及管理对会展业的发展起着重要的推动作用，其中最具代表的国家是德国和新加坡。德国地方政府将会展业作为所辖区域的支柱产业，在制定经济发展战略和城市发展规划时，首先考虑会展业发展的需要，积极调配资源，优先扶持会展业发展，形成会展产业链。以汉诺威为例，汉诺威是德国下萨克森州首府，也是德国重要的经济文化中心，曾承办过两届世界博览会，拥有全球最大的展览中心——汉诺威博览中心。世界十大展览会有五个在汉诺威举办，而全球排名第一的展览公司——汉诺威展览公司也在该市。汉诺威会展业发达的原动力来自于政府的高度重视和扶持，该市几个大的展览公司都有政府背景，如汉诺威展览公司的两大股东下萨克森州政府和汉诺威市政府就分别持有其49.8%的股权。在政府的大力支持下，汉诺威展览公司不断发展壮大，也带动了整个城市会展业的蓬勃发展。

德国地方政府对展馆及其配套设施和交通建设均予以大力支持，几乎所有的展览中心都拥有先进的设施，为举办高水准展会打下良好的基石。为办好每个展览，政府会出面协调各有关方面的工作，举全城之力保证展会顺利举办，如交通管理部门增派人员、延长工作时间、加强现场疏导、保证道路畅通；公交部门增加车次、临时开辟从市中心各主要路段到展览馆的公交线路；机场大巴不停穿梭于机场和场馆之间，以方便参展商、观众参加展会；场馆配套设施便利、齐全，场馆内常设有邮局、银行、通信、宾馆等服务设施。展会期间整个城市犹如一个巨大的场馆。

行业协会在德国的会展业管理中起了惊人的作用。德国展览业的最高协会是德国贸易会展和会展业联盟 AUMA，是由参展商、购买者和博览会组织者三方面力量组合而成的联合体。AUMA 对德国展览业实行统一、权威性的管理，是德国唯一的中央级的展览管理机构，有着最高的权威性。它的职责主要包括：制定全国性的展览管理法律条例和相关政策、支配使用政府的展览预算、代表政府出席国际展览界的各种活动以及规划、投资和管理展览基础设施（如展馆、酒店、交通、旅游等）。德国政府和展览行业协会紧密结合，相辅相成，使展览业得到了有效管理。

新加坡对会展的管理模式也属于政府主导型。在促进会展经济发展中，政府的主要作用是加强基础设施建设。发展会展经济，基础设施必不可少，展馆建设是首要条件之一。新加坡政府对会展业发展的扶持主要表现在对大型会展设施与配套设施建设的支持与投资上。新加坡博览中心就是有政府背景的新加坡港务集团投资建立的。博览中心展览面积达 6 万平方米，是亚洲最好的展馆之一。

新加坡政府对会展业进行协调控制的部门是新加坡旅游局下辖的展览会议署，成立于 1976 年，主要任务是协助、配合会展公司开展工作，向国际上介绍新加坡举办国际会展的优越条件，促销在新加坡举办的各种会展，扶持、服务、规范、协调和发展会展业。例如，特准国际贸易展览会资格计划（AIF），从国家的贸易政策和发展目标出发，对符合政府产业发展方向的展览会，或者对从质量、规模、参展人数、国际化程度等方面评估后认为符合标准的展览会，授予 AIF 资格证书，并且给予最高达 2 万新币的政府资助款。这些政策使优秀展会得到了有效的扶持。

（二）市场主导型

市场主导型管理模式是指会展业管理主要由市场主导，很少由政府或政府某个部门直接组展和办展，政府仅仅提供间接的支持和服务。代表性的国家与地区有法国、英国、加拿大、澳大利亚、瑞士和中国香港地区等。

法国展览业的协调机构主要是法国博览会、展览会和会议协会。协会有 336 个会员单位，分别包括 177 个展览公司、70 个展览场馆、52 个会议中心以及一些展览服务公司。会员单位的营业总额约占行业市场份额的 85%。另外，法国的工商组织也介入展览业，如巴黎工商总会直接拥有并参与管理展览中心，其下属展览中心的展览面积占整个巴黎大区展览面积的 1/3。法国的展览和德国不一样，政府参与程度低，市场竞争相对较完全。展览公司不拥有场馆，而场地公司不组办展会，也不参与其经营。法国的业界人士坚持认为这种模式能够促进展览公司之间的公平竞争，也有利于场馆公司专心做好自己的场馆服务工作。

法国展览业的激烈竞争使展览公司日趋专业化和集团化。在 20 世纪五六十年代，许多专业性展会由行业协会主办。随着展览会之间竞争的日益激烈，行业协会逐渐把自己的展览会转让给专业展览公司，或者和专业展览公司合资经营展览会。另外，由于市场对展览会的要求越来越高，展览公司需要在资金、人力等装备方面做更大的投入，而小公司大多力不从心，被大公司纷纷兼并，展览公司集团化成为趋势。

英国政府虽然长期以来也非常重视展览业的发展，强调展览对于扩大出口发挥的推动作用，但英国目前没有专门的政府部门负责展览事务，主要通过财政手段来鼓励英国企业参加海外展览。英国举办展览完全出于商业行为，政府不直接介入，展览市场准入政策十分宽松，任何商业机构和贸易组织不需要经过特殊的审批程序便可以进行展览业务。展览公司的商业注册也和普通商业公司一样，没有额外的要求。同时各展览公司举办展览的内容只要合法均可自行确定，不需要审批。英国规范展览行业主要遵循的是优胜劣汰的自然法则。英国协会的权威性远远不及德国，由于英国政府对展览行业不直接进行管理，因此行业协会发挥的是“维护质量”的职能。英国的各类协会组织制定各自的展览服务行为规范，仅对会员起指导和约束作用。

英国的展览行业高度开放，鼓励国际竞争，而且对本国企业基本没有保护政策。各种展览公司在竞争中纷纷通过兼并和收购手段来保持企业发展，而对于效益不好的下属公司和分支业务则尽快出售，以免影响整体实力。目前英国展览业发展的一个显著特点是公司规模变大，但业务范围却越来越专一，以便充分实现项目专业化和规模经济，以降低管理成本。

我国香港地区会展业的市场化程度很高，将会展活动视为纯粹的商业活动，中国香港特区可以提供必要的财政支持以改善外围环境，创造有利于会展业发展的运行条件，但绝不过多介入和插手对会展行业的管理。中国香港特区基本上对会展业不做任何限制，也从不直接参与展会的组织与管理，绝不干涉会展企业的正常经营活动。例如，中国香港贸发局是香港会展中心的拥有者，但它并不直接参与管理，而是指定专门的管理公司来经营；即使是贸发局自己主办的展会也要全额交纳场租，贸发局只是按出租的展馆面积提取很小一部分数额作为其投资回报。特区政府的职能主要是对会展业发展提供必要的支持，如场馆建设投入、支持行业研究机构发展、制定会展长远战略规划、为企业提供参展经费支持、协助配合会展公司开展展会推广工作等。

（三）政府市场结合型

政府市场结合型是指在会展业发展过程中政府参与和市场运作同时并行，美国和中国香港属于此类型。以会展场馆管理为例，在美国，大部分展览中心都是公有的。在全美面积超过 2500m^2 的展览中心中，大约 64%（约为 243 个）属于地方政府所有。在长期的产业发展过程中，形成了三种各有特点的公有展览中心管理模式。

1. 政府管理模式

政府管理模式这种方式是由地方政府成立大会和参观者事务局，负责管理公有展览中心。多数情况下政府并不能通过展览中心盈利，甚至要承担其亏损。但由于政府控制展览中心的经营可以更好地体现政府发展区域经济和特定产业的意图，并对展览市场进行宏观调控，故而这种模式仍然有其好处。在此模式里，展览会组织者预定展览场地需要到该机构事先登记，而不是去展览中心。在政府管理模式下，尽管某些服务也外包给专业承包商，但参观者事务局一般都有管理队伍，包括市场营销、销售和公共关系人员。对市政展览中心来说，盈利能力往往基于下列关键因素：经营实体的政治结构（一般认为，私人或权威机构委员会）的管理优于市政当局来自城市的对特定展览中心和整个观光事业的营销支持；最重要的是展览中心经营和参观者事务局管理的质量。政府管理模式虽然有利于政府获得某些重要的利益，但是也会造成展览中心经营绩效低下、市场机制扭曲等问题，不利于展览产业的长期发展。从美国的情况来看，拉斯维加斯和芝加哥等重要的展览城市都已不实行这种模式。

2. 委员会管理模式

委员会管理模式这种模式由地方议会或政府成立一个单独的非营利管理委员会经营公有展览中心，对议会或政府负责。例如，依照内华达州的法律，拉斯维加斯成立了半官方的大会和参观者事务管理委员会。委员会管理往往是比政府管理更有效的模式。由于经营自主和收入独立，由一个管理委员会管理的展览中心，可以更少地受政府采购和城市服务需求的限制。不过这种模式也有其弱点，那就是可能产生官僚主义等政治问题。此外，从企业治理的角度来看，委员会管理模式下存在着激励不足的问题。很多时候政府还是要充当救火队长，补贴公有展览中心经营的损失。

3. 私人管理模式

私人管理模式就是将公有展览中心的管理业务外包给私人展览管理公司。当前展览产业界一致认为，这是一个积极而难以逆转的趋势。私人管理公司越来越多地从市政府那里赢得公有展览中心的经营权和管理权。私人管理模式具有许多公认的优势：经营自主、富于活力，充分考虑成本效益，致力于客户服务，避免官僚主义，人力资源得到深度开发，盈利能力较强，雇用工人有灵活性。另外，对政府来说，财政风险相对较小。当然，对地方政府而言，将公有展览中心交给私人公司管理也有一定风险，有可能失去对其盈利动机的控制。由于不能排除所办展会不适应当地产业发展规划，私人管理公司利润最大化的经营可能不符合城市发展的整体利益。中国香港会展业管理也可归入政府市场结合型。香港特区政府高度重视会展业的作用，一方面，特区政府会展管理部门香港贸易发展局致力于为香港公司，特别是中小企业，在全球寻找新的市场机会，协助他们把握商机，并为推广香港具备优良商贸环境的国际形象做出卓有成效的努力；另一方面，特区政府在场馆建设方面进行大量投资，然后实行商业运作。香港会展中心于1987年落成，香港特区政府投资48亿元，香港贸发局代表政府成为该中心业主，并收取毛收入一定百分比为业主的投资回报。展馆管理机构不参与展馆的筹办，以确保公平公正，香港的展览馆本身不主办展览，展览的场地、时段的安排由展览馆管理机构按国际惯例去协调，政府不参与。展场收费分旺淡季，以有利于时段的安排。旺淡季的收费有较大的差异，由展馆按照市场机制来调节。这种管理模式为香港会展中心发展成为国际一流的会展场馆起到了很大的促进作用。由此，香港连续9年被英国权威杂志《会议及奖励旅游》评为全球最佳会议中心。见证了1997香港回归的香港会展中心规模并不大，仅属中等，但是每年举办各类活动2000多次、接待国际旅客320万人次、会议15万多人次、商务活动约32万人次。会议中心的有效经营面积为平均每平方米每年接待约100人，这在国际上都属罕见。

二、中国会展业的政府管理模式

中国会展业的管理机构从性质上分主要包括两部分：一是政府部门，如经贸委、贸促会、商务部等政府机构；二是会展行业协会，包括各地区或城市的会展行业协会，如会展业协会、展览业协会和会议旅游协会等。

改革开放后，在传统计划经济向市场经济过渡的过程中，政府管理部门对会展业的管理根据市场发展情况，不断地进行调整，出台和制定了包括从展览主办单位资格的认定到展览立项审批在内的一系列管理规定和办法，对引导会展业走向有序竞争和促进会展业的快速起步起到了重要的作用。然而，对展览业实行的严格的审批制度也给会展业打上了深刻的计划经济体制的烙印，又加之政府作为会展活动的宏观管理者，却积极参与到会展活动的组织中来，直接参与办展，发生了政府既是运动员，又是裁判员的"角色错位"，使我国会展业呈现出行政审批和政府办展的两大特色。

（一）会展审批制

我国会展行业多年来一直延续着计划经济时代的管理体制，对出国展和在境内举办的全国性展览会，实行由各级、各地区主管部门分层、分类审批。

在涉外展览方面，最早由外经贸部和中国贸促会两家审批，即规定到境外参加博览会或者在国内举办国际性展览会，须经中国贸促会协调后，报外经贸部最后同意审批。在我国经济体制改革过程中，为减少政府管理的色彩，国务院规定自2001年1月1日起，各地区各单位出国举办经贸展览会一律由贸促会审批。2001年2月15日，贸促会和外经贸部联合出台了《出国举办经济贸易展览会审批管理办法》，对出国办展单位、审批程序、审批的依据和要求、展览团的管理以及处罚措施作了明确的规定。该办法的出台，将出国办展审批权交由贸促会负责，是外经贸部按照转变政府职能的要求，对我国出国举办经济贸易展览会审批管理体制的重大调整和改革。由贸促会同外经贸部制定的新的管理办法，虽然仍实行项目审批制，但审批的内容和范围较之过去都有减少，并强调了提高审批工作效率和为组展单位提供服务。

在境内举办的全国性展览会，主要由4个系统审批，包括国家经贸委、外经贸部、科技部、中国贸促会。而对于地方性展览会，一般也要由贸促会、地方政府、经贸委和科委4个审批渠道进行审批。我国会展业对出国展、国内办展实行的展览审批制度，是我国计划经济体制的产物，也是由我国会展业发展过程中政府直接参与办展的特点所决定的。在行政办展占主导的时期，确实有必要对展会举办过程和效果负责，对办展单位、办展目的和办展条件等作审查，以规范会展业的发展。但这种多层次、多渠道的审批机制在市场经济条件下已不适应市场发展的要求，在很大程度上制约了我国会展业的良性发展，这主要表现在以下三个方面。

1. 展览审批制度效率低，使得展览组织者缺乏灵活的应变机制

展览会的发展是随国内、国际经贸形势的变化而随时调整的，灵活的应变机制对于展览组织者来说十分必要。但展览审批制度使从具体展览组织的工作内容、展览立项、展览实施到展览评估均需要较长的审批时间，往往使得展览组织者错失良机，制约了展览的及时转型。

2. 展览审批渠道多，造成重复办展

由于国内办展有 4 个审批渠道，这就意味着如果不同系统的主办单位举办同一或相近主题的展会，就可以由 4 家同时获批，结果导致重复办展，加剧会展市场的无序竞争。据统计，2002 年，仅北京就有 17 个房地产展览会。这样多头重复办展，不仅使会展业效益下降，还使国内外工商企业无所适从。

3. 妨碍公平竞争，阻碍会展市场的发育

目前实行的行政审批管理体制也使得会展举办权成为一种稀缺资源，导致拥有行政权力的部门或有官方背景的一些机构更有可能拿到主办权，而其他市场主体很难取得主办权。由于展览审批制度的存在，一些民营的展览公司和一些刚成立的展览公司，在市场竞争中往往受到不公平的待遇，抑制了专业展览公司的成长。

4. 导致寻租现象的产生

展览审批制度的存在，意味着要想举办展览会，就必须取得批文。由于多头审批的客观存在，一些企业或组织为取得批文，经常拉拢有主办资格的企业“联合举办”，甚至运用不正当的手段“公关”，权钱交易，导致了寻租行为的出现。

为消除展览中审批制度带来的种种弊端，逐步与国际惯例接轨，国家经贸委已于 2002 年取消了包括国内展览审批在内的 131 项审批权。而为了在取消审批权的情况下更好地监督、发展会展业，国家经贸委制定了《专业性展览会等级的划分及评定行业标准》，并于 2003 年 3 月 1 日开始颁布实施。这是我国展览业的第一个行业标准（适用于专业性展览会），也是我国展览业的主管部门改变管理模式、放弃展览审批权的尝试。

尽管国家经贸委已取消了展览审批制度，但一些地方政府的展览审批制度仍在实施。我国加入 WTO 后，现有的展览审批制度是否要取消是展览业人士普遍关心的问题。从宏观方面看，WTO 原则是按照市场经济的要求做事，现行的管理审批制度应该取消，但就我国会展业发展状况来看，目前的审批管理制度在短期内不会也不应该取消，因为取消的条件并不成熟。由于目前我国的会展市场尚不规范、新的制度尚未建立、市场环境有待改善等因素，审批在现阶段有继续存在的必要和需求。随着市场经济的发展和成熟，会展市场的规范有序，良性市场环境的创立，会展安全进一步提高，法规、法律的建立健全，审批管理制度将逐渐取消，需要的只是时间和条件。

（二）政府办展

与其他行业不同，我国会展业在发展过程中，不少情况下是政府或行政体制行业协会在直接出面主办展览，使我国会展市场改革中衍生的“准政府”机构市场具有较为浓厚的行政色彩。基于会展业的整合效应，不少展会作为政府或领导的“形象工程”被当作一个城市的整体推广活动来展开，各级政府（包括区县政府）往往投入相当多的精力和资金直接办展。从形式上看，政府直接出面办展，一度被称为“政府搭台，企业唱戏”而被广泛推广。为扩大展会的影响力，一些地方省长、市长经常亲自带队去外地甚至国外招商、招展。同时，组展过程中较多运用行政命令手段，展位空置了往往由政府下任务“摊派”。

从展会类型上看，政府直接主办的展会主要是综合性的经济类展览，如各种投资贸易洽谈类展会，教育类展会中的政治意识形态类展会及各类知识普及型展览，世界博览会等。在中国展会总量中，这些展会虽然总量并不多，但由于这部分展览的规模和影响力都比较大，所以其重要程度常常超过其他各类展会。由于政府具有一定的权威性，政府主办展会能够增强展会的号召力和影响力，吸引更多的客商。在缺乏市场选择途径或者说市场发育不完备的情况下，参展商选择展会也经常以政府组织为标准，并且以政府参与的级别来区别会展的效果。因此，从某种程度上讲，对那些尚在起步摸索经验，意在培育会展市场的地区或城市，由政府出面引导与调控市场走向，对会展业的发展也起到了一定的推动作用。

但是，在市场经济下，政府直接介入会展业、直接办展的模式：发生了政府既是运动员、又是裁判员的“角色错位”，不仅政府办展运营成本高，不利于政府部门实施公平的市场管理，同时，政府办展形成的垄断性行业的展览还限制了民营展览企业的成长，对展览市场的正常竞争造成了一定的冲击。政府办展的弊端主要体现在以下几个方面。

1. 阻碍会展市场发育

因政府办展的非专业性，不利于会展业的长期发展。由于政府内部一般没有专业的展览机构，展会普遍由政府成立临时机构或组建事业单位来承办。通常是临时抽调人员组成“组委会”或筹备组，靠政府发文招徕参展商和参展人员，活动结束后，机构就解散。既没有办展前的市场调研，又没有展后的跟踪服务，服务意识差，竞争力不强。同时，政府直接办展，往往不关心会展的核心业务，而主要关心会展对当地旅游、餐饮等附属业务的带动作用、对当地经济的带动作用，这就造成了短视行为，很难使其举办的展会在市场竞争中长期发展下去。如一些城市的会展活动由于缺乏市场经验，无所适从市场的需求，经常举办两三届就发展不下去了。

1）政府办展的垄断性，抑制了非国有企业、民营企业的发展。政府与会展企业同台竞争，由于二者市场主体参与会展活动，与真正的会展市场主体权力地位的不可比性，政府往往垄断一些会展资源，使一些会展项目在市场上占有垄断地位。政府办展、国有垄断性行为的会展妨碍了市场的公平竞争，限制了非国有企业、民营企业的成长，明显地造成了市场的不规范。

2）政府办展的地方主义性，不利于全国统一的会展市场的形成。地方政府为培育城市会展品牌，控制会展资源，往往对会展活动形成地方保护主义，排斥外来的会展企业，阻碍了会展资源的合理流动，不利于全国统一的会展市场的形成。

2. 成本高，效益差

政府办展由于其目的并非为参展商提供尽可能周到的服务，而大多是为了完成上级领导或部门交办的任务，因此往往不顾及成本，不考虑效益，使展会成本居高不下，经常需要财政补贴来维持。一般情况下，政府主办的展会，地方政府的直接补贴和各种支出少则几十万元，多则几百上千万元，这在很大程度上给政府财政造成了巨大的压力。

3. 不利于参展企业的发展

由于政府组展时较多地运用行政命令手段，展位空置了就由政府下任务“摊派”，具有一定的“强制性”。而对于非自愿参加展会的企业来说，不仅影响了它们的正常生产经营活动，还使企业因投入一定的财产、精力而造成经济利益的损失。同时，政府办展的观众质量水平低，往往不是以专业观众为主，客商以捧场型居多，不能满足参展商的需求，展会展出效果差。

综上所述，政府办展不仅成本高、效率低，与市场经济规律背道而驰，而且不利于会展市场的良性发展，甚至有损于企业的利益。尽管政府办展在我国展览业起步阶段也对展览业的发展起到了一定的推动作用，但政府过多直接办展只是我国经济体制改革过程中的一个过渡性特点，政府主办展览会并不是会展业发展的方向。事实上，根据国际会展业的发展经验，举办展会应该是市场行为，不是政府行为，政府不应该成为办展的主体，办展的主体应该是会展协会和专业会展公司。因此，政府在会展业发展过程中应从台前走到幕后，把精力集中在宏观调控和对基础设施的统筹安排方面，为会展业的发展营造良好的外部环境。只有这样，才能推进会展业的市场化进程。

第二节　行业管理及其模式

一、外国行业协会

（一）美国行业协会

美国对“协会”的定义是:“一些为达到共同目标而自愿组织起来的同业或商人团体。”协会的成立不是政府授意、推动或资助的结果，多由企业或个人自发成立，会员自愿参加。协会不属于政府部门序列，绝大多数是非营利组织，在官方机构注册后展开活动。协会不受政府干预，高度自治，独立性强。协会以服务会员、维护会员合法权益为宗旨，政府一般不予以经济资助。美国行业协会的业务职能包括以下方面。

1. 企业自律

美国市场得以有序运行的一个重要因素是依靠行业协会等社会组织的自律作用。行业协会通过法律保护企业经营的合法权益，支持企业平等、自由竞争，运用法律约束企业的不规范行为。不同的工商业部门都会成立相应的行业联盟，并制定相关的共同遵守的行业准则，对本行业进行自我监督、约束和管理，其中有不少甚至为政府立法所采纳。

2. 提供信息咨询服务和政府事务帮助

为会员提供信息是行业协会的一项重要职能。各行业协会大多具有相当健全的信息渠道，提供的信息包括市场信息、技术信息、社会和政治情报等。另外，对会员企业提供管理咨询服务；对企业经营管理中遇到的问题进行调查研究；出版管理方面的书籍刊物，传播最新的管理科学知识；举办专题研讨会、培训班，开展国际性交流活动等。此外，行业协会还十分重视为会员企业提供政府事务帮助，经常以行业代言人的身份向政府传递企业的意见，派人参加国会立法程序，游说国会和有关立法机构等。

3. 多向协调

包括协调政府与企业之间、企业与消费者之间、行业组织内部各企业之间的三方面关系。美国行业协会的上述职能产生了两方面的积极效果。对于所代表行业而言，起到了协调各方利益，保护行业发展的作用；对于整个社会而言，起到了降低政府管理成本，提高市场配置效率，推动市场有序竞争，维护社会稳定运行的作用。因此，美国的行业协会一般都具有较高的权威性和较强的凝聚力。

（二）德国行业协会

德国的行业协会主要是分布在各地的工商会。作为非官方性质的企业议会组织，工商会起着帮助和保护企业的作用，并以企业代言人的身份沟通企业与政府间的联系。工商会的业务职能包括如下方面。

1）积极反映会员企业的意见、建议和要求，在一些比较大的企业内部都设有工商会的派出机构，工商会通过这些机构了解企业情况。

2）积极支持企业发展，提供信息和咨询服务业取得低息贷款；帮助企业开辟国际市场，为企业产品出口提供服务；为企业提供各类经济信息；为新建企业提供咨询服务，进行可行性研究等。

3）工商会负责指导企业抓好工人职业技能培训，对工人的职业技能培训非常重视，特别是青年工人的岗前培训。但工商会并不直接举办培训班，而是向企业提供培训要求和计划，再向企业或其他培训机构组织培训。

（三）日本行业协会

由于历史发展原因和日本民族较强的模仿能力，日本的行业协会吸收和借鉴了大陆法系和英美法系两个不同法系地区行业协会的有益做法和成功经验。其业务职能包括如下几个方面。

1）促进政府与企业的结合，发挥政府与企业间联系纽带的作用。

2）协调成员企业间的利害关系，维持正常的生产经营秩序。

3）在成员企业间开展互利的产、供、销研究，推动所属企业的同步发展。

4）共同建立企业经营外部环境，联合筹措资金和修建共同的生产辅助设施。

5）集中搜集产、销情报，在成员企业间交换，增强企业对市场的应变能力。

6）提供培训条件，提高企业人员素质。

上述三个国家行业协会的职能和作用尽管不完全相同，但一般来说都具有以下几种主要职能和作用。

1. 制订行业规划和组织行业协调

西方国家不仅政府部门拥有编制规划职能，行业协会也拥有在政府总体经济规划的基础上编制本行业的行业规划的职能，其主要内容包括：本行业的发展趋势和规划；本行业产品和技术的发展方向；市场动向和趋势等。行业协会编制的行业规划在部分西方国家中发挥了重要的积极作用，行业协会的规划职能还有不断增强的趋势。组织行业协调是行业协会根据政府制订的总体经济规划，配合政府部门对本行业的企业结构、产品结构、生产计划进行组织和协调。行业协会的规划和协调职能在日本发挥得比较突出。

2. 提供信息

为会员企业提供信息是西方国家行业协会的主要职能，其信息内容包括如下方面。

1）市场信息。

行业协会提供的市场信息非常广泛，有本行业的产量、质量、品种、利润、消耗、设备、生产能力等生产方面的信息；有销售量、销售对象、销售渠道、国内外市场、销售趋势及市场占有率等销售方面的信息。还有供求关系、价格变动、竞争潜力等外部环境方面的信息。

2）技术信息。

主要是本行业与相关行业的新产品、新技术、新工艺的开发应用情况；国内外技术专利，技术、设备现状及未来发展趋势等信息。

3）社会和政治情报。

行业协会把收集来的大量有关行业方面的原始信息进行整理、加工、分析后，定期或不定期地提供给会员企业。

4）帮助会员企业培训员工。

行业协会根据本行业的特点选择或编制适合本行业的培训教材，组织会员企业的员工进行培训。

5）提供咨询服务。

行业协会利用本行业各方面的专家，为会员企业提供咨询服务是西方国家行业协会普遍履行的职能。咨询的内容包括：

- 分析国内外的经济形势和动向。
- 应企业邀请进行实地调查，针对企业存在的问题提出建议或改进方案。
- 为企业提供利用外资事项的咨询服务。
- 在企业引进技术、设备，开发新产品时对企业进行专项咨询。
- 对企业劳资关系进行咨询协调等。
- 沟通政府与企业的关系。

西方国家的行业协会是沟通政府与企业之间的桥梁和纽带。政府部门制定的有关行业方面的政策、法规、规则一般要通过行业协会贯彻到会员企业；而会员企业则要通过行业协会把自己的要求和意见反映到政府有关部门。

（四）国外会展行业协会运作模式

在会展经济发达国家和地区主要依靠市场机制的调节，但由于不同国家、不同历史传统和不同市场经济状况，管理模式也存在一些差别。目前，国际上会展行业协会的运行模式，按照行业协会、政府、市场和企业之间的关系，主要可归纳为三种。一种是以美国为代表的“横向运作模式”，另一种是以德、日为代表的“纵向运作模式”，第三种是以法国、中国香港为代表的“综合运作模式”。

1. 横向运作模式——企业推动型

以美国为代表的“横向运作模式”是一种主要以会展企业自发组织、自愿参加为特点的行业协会模式，具有较强的民间性，在管理上自由放任，规范宽松。如美国展览管理协会（IAEM），其最大的特点就是企业自主推动。会展企业在发展过程中，遇到同行业价格和质量竞争时，会展企业出于维护自身利益和市场秩序的需要，被迫组建行业协会，尝试着用行业自律的方式规范市场和行业的秩序。显然，在这种背景下所成立的行业协会，其动力源就在于企业本身，其他的因素，如政府提供帮助或指导仅仅是动力源的外部因素。即会展企业只要存在相同的利益，就可以建立一个行业协会。政府对此既不干预，也不予资助。行业协会为企业提供技术与信息服务，协调政府、企业、消费者之间的关系，同时实力强劲的行业协会，如美国商会及美国制造商协会与联邦政府、议会都保持密切联系。当政企发生矛盾时，这些行业协会组织寻求议会的支持与介入，按照长期以来美国人所推崇的以对立制衡原则处理政府与行业协会的关系。

2. 纵向运作模式——政府推动型

以日本和德国等国家为代表的“纵向运作模式”是一种政府行政作用参与其中、大型会展企业起主导、中小会展企业广泛参与的行业协会模式。其突出特点是强调政府的推动作用，对内是政府机构，对外是民间团体。日本和德国的政府通过机构改革与职能调整，大大削减专业经济管理部门，使专业经济管理由过去偏重“条条性的”部门管理向偏重“块块性的”行业综合管理转化。这样，从政府职能中逐渐剥离出一些职能转交给行业协会，使行业协会在政府的主导下得以产生，都积极致力于高速发展本国市场经济，力图建立政府与社会合作或官民协调的宏观管理模式。行业协会具有庞大的组织机构和较高的组织化程度，协会的覆盖面广，政府与行业协会是一种合作协调关系。

3. 综合运作模式——市场推动型

以法国、瑞士、中国香港为代表的“综合运作模式”不像企业自主推动和政府主导推动那样单一，而是指在市场的推动下，政府参与管理，政府与会展企业在组建协会的过程中都倾注了大量的精力，很难分清到底是企业还是政府哪一方起了主导作用，可以说是企业和政府合力推动的产物。而且行业协会与政府的关系非常密切，如中国香港的展览会议协会（HKECOSA）的主要职责是配合政府宣传，把中国香港建成亚太展览之都、提供业务培训以提高行业水平、为会员单位制造商机、增强会员之间的联络、代表行业向媒体和政府表达统一意见等。

无论是横向运作模式的会展协会，还是纵向运作模式的会展协会，他们与会员的关系都非常密切，他们认为行业协会的任务是协助企业做好生产、加工和销售工作，为企业最大限度获取利益提供各种服务。当然，行业协会展开一些活动，可能也会涉及赢利部分。但这种赢利，一方面不能与企业争利，另一方面又不能以营利为目的，直接参与利润分红活动，他们的工作仅仅是提供服务，维护企业的权益。

二、我国的会展行业协会

（一）我国会展行业协会的基本职能

1. 代表职能

代表职能主要表现在对公共政策制定过程中的影响力，如行业协会对政府制定公共政策和政府有关部门做出涉及行业利益的重大决策的影响，或者对行业协会会员采取重大处理措施的影响，通过这种影响力，便于参加协会的企业争取和获得有利于自身发展的利益。

2. 维护职能

维护职能主要表现在建立行规行约、实行价格自律、保证质量维护行业信誉、协调成员企业的内部关系与外部关系、开展公益活动等方面。行业和企业利益往往因不规范的市场运作和政府有关部门过多干预而受损，同时，同行业企业之间也容易发生利益纠纷。为了保护成员企业和行业的合法权益不受损害，需要通过有效的制度安排来实现。行业协会就是维护行业与企业利益的最好的组织制度安排。行业协会对行业成员进行相应的内在约束，实行行业自律。自律一般有奖励、认证、惩罚三种。对于优秀人士，协会给予奖励。如果发现有违反行业规范，搞不正当竞争或欺诈行为、损害同行和消费者利益的会员，协会可采取惩罚措施，或取消会员资格，禁止在本行业从业，甚至向法院起诉。

3. 服务职能

参加行业协会的企业，既希望得到成员企业的相互帮助，更需要行业协会提供各种各样的服务，以能使企业降低生产成本，提高管理能力，最大限度地获取经济效益和社会效益。行业协会所提供的服务包括提供技术支持、培育和开拓产品市场（如展览会、展销活动）、开展国内外管理与技术交流、传递和沟通信息（如编办协会通讯和会刊）、培训技术与管理人员、推介名牌展会等。

（二）我国各地会展行业协会的基本情况

几乎每个行业都有自己的全国性协会与行规，但会展行业却是一个例外。随着我国会展经济的日益繁荣，一些城市及个别行业已率先成立了会展行业协会或行业协会服务机构，这预示着中国会展行业无序竞争的局面将有所扭转。自从1998年北京在全国率先成立第一家地方性的会展行业协会（北京国际会议与展览业协会）以来，全国各地相继成立了一些行业组织，下面对我国三大会展中心城市的行业协会加以介绍。

1. 北京国际会议与展览业协会

北京国际会议与展览业协会于1998年6月成立，是我国第一家国际会议展览业具有社团法人地位的中介组织，有会员单位160多家，主要由北京地区与国际会展业务相关的公司、企业、团体和在京国际知名机构组成。其宗旨是：组织北京地区相关国际会展，规范会展业秩序，优化会展市场环境，提高会展质量和效益，开展国内外会展市场调研，沟通会展信息，交流举办会展的经验，保障会员合法权益，促进会员间了解与合作，加强与国际会议展览业界的联络与合作。

协会成立以来，在各有关单位大力支持下，经理事会和广大会员的共同努力，按照协会章程规定的任务，通过举办年会、专题研讨会、座谈会、出国考察访问和接待境外会展界专家及为会员单位咨询、协调、培训等多种形式，在促进会展市场的发展、提高会展组织水平和质量方面做了大量的工作，因而受到会展业界的欢迎和好评，使协会在国际会议展览领域的影响和作用日益扩大。北京国际会议与展览业协会可提供如下服务项目。

1）信息与联络服务。

- 与在京和国内外会展业协会、组织机构和企业建立广泛友好的合作关系。

- 利用自办和合作的多种媒体宣传、推介和交流会展信息。

2）会展人员培训服务。

- 提供会展管理人才的培训。
- 提供会展从业人员的培训。
- 提供国际会展相关专业分类培训。
- 组织境内外会展企业、机构、团体和院校间的交流、实习。

3）会议和展览服务。

- 策划和组织大型活动、会议及展览服务。
- 举办境内外研讨会、报告会。
- 为大型会议和展览会提供招商、参会中介服务及相关服务。
- 为会展提供后期追踪服务，扩大会展效应。

4）为政府主管部门服务。

- 接受政府有关部门委托，进行行业协调和行业自律。
- 为政府提供有关会展课题的调研和咨询。
- 为制定会展业的相关法律、法规提供论证、意见和建议。
- 为政府与会展行业的沟通提供相关服务。

5）会展相关法律服务。

- 为会展的标识和参会参展企业的产品提供商标注册代理服务。
- 为会展知识产权保护提供法律咨询。
- 为会展中发生的争议提供非诉讼的相关法律服务。

2. 广州市会展业行业协会

广州市会展业行业协会（GZCEIA）是由广州地区从事会议、展览及相关的企事业单位发起，自愿组成具有法人资格的行业性、非营利性社团组织。该行业协会在广州市登记，接受广州市协作办公室的业务指导和广州市民间组织管理局的监督管理。该行业协会的宗旨是：遵守中华人民共和国宪法、法律、法规和国家政策，遵守社会道德风尚。在广州市会展业管理领导小组的指导下，协助政府从事行业管理，建立行业自律机制，规范行业市场秩序，优化行业市场环境，培育国际会展品牌，保护会员合法权益，提高行业整体素质，组织行业国际交流和合作，促进广州市会展行业的健康发展。

3. 上海市会展业行业协会

上海市会展业行业协会（Shanghai Convention and Exhibition Industries Association，SCEIA）于2002年4月成立，是由本市从事会议、展览及相关业务的企事业单位自愿组成的跨部门、跨所有制、非营利性的行业性社会团体法人。

协会的常设机构为秘书处，下设办公室、联络部、项目部。与“华东师范大学”共同组建了“华东师范大学上海会展学院”，创建了良好的培训机制，加强行业培训力度，该模式为国内首创。开展了对国际展览会的评估工作，规范了行业标准，创建有影响力的会展品牌。创办了“上海会展”报和“上海会展”网，发布行业的咨询和信息。

协会成立以来，本着遵守国家法律、法规，积极发挥“服务、代表、协调、自律”

的四大职能，在市有关职能部门的指导下，协助政府从事行业管理，就保护会员的合法权益、提高行业整体素质、进行行业统计、形成行业自律机制、行业认证、组织国际交流与合作等方面做了全方位的开创性工作，同时一直致力于为会员单位提供全面的优质服务，体现行业协会的广泛性和代表性，从而真正构筑了政府与企业之间沟通交流的和谐平台。

另外，宁波、重庆、昆明、深圳、合肥、天津、西安、福州、大连、广西和黑龙江等省市也相继成立会展业行业协会。

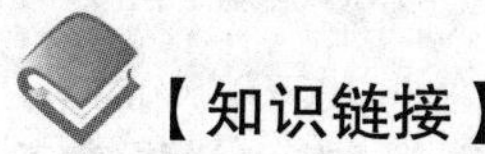

【知识链接】

长三角十九个城市结成会展联盟

2006 年 12 月 18 日，由上海、南京等 6 城市发起的长三角城市会展联盟（下称“联盟”）正式成立，联盟的总体工作目标是“协调长三角会展业，服务上海世博会”。

长三角地区 19 个城市会展业主管部门和行业机构成为联盟的首批城市成员，成立后的联盟将致力于整合长三角各城市成员的项目、产业、场馆、人才、信息和物流等相关资源。

联盟的发起者之一、上海市会展业行业协会会长吴承璘表示，成立联盟的初衷在于，在长三角城市会展业发展中一直以来缺乏协调机制，长三角各地市会展资源基础不均匀，如上海每年在展会旺季时场馆供不应求，或有些因为与上海的城市定位及产业导向不符而未被吸纳，而其他一些城市场馆却有空闲。

据长三角 19 个城市会展机构统计，2005 年，长三角地区拥有各类展会场馆 60 多个，占全国 27%，总面积超过 660 万平方米，2005 年承办各类国际展览会项目超过 650 个，占全国的 26%。

第三节　国际会展组织的影响和作用

会展业是具有国际性的经济活动，它不仅促进了国家或地区的经济发展，而且大大推进了国家、地区之间的相互了解和友谊。2006 年，俄罗斯在中国举办“俄罗斯年”，2007 年，中国赴俄罗斯举办“中国年”，这些大型节事活动的举办对促进中俄两国人民友谊，深化中俄两国邦交带来历史性意义。国际性会展活动的开展将会面临复杂多变的政治、经济、文化环境，需要更多的专业运作人才，面临更大的市场风险。这就需要会展业涵盖的各细分市场的国际会展专业组织作为协调的机构，制定相关细分市场中各企业机构共同遵守的各种规范，以保证国际会展业健康有序的发展。

实践证明，有关的会展业国际专业组织在世界会展业市场的发展中，发挥了重大的作用，大大促进了各国会展行业之间的交流合作和相互了解，推动了世界会展业的市场化、专业化、国际化的进程。对于中国会展业来说，了解这些国际会展专业组织，积极地建立和它们的联系，成为它们的成员，参加它们的活动，有助于我们接近国际市场、了解国际会展业发展的最新信息、掌握世界会展市场发展的新动态和新趋势，有助于我们更好地借鉴世界各国会展的经验和教训，加速开发国际市场，融入国际会展市场参与竞争，并在竞争中与国际市场同步发展。

一、国际会议组织

（一）国际大会和会议协会（ICCA）

国际会议协会（1nternational Congress and Convention Association，ICCA）创建于1963年，总部位于荷兰首都阿姆斯特丹，在会议领域内，它是最具有国际影响性的协会。目前在全球近80个国家和地区拥有机构和企业成员。协会根据成员不同的业务范围分为几类，包括会议/旅游/目的地管理公司（旅行社）、航空公司、专业会议/展览组织者、会议观光局、会议饭店、会展中心、会议设施的技术支持等。其目标是：通过合法的手段，促进各种类型的国际会议及展览的发展，评估实际操作方法，以促进旅游业最大限度地融入日益增长的国际会议市场，同时为相关会议的经营管理提供信息交流平台。

作为世界主要的会议专业组织，国际大会和会议协会包含了所有当前以及未来的会议领域专业部门，协会肩负如下使命：

1）提高协会成员举办会议的技巧及对会议行业的理解。

2）为协会成员间的信息交流提供便利。

3）最大限度地为协会成员提供发展机会。

4）根据客户的期望值逐步提高专业水准。

国际大会和会议协会将其成员按所属会议产业专业部门分类，并以一个英文字母作为成员类型的代号，如表7-1所示。

表7-1 国际大会和会议协会成员分类体系

成员类型	代表字母	成员数量	成员类型	代表字母	成员数量
会议/旅行/目的地管理公司	A	68	会议信息及技术专业机构	E	53
航空公司	B	10	饭店	F	56
专业会议/展览组织者	C	115	会议场所及展览中心	G	179
会议观光局	D	149	荣誉会员	H	5

资料来源：国际会议协会（ICCA）

国际会议协会采用一种区域性的组织结构，该协会不仅致力于促进同一会议产业专业部门成员之间的协作，而且要突破会员所属会议产业部门类型的限制。促进在同一区域的不同会议产业部门成员间的合作。基于这种目的，国际会议协会成立了区域分会、国家和地方委员会。国际会议协会将全世界划分为9个区域，设立了9个区域分会：非洲分会、法国分会、北美分会、亚太分会、拉美分会、斯堪的纳维亚分会、中欧分会、地中海分会、英国/爱尔兰分会。此外，国际会议协会在全世界17个国家和地区设立了委员会。

各种会议公司或机构必须缴纳入会费和年费才能成为国际会议的成员，并享受该协会提供的产品和服务。国际会议协会提供的产品和服务有：

1）协会数据库说明。

2）协会数据库报告书。

3）协会数据库提供的按客户要求特制的表格名录。

4）公司数据库说明。

5）公司数据库提供的按客户要求特制的表格名录。

6）国际会议协会数据专题讨论会资料。

7）国际会议市场统计资料。

国际会议协会提供的产品的服务对于帮助其会员了解国际会议市场，获取行业信息、开展会议行业教育和调研活动，以及制订会展发展计划和策略，有着重要的参考价值。

（二）国际协会联盟（UIA）

国际协会联盟于1910年在比利时布鲁塞尔召开的国际组织第一届世界大会上正式宣告成立。该联盟是一个独立的、非政府的、无政治色彩的可帮助4万个国际组织和客户交换信息的非营利性组织和有关各类国际组织的信息中心。国际协会联盟用书面、光盘和互联网的形式为广大用户提供了大量的数据资料。国际协会联盟的宗旨和活动是：

1）在人类尊严、全国人民团结和沟通自由的基础上为建立全球秩序做出贡献。

2）在人类活动的每一个领域里，特别是在非营利和志愿者协会里，促进非政府网络的发展和效率的提高。

3）收集、研究和传递有关信息，如政府和非政府国际机构、它们之间的关系、召开的会议及它们面临的问题与采取的策略。

4）国际协会联盟尝试用更有意义、更切实有效的信息传递方法，将其所提倡的联合活动和跨国合作发扬光大。

5）促进国际协会就法规政策、协会管理和其他问题开展研究。

国际协会联盟每两年召开一次大会，选举国际协会联盟执行委员会。该执行委员会由15~21个成员组成，每个成员最长任期4年。国际协会联盟的正式会员不超过250个，要由全体大会根据候选人的兴趣和他们在国际机构中的作用选举产生。通常候选人都在某个国际机构中发挥过积极的作用。正式会员包括外交家、国际公务员、协会管理人员、国际关系教授和基金负责人。正式会员不需要缴纳年费，但要在各自的领域内为维护国际协会联盟的利益、进一步扩大联盟的影响作出努力。对国际协会联盟的宗旨和活动感兴趣的法人团体和个人只要缴纳年费，并经过国际协会联盟执行委员会的批准，就可以成为国际协会联盟的非正式会员。非正式会员（如各种组织、基金会、政府机构和商业企业）有权优先使用国际协会联盟的服务。

国际协会联盟的工作语言为英语和法语。自1910年以来，国际协会联盟出版了300多种出版物，大多数出版物用英语出版。国际组织年鉴用各种语言编入索引供其他国际组织工作使用。期刊《跨国协会》(*Transnational Associations*）刊登英文和法文的文章，该联盟的年度预算为80万美元，通过成员的预定刊物费、联盟的研究和咨询合同收入、出版物的销售及服务支付95%的预算费用，其余部分来源于比利时、法国、瑞典政府及一些官方和私人机构的捐款和赞助。

二、国际展览组织

（一）国际博览会联盟（UFI）

国际博览会联盟是世界上主要博览会组织者、展览场馆业主、各重要国际性和国家展览业协会的联盟，于1925年4月15日在意大利米兰市由20个欧洲顶级国际展会发起成立。总部设在法国巴黎，是迄今世界博览会、展览会行业唯一的国际性组织。今天，它已由一个代表欧洲展览企业和展会的区域性组织发展成为一个全球性的展览业国际组织。其会员分布在五大洲72个国家和地区的164个城市，共有299个正式会员组织。

2004年，国际博览会联盟对其会员机构主办的703个交易会和展览会授予UFI质量论证。国际博览会联盟有一套成熟的展览评估体系，对由其成员组织的交易会和展览会的参展商、参观者、规模、水平、成交等进行严格评估，用严格的标准挑选一定数量的交易会和展览会给予论证。国际博览会联盟论证（UFI approved event）是高质量国际展览会的标志。由于国际博览会联盟在国际展览业中的权威性，得到国际博览会联盟论证的交易会和展览会在吸引参展商、参观者方面优势明显。国际博览会联盟论证的基本条件如下。

1）展会必须至少已定期举办过三次。

2）展会必须是一个有20%以上外国参展商的国际展会。

3）有4%以上的外国观众的国际展会。

4）外国展商纯租用面积达到展会纯租用总面积的20%以上的国际展会。

作为世界重要的交易会和展览会的组织者，国际博览会联盟会员做出了显著的成绩：

1）主办4000个交易会和展览会。

2）年租用展览面积达5000万平方米。

3）每年吸引100万参展商。

4）每年吸引1.5亿展会参观者。

国际博览会联盟没有个人成员，只有团体成员。我国目前已有34个展会企业和组织加入了国际博览会联盟。

（二）国际展览管理协会（IAEM）

国际展览管理协会成立于1928年，总部设于美国达拉斯。该协会与国际博览会联盟在国际展览界均享有盛誉，被认为是目前国际展览业最重要的行业组织，两者现已结成全球战略伙伴，共同促进国际会展业的发展与繁荣。

国际展览管理协会的成员来自46个国家，成员数量超过3500个。其使命是通过国际性网络为成员提供独有的、必要的服务、资源的共享，以促进展览业的发展。

国际展览管理协会的基本目标有：

1）促进全球交易会和博览会行业的发展。

2）定期为行业人员提供教育机会，提高他们的从业能力。

3）发布展览会信息和统计数据。

4）为展览人员提供见面机会，交流信息和想法。

国际展览管理协会提供展览管理的注册培训论证项目（Certified Exhibition Management，CEM），该培训项目的必修课程包括项目管理、选址、平面设计与布置、计划书的制定、会议策划、标书的制定与招标。高级课程为：展览策划与预算、经营展会的法律问题、安全与风险问题的防范。高级课程专为取得CEM论证、并可能使用CEM培训论证项目开展培训活动的人员所开设。

（三）国际展览局（BIE）

国际展览局（The Bureau of International Expositions，BIE）是专门从事监督和保障《国际展览公约》的实施、协调和管理举办世博会，并保证世博会水平的政府间国际组织。1928年11月，31个国家和地区的代表在巴黎开会签订了《国际展览公约》。该公约规定了世博会的分类、举办周期、主办者和展出者的权利和义务、国际展览局的权责、机构设置等。《国际展览公约》后来经过多次修改，成为协调和管理世博会的国际公约。国际展览局依照该公约的规定应运而生，行使各项职权，管理各国（地区）申办、举办世博会及参加国际展览局的工作，保障公约的实施和世博会的水平。

国际展览局总部设在巴黎，成员为各缔约国和地区政府。联合国成员国、不拥有联合国成员身份的国际法院章程成员国、联合国各专业机构或国际原子能机构的成员国均可申请加入。各成员国派出1~3个代表组成国际展览局的最高权力机构——国际展览局委员会，在该机构决定世博会举办国时，各成员国均有一票。

国际展览局目前共有98个国家和地区的成员，遍及欧洲、美洲、非洲、亚洲及大洋洲，下设执行委员会、司法委员会、行政与预算委员会、信息交流委员会等4个专业委员会。国际展览局主席由全体大会选举产生，任期2年。

国际展览局下的4个专业委员会的职责分别如下。

1）执行委员会负责评估新项目，并关注展览会的重大事项。

2）司法委员会负责展览会有关规则文件与技术条款的具体化工作。

3）行政与预算委员会对国际展览局的管理活动实施监控；对国际展览局的财务管理进行检查；制定国际展览局年度预示并提交全体大会通过。

4）信息交流委员会出版国际展览局通讯，并研究和宣传国际展览局的活动。

国际展览局1993年5月3日起接纳中国为正式成员国。中国国际贸易促进委员会一直代表中国政府参加国际展览局的各项工作。

三、其他国际会展组织

（一）奖励旅游管理协会（SITE）

奖励旅游管理协会成立于1973年，是全球唯一的非营利性的、致力于综合效益极高的奖励旅游产业的世界性组织。该协会主要向会员提供奖励旅游方面的信息服务和教育性研讨会。目前奖励旅游管理协会有1800个会员，遍布82个国家和地区，协会还在不同区域设有28个分会。协会会员主要来自航空公司、游船公司、公司企业、目的地管理公司、地面交通公司、饭店、官方旅游机构和旅游公司。

奖励旅游管理协会的成员享有以下权利：

1）获得与分布在82个国家的1800个会员的联系方式。

2）被列入协会的名录。

3）在参加奖励旅游管理协会年会时享受优惠注册费。

4）能够参加奖励旅游管理协会在全世界的分会活动和教育培训项目。

5）在参加奖励旅游交易会时会获得参展的奖励旅游管理协会成员的展示材料。

6）可以在个人名片和公司信笺上使用奖励旅游管理协会的标志。

7）有资格参加奖励旅游管理协会水晶奖大赛。

8）有机会获得奖励旅游管理协会认证的称号。

9）能以会员价订购奖励旅游管理协会的出版物，免费获得奖励旅游管理协会提供的研究报告。

（二）世界场馆管理委员会（WCVM）

世界场馆管理委员会汇集了全世界场馆行业专业人士和设施，它的6个协会成员为5000多个经营管理场馆设施的专业人员提供专业资源、论坛和有益的帮助。场馆设施包括全世界1200个体育馆、竞技场、大剧场、会展中心、演艺中心和会议场所。

世界场馆管理委员会成立于1997年，它通过加强成员协会和会员之间的信息和技术交流来促进沟通和专业发展，以促进场馆行业的专业认识与相互了解。世界场馆管理委员会的6大协会会员是：会议场馆国际协会（AIPC）、亚太会展委员会（APECC）、国际会议经理协会（IAAM）、欧洲活动中心动员会（EVVC）、亚太场馆管理协会（VAM）和体育场馆经理协会（SMA）。世界场馆管理委员会的目标是：

1）让世界更好地了解场馆行业。

2）鼓励协会成员相互交流和合作。

3）促进有关场馆管理专业信息、技术和研究成果的分享。

4）推动成员协会之间的沟通，以提高和改进世界场馆行业的知识水平和公共传播。

5）世界场馆管理委员会定期召开会议，促进场馆管理相关的信息交流，并开展相关教育活动。

【复习思考题】

1）阐述政府在会展业发展中的常见管理模式。

2）结合实际分析会展行业协会的职能与运行模式。

3）您了解哪些国际会议组织和展览组织？

【案例分析】

会展行业乱象不断：“骗展”频发 市场秩序混乱

背景与情境：近年来会展行业在膨胀式发展的同时，已经蕴藏了巨大的市场风险。一些地区展馆建设“一窝蜂”，不少展会存在虚假设展、伪劣横行、变相摊派、数据注水等诸多乱象，严重损害了行业信誉，成为会展经济长期良性健康发展的巨大障碍。

1.“骗展”频发，市场秩序混乱

中国某省珠宝经理曾女士多次遭遇骗展。她说，有的办展公司收了定金就消失，或者交了七八千元的展位费，来了之后发现根本没有多少观众，一旦遇到骗展又很难维权，只能自认倒霉。“六年前，我一个月参加三档展会，去年前8个月我才参加了三档，我对会展业已经失去信心了。”曾女士说。

目前国内展会参差不齐、名目繁多，近年来组展方虚假设展、骗取参展商展位费的现象时有发生，由此引发的群体性事件严重扰乱了会展经济秩序、损害了展会品牌形象。据业内人士介绍，目前多数“骗展”问题集中在展会现场实际情况与宣传推介资料严重不符。

一是“胡乱借光”。一些展会缺少品牌号召力，转而向一些比较成功的品牌展会借光、打“擦边球”，一些不明真相的外地参展商到了现场才发现展会实际上规模小、层次低，而真正比较成功的展会在另一个地方举办。

二是“夸大宣传”。即脱离实际夸大展会面积、规模、参展数、专业参展商等。实际展会只在一个很小、很偏僻的场所举行，所谓的专业参展商也只不过是临时“拉郎配”凑数。

三是“滥贴标签”。比如本来就是国内展会，却贴上“国际”标签去做招商宣传，或者本意是举办“国际”展会，结果全是国内企业，或者临时请几个外国人撑场面。

在某市举行的一次展会上，不少参展商发现主办方提及的行业知名企业多数并未参会，实际规模层次与宣传内容严重不符，于是纷纷拉横幅表示抗议，但已经联系不上主办方。后来经过有关方面协调，部分参展商被退还了一两千元不等的参展费，但这远远无法弥补参展商的实际损失。某市商务局会展科科长坦承，这些问题表明当前会展业市场秩序还比较混乱，亟须加以整治。

2. 低俗之风蔓延，伪劣商品横行

在不久前西部某省会城市举办的一个国际农业博览会上，一家农贸公司展台竟然搭建了一个大约20平方米的红色拳击擂台，上书“AFC争霸赛”“男女无差别大战、女子拳王争霸”。展会工作人员说：“请了几名拳击手到场表演，主要是为了攒人气。”

记者在中西部一些地方性展会多次见到这样的场景：大量展位都在播放音乐、现场叫卖，外加抽奖、表演，犹如一个大集市。一些展会上低俗之风蔓延，平时难在大众媒体露脸的国内外低俗明星、网络红人、话题人物，受到展商热捧，在展会上靠出格言行、低俗表演等大笔捞钱、增加曝光率。

此外，部分展会经常出现假冒伪劣产品，甚至品牌展会也有类似情况。在南方某省会城市举办的中国香港时尚产品博览会上，现场展品中竟然包括马来西亚的咖啡、越南的米粉、佛山的床垫、山东的鹿肉，许多参加展会的市民纷纷对此提出质疑。在某市举办的中国东西部合作与投资贸易洽谈会上，一些展馆内号称的“国际知名品牌产品”却卖出了“白菜价”：一大瓶“香奈儿”香水仅售 100 元人民币。

业内人士分析认为，展会上伪劣商品横行，一方面是主办方为了撑场面、上规模而放宽把关；另一方面与困扰会展行业多年的“展虫”问题密切相关。某省商务厅张主任说，“展虫”们往往是通过关系购买二手展位或者直接将假冒伪劣产品装进背包带入场馆摆卖。“一旦我们强制驱逐‘展虫’，他们就抓住机会大闹一通，吸引媒体前来报道，把声势做大，把展会名声搞臭，以此相要挟。”

资料来源：会展行业乱象不断：“骗展”频发 市场秩序混乱，经济参考报。2014 年 2 月 24 日。

分析题：

1）思考会展行业乱象出现的原因。

2）理解会展管理的必要性。

第八章 会展与其他要素融合创新发展

【本章导读】

本章主要介绍了会展与城市之间的关系、城市对会展发展的影响，以及会展业与城市融合发展的条件基础。同时介绍了“互联网+会展”的理念，提出了“双线会展”的发展模式。同时介绍了会展与酒店、餐饮、保险等其他产业的融合发展。

【学习目标】

1）理解会展业与城市、旅游、互联网、科技等相关要素的融合发展。

2）掌握会展业对经济发展的影响。

3）掌握“双线会展”的基本特点和运作模式。

4）了解会展与旅游，会展与互联网之间关系。

5）掌握会展与其他产业融合发展的基本情况。

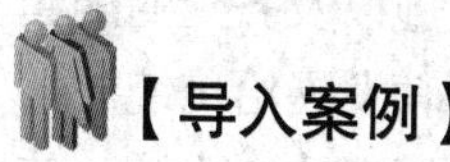

【导入案例】

“免费”已成常态

——山东23家科技馆家家免费开放

从7月25日召开的山东省科协八届七次常委会上获悉，按照国家统一部署，我省将加快科技馆建设步伐，已连续3年组织全省科技馆实施免费开放试点工作，并向中央财政申请科技馆免费开放专项补助资金；未进入全国免费开放试点范围的科技馆，也均实施了免费开放政策。科技馆免费开放已成为我省社会发展常态。

截至目前，全省在建及规划建设的科技馆共有18家，其中在建13家，规划建设5

家。新一轮科技馆规划建设表现出公益性、大规模、快速发展等诸多特点。省科技馆新馆规划建筑面积达到 80000m^2，青岛馆 51000m^2、菏泽馆 26000m^2、日照馆 18000m^2、淄博馆 15000m^2，分别进入特大型馆、大型馆、大中型馆之列。

截至目前，全省正常开放运行的科技馆共有 23 家，其中省级科技馆 1 个、市级科技馆 9 个、县级 13 个，常设展厅面积总计 111361m^2。

据省科协科普部负责人介绍，3 年来，我省进入全国免费开放试点范围的科技馆，由最初的山东省科技馆、潍坊市科技馆、临沂市科技馆、威海市科技馆、东营市科技馆、济宁科技馆等 6 家，扩大到包括青岛市科技馆、泰安市科技馆、滨州市科技馆、曹县科技馆的 10 家。争取中央财政下拨的免费开放补助资金 3 年累计达 8458 万元，为推动全省科技馆免费开放提供了重要支持。我省未进入全国免费开放试点范围的科技馆，也均实施了免费开放政策。

我省科技馆免费开放后观众量持续增长，取得了良好的社会反响和公众认可。据统计，2015 年 5 月 1 日实行免费开放后，当年 6 家开放试点单位常设展厅观众量达到 277.3 万人次，较上年度增加 11.86%；2016 年，山东省科技馆暑期科普活动期间接待观众 18 万人次，日接待观众超过 4000 人次，单日最大接待量突破 7000 人次。

资料来源：大众旅游网

第一节　会展与旅游融合发展

会展业与旅游业有着天然的产业关联性，两者融合发展的联动效应正不断加强，对区域经济的促进作用越发显著，对会展业与旅游业进行资源整合，促进其融合发展，成了地方政府、行业组织、企业主体间共同的战略选择。

一、会展业和旅游业的关系

会展业和旅游业融合发展就是在会展业和旅游业之间或者各自产业内部的不同行业相互渗透、相互交叉，最终融为一体，逐步形成新产业属性或新型产业形态的过程。一方面，旅游业依托地区丰富的旅游资源、便捷的交通网络、完善的基础设施以及齐全的配套服务设施等因素，为会展活动参与者提供服务；另一方面，会展业的蓬勃发展给传统旅游经济带来了潜在和现实旅游客源，增加旅游收入和旅游知名度。在这个过程中，人流、信息流、物流等要素通过会展产业链流入会展举办地；服务流、人流、现金流通过旅游产业链流入旅游目的地。当会展举办地与旅游目的地重叠时，会展业和旅游业融合就发生了。

（一）互动关系

会展与旅游之间是一种互动关系，即会展拉动旅游，旅游促进会展。会展业能够带起一条集交通、住宿、餐饮、娱乐、观光、购物为一体的“消费链”。会展业需要旅游业六大要素的强力支持，如果在任何会展活动的策划与主办过程中，不认识、不重视、不考虑和不落实会展六大要素，不注意客源市场的人气，不重视旅游产业的市场和参与，都必然直接影响到会展活动的成功与否。通过会展对的凝聚效应和辐射效应来拉动旅游业的发展。

（二）产业联系

会展活动和旅游活动之间有着内在的产业联系——会展旅游。由于旅游业的主旨简单，就是吸引外来旅客，这也是旅游业屡屡进军其他产业部门的根本原因，而会展活动中形成旅客的主体来源就是会展代表及因会展活动而流动的外围受众，前者是会展旅游的核心，后者则有可能转化为观光旅客，成为会展旅游的副产品，所以会展旅游者的形成是会展旅游发展的关键。会展旅游关心的不是开什么会、展览什么，而是如何向与会展相关人员提供服务，从会展本身拓展到住宿、餐饮、娱乐等方面，继而争取到游览、购物、旅行等方面创造需求。

二、会展对旅游发展的影响

（一）树立会展旅游意识

必须以大型展览、节庆和会议等活动为龙头，通过联合开发、整体营销会展与旅游市场，带动大规模的人流物流和信息流，从而形成城市品牌。旅游主管部门要积极争取参加各类国际会展组织，借助这个平台，与国际会展主办机构进行深入沟通和合作，吸引更多的参展商、参与者。饭店、旅行社等旅游企业应积极为参展商、与会者和观众提供食、住、行、游、购、娱等一系列服务，并尽量将丰富多彩的旅游节庆活动与大型会议或展览结合起来。

会展企业在开展营销推广活动时，要加强与旅游部门的合作，将会议展览活动的宣传与城市及周边的旅游景点和旅游接待设施等旅游产品的宣传结合起来，进行整体营销。旅游企业和会展公司联合行动，将旅游宣传渗透到会展的每一阶段，同时提供多样化、个性化的服务，强化商务客人的旅游意识，最终实现销售会展产品和旅游产品。

（二）树立会展品牌

由于会展本身所具有的行业性、产业性以及组办规模大等特点，势必有大规模的会展参加者需要餐饮、住宿、交通、通信等服务，同时也将吸引众多的政府、民间组织的会展团、参观团、旅行社组织的观光团队，其规模要比单一组织的旅游观光团队要大。

会展由于会议规格高，参会人员均是有强劲消费能力的商务客人、高文化素质客人，其消费档次、规模均比普通旅游者要高得多。

大中型会展活动举办的时间一般不少于 3 天，除去会展期间组织的休闲娱乐和参观考察外，不少人员还会在会展活动结束后安排个人的旅游活动，这样停留时间还会延长。

会展旅游不同于普通的消遣旅游，每一项会展活动都是有目的、有主题的，会展旅游者出行的目的性强，即便是进入到会展活动完成后的消遣性旅游，会展旅游者依然会有很强的主题选择性。

我们可以发现会展业的投入产出比高达 1∶10，不仅可以带动餐饮、住宿、交通、通信、商业等相关产业的发展，而且可以利用会展旅游的特点树立会展的整体形象、提高品牌的知名度。

三、会展业和旅游业融合发展的基础条件

会展业与旅游业之间产业联系紧密，产业链条相互延伸与渗透，存在着较强的相互依存关系，为两业融合发展提供内在基础。

（一）产业同源

会展活动与旅游活动有着与生俱来的历史渊源。1841 年 7 月 5 日，英国人托马斯库克组织了 570 人的团队搭乘火车去 12 英里外的拉夫巴罗参加戒酒大会。这个被视为全球近代旅游业产生的标志性事件，从其本质来看，却是一次会展活动。从这个起源事件中可以看到，旅游和会展本身具有对象主体同一性。旅游业的主旨就是招徕吸引外来游客，而会展活动中的会展代表及随会展而流动的外围受众就是形成游客的主体来源。从行业产生的根源来看，会展和旅游也都是经济发展水平达到一定高度的产物。会展是企业信息交流的载体和重要的产品营销手段，是经济活动日益活跃和市场竞争日趋激烈的工业化发展的结果。旅游主要是在工业化和城市化的条件下，社会生产力大幅提高后人们需要追求更好生活质量的结果。从行业发展历程来看，最初广义的旅游业包括休闲旅游、商务差旅和会展业。但是随着会展活动的蓬勃发展，旅游业的传统划分无法囊括会展业的涵盖范围，会展业渐渐发展成为一门新兴产业。会展业和旅游业同属以资源为依托、以服务为媒介的“第三产业”，在其参与者上的一致性、资源的共通性和相互的融合性，揭示了旅游业与会展业融合发展的可行性。

（二）资源共享

从依托资源看，会展活动依托会展城市的经济实力、产业优势和完善的基础设施；旅游活动依托旅游资源开发、城市品牌和相关基础设施。会展业和旅游业都依赖于交通、通信、基础设施、信息、人才等软硬件条件，对城市的综合功能要求比较高。旅游业的食、住、行、游、娱、购六要素都是会展活动必须共享的行业部门。尽管相关企业在接待会展商务客流和旅游客流上有一定分工，如会展活动在选择住宿方面一般选择城市商务酒店、会议性酒店或会议性度假酒店、在选择餐饮场所时一般倾向酒店或地方特色浓郁的高端社会餐馆；观光和休闲游客一般则选用度假性酒店以及经济型酒店等，在餐饮场所选择时一般选择社会餐馆以及与旅行社有业务合作的酒店餐馆等，但是完善的交通设施、发达的信息网络、适宜的住宿环境、特色的餐饮、购物、娱乐等一直都是会展和旅游必须共享的发展资源。

（三）产业链交叉

会展产业链和旅游产业链存在着诸多交叉点。会展产业链是以会展活动为纽带，主要为参展商、参会者和观众提供场馆、组织和现场服务等产品。旅游产业链主要是为参与者提供食、住、行、游、购、娱等服务。会展中的大量人流又为旅游行业提供了巨大的客源市场，会展活动代替了原旅游产业链上的旅游景区作为吸引物招徕游客。在此过

程中，旅游与会展活动相互交错，紧密联系，二者间可以互相借力、互为推动。会展业可视为旅游业的兴奋剂和助推器，旅游业可以视为会展业的保障和延伸。

（四）发展相融

虽然旅游与会展的出发点不同，目的和形式各有差别，但是利用资源的一致性高，只是每个资源在不同的行业中占据不同的地位。因此，将旅游业与会展业融合发展，既有利于资源整合，也有利于促进两个行业共同发展，形成会展拉动旅游、旅游支撑会展的联动关系，产生“1+1>2”的融合发展效果。

综上所述，旅游与会展产业链上多点重合、资源共享、属性相似，在同一个平台上融合发展，可以相互促进、共同进步，对实现可持续发展有着积极意义。

第二节　会展与城市融合发展

一、会展业与城市之间的关系

“如果在一个城市开一次国际会议，就好比一架飞机在城市上空撒钱”——一位世界展览业巨头如此看待会展经济的重要性，国际市场把会展经济与旅游业、房地产并称为世界三大无烟产业，并冠有“城市的面包”“城市的名片”“城市经济的助推器”之名。

作为城市型服务业，会展经济由于其直接性、集聚性和经济性的优势本身就能带来可观的经济效益。相关资料显示，会展业利润一般在 20%~25%以上，是无污染、高效率的经济模式。会展经济新投资净额的增加也会促进消费的增长，形成乘数效应。会展经济涉及行业众多，集聚放大效应明显，其资源整合功能的表现也是多方面的。

（一）带动城市产业发展

会展业是关联性、外向性极大的产业部门，它的长足发展能培育新兴产业，如会展旅游业，而且能够带动其他相关产业的直接和间接发展。首先是会展场馆的建设就涉及规划、房地产和建筑等多个领域；会展活动又能吸引大量的人流、物流，从而刺激商品和劳务的消费需求，推动商业和服务业的发展；而会展参加者往往为外来人口，这为当地的旅馆业、餐饮业、零售业、公共交通业等带来发展机遇；而要成功举办一次大型会展还需要当地交通、物流、电信等基础行业的综合配套支持，也就相应地促进了举办城市综合经济的提升。会展活动，尤其是大型的会展活动还会对其周边地区的各产业产生强大的经济辐射作用，带动区域经济的发展。根据专家的测算，会展业带来的相关经济效益，直接投入产出比为 1∶6，间接的可达到 1∶9。2006 年，我国会展业直接收入达 140 亿元左右，由此带动交通、餐饮、通信等 10 多个相关产业，其收入达 1260 亿元。

（二）优化城市产业结构

作为连接第二产业和第三产业最核心的产业环节的会展业，在调节供需平衡、拉动新产业、带动投资等各个方面均呈现强大的集聚效应。从第二产业的角度来看，会展业处在整个产业链的末端，有利于信息交流，减少商品的流通环节，降低了商品的供给成本和交易成本。而从第三产业的角度来看，会展业处在整个产业链的上游，聚集了大量的商品、资本和信息，为各种关联产业的高效整合提供了良好的外部条件，促进产业结构顺着劳动密集型—资本密集型—知识技术密集型逐步演进，使城市的产业结构优化发展。同时，会展活动，尤其是专业会展活动，往往立足于举办城市的优势产业，这种城市会展与城市优势产业互动发展的循环链促进了城市经济的发展，提升城市的核心竞争力。

（三）提高城市形象附加值

1. 提升城市形象

由于会展业涉及旅游、餐饮、广告、交通等几十种服务行业，它要求有完备的展览场所、便利的交通、发达的信息网络、配套的旅游服务实施等。各地为了取得会展的主办权，往往会通过市场运作和积极竞争，全面调动基础设施服务、公共管理服务、信息资源、人力资源、形象资源，从而提升城市公共服务能力和服务质量，提高城市的竞争力，做到会展业和城市互动发展的双赢格局。1999 年，昆明承办了世界园艺博览会，城市环境得到了极大的提高，而且市民的文明程度和综合素质也得到了提升。

通过举办各种大规模、高层次的展览会议，尤其是国际性会展活动，对会展举办城市的形象、经济状况、特色产业、科技发展水平、人文地理、旅游资源都可做一次广泛的宣传，可以加强国内外对该城市的了解和认识，能够提高该城市的国际声誉与地位，促进城市的繁荣，而城市知名度和美誉度的提高正是城市加速发展的无形资源。

2. 促进城市建设

会展是一种大型的群众活动，它要求有符合条件的展览场所、有一定接待能力、高中低档相配合的旅行社、宾馆、酒店，便捷的交通、通信和安全保障体系，优雅的旅游景点等。以发展会展经济为目的，为获得大型会议、展览的举办权，各地方政府都会积极进行综合性、全方位的城市建设，如铺设交通、通信网络，兴建现代化的大型会展中心、宾馆和酒店，加快环境保护工作等，加强对整个城市的基础设施建设。此外，通过会展产业发展也可以进一步增强城市核心区域作为贸易中心、服务中心、信息中心、金融中心、科技中心等诸多方面的功能，进而从整体上完善城市的功能，提高整个城市的吸纳和辐射能力。如昆明世博会 218 公顷的场馆群及相关投资总计超过 216 亿元使昆明城市建设至少加快了 10 年。

3. 拉动就业比例

会展经济带来的“多米诺骨牌效应”在促进就业方面也同样具有积极意义，据英联邦展览业联合会统计，每 1000 平方米展出面积就可以创造出近百个就业机会。又由于会展业的关联效应，带动其他产业的发展，增加其他产业的就业机会，从而缓解城市的就业压力。2006 年，宁波市共举办各类展会 148 个，按照行业相关方法估算，宁波市的会展业及相关产业可提供近 9 万个就业机会。

（四）带动城市经济发展

根据区域经济的梯次变化理论，地区经济发展的不平衡形成了经济增长极，增长极成为区域内的中心地区，在中心地区的周围有着经济特征相近的环状地带，这些环状地带一层一层地围绕着中心地区不断向外辐射，把中心地包围其中。按照经济指标进行分类，中心经济指标最高，然后沿着环形带不断向外递减，越是靠近外侧，经济指标越低，形成了向外部不断梯次下降的空间分布。

中心地区对低梯度地区产生着重要的影响，这种中心区的辐射力具有跨地区性，通过它的辐射来联结不同地区间的企业，密切不同地区的经济运行，提高地区间的联合程度，最终建立起区域经济网络，必将强有力地推动整个区域经济的发展。

培育区域中心地区，即区域增长极的核心是培育和完善中心地区的功能，而通过发展会展产业，利用会展业较强的产业关联效应，带动地区建筑、餐饮、宾馆、饭店、金融、旅游等其他产业共同发展，加速了中心地区的建设，突出其金融、科技服务、信息中心等功能，并以此来控制和沟通不同地区企业之间的来往。这样，不仅中心地区得以发展，而且区域内其他地区同中心地区以及其他地区之间相沟通的条件建设也得到了相应改善，最终不仅中心地区或城市的经济得到发展，地位得到巩固，整个区域经济也必将得到长足发展。

比如说广州，由于拥有“中国第一展”——“中国出口商品交易会”而进一步增强了广州作为出口贸易中心的地位，推动了整个“珠三角”工业的优化升级，为泛珠江经济区提供产业配套、产业带动、产业集中等强有力的支持，促进区域内资金、物资、信息、科技、人才等要素的流动，进而带动区域经济的协调发展。

二、城市对会展发展的影响

城市经济是指能充分体现城市特征和功能的产业及相关活动，而会展经济是城市经济的重要组成部分，会展业在城市中的地位与功能是随着城市的规模扩张与职能演变而发展的。

（一）城市推动了会展发展

由于城市中各种要素的高度密集，现代城市已经成为经济活动、社会组织、文化活动的中心，城市的职能与产业结构已经从制造业转向服务业，而信息产业、运输业、旅游业、酒店餐饮等服务行业的崛起，为会展业在城市的兴起提供了产业支撑基础。随着经济全球化的迅猛发展，企业、政府与国际组织寻求信息并加强经济合作、交流的愿望日益加强，迫切需要一个提供商品信息、交流行业发展趋势、获取先进技术和经验的信息平台。在此背景下，集信息交流、成果展示、先进技术传播、创新集成、交易推动等功能于一体的会展业适应了时代发展的要求而得到了迅速发展。

（二）城市催生了会展经济

城市的现代服务功能的提升直接和间接催生了会展经济，而城市经济的发展提高了会展经济的运行质量。发展会展经济要求会展城市有扎实的经济基础，完备的公共基础设施，现代化的会展基础设施，良好的城市形象，丰富的旅游资源，发达的第三产业，便利的交通、便捷的信息流通，高效的政府管理水平以及相关法律法规的支持等。也只有具备上述条件，一个城市才有可能建立完善的会展市场发展体系，推动会展经济的健康快速发展。世界各国会展经济的发展情况也说明，会展经济发达的地区往往具备这些优良条件，如德国的汉诺威、英国的伦敦、中国的上海和香港。

（三）城市提供优质资源

城市发展能让会展行业更容易获得优质资源。会展业汇聚巨大的信息流、技术流、商品流和人才流，意味着各行业在开放潮中，在产品、技术、生产、营销等诸方面获取比较优势，优化配置资源，增强综合竞争力。

特例：会展业发展可以不断创造出“神话”，博鳌效应就是其中的一个最典型范例，穷乡僻壤的博鳌建成国际会议中心后，以其良好的生态、人文、治安环境，吸引了众多海内外会议组织者、参会者、旅游者等。

城市对会展业的影响主要体现在以下几个方面。

1）配套设施：公交、地铁、出租车等交通设施，以及邮政、电话、网络等信息设施状况。

2）区域环境：区域环境舒适和优美程度、历史文化积淀及文化产业发展程度需求条件。

3）经济基础：区域综合经济实力和发展水平（北京、上海、广州等城市既是中国会展业发展最快的城市，也是经济实力最雄厚的地区）。

4）产业基础：区域是否拥有强大的、在全国乃至全球都占有优势的支柱产业参展需求，企业及专业观众对会展的认同、相关支持。

5）产业联动：旅游、酒店、餐饮、零售等行业对会展业的支持和联动水平政府支持：政府对会展业的认识及重视程度，对会展业的管理水平机会：具有重大有国际或国内影响力的事件，如奥运会、世博会等内部因素。

6）会展场馆：包括会展场馆面积、设计、所配备的设施水平等会展公司：会展公司的发展水平，如数量、规模、性质等（专业会议组织者——PCO（Profissional Conference Organizer）是会展业的核心，在国际上主要是指为筹办会议、展览及有关活动提供专业服务的公司或从事相关工作的个人）。

7）会展人才：会展从业人员的规模和素质以及会展人才的培养情况。

8）会展协会：会展行业协会的规范性以及在会展业发展中实际发挥的管理作用。

三、会展业与城市融合发展的基础条件

（一）文化资源浓厚

一般会展城市都拥有良好的自然环境和文化环境，或风景秀丽、气候宜人，或文化底蕴丰厚、人文气息浓郁，具有较强的可观赏性。这些所谓的会展城市在成为会展中心的同时，也是著名的旅游城市，像北京、上海和中国香港三地都具有会展中心和旅游城

市的双重功能，这三座城市在旅游资源、气候环境等方面堪称我国的城市代表，本身具有较大的吸引力，加上其他硬件设施以及人才优势等要素，使其很容易培育品牌会展，进而成为会展中心；对一些原来默默无闻的城市来讲，如果希望通过会展发展地方经济，独特的旅游资源环境是其成功的必要条件，例如海南的博鳌，正是因其独特的自然景观和旖旎的风光，而成为“亚洲经济论坛”举办地，跻身著名会展中心之列。因此，城市本身是否拥有优秀的资源气候条件是决定其能否发展会展业的先决条件。

（二）地理位置优越

会展是商品、资金、技术等物流和信息流的交换与集聚，涉及参展商品、客商以及观众的运送和传输，因此会展举办城市的地理位置和交通状况至关重要。在已有的会展城市中，绝大多数城市或地处港口，或濒临江海，或为交通枢纽，四通八达，地理位置优越，在所在国家或地区处于中心地位，我国的主要会展城市除北京、上海、香港、大连等地理位置优越外，逐渐崛起的东北和中西部会展经济带的中心城市也以各自的省会城市为主，都在本地区处于中心地位，并发挥着枢纽作用。

（三）产业发展良好

产业发展水平和市场规模是会展经济发展的基础，也是构成会展城市的两个要素。产业优势越明显，品牌效应越大，展会越容易吸引参展企业和客户，从而赢得声誉，扩大影响。例如，东莞作为珠三角地区著名的制造业基地，具有良好的产业发展基础，举办相关产品展会具有较大影响，并很快发展为国际展会的举办地；同样，市场也很重要，市场规模决定了一个城市会展业的发达程度，例如，浙江义乌拥有我国首屈一指的大市场——中国小商品城，是我国重要的小商品集散地，产品辐射200多个国家，因此，“义乌小商品博览会”自然使义乌这座城市声名鹊起，并顺利晋升为国际性展会，成为我国区域性会展城市典范。

第三节　会展与互联网融合发展

受展会举办期间资源太杂、时间太短、参与者结构复杂等因素限制，传统方式很难对展会资源进行深入开发，传统会展模式对会展资源的利用度、开发度并不高。互联网的价值能体现为网络技术对用户在线数据的挖掘与分析。互联网思维下，线上线下的融合与协同，将形成以市场为导向，为用户提供精准服务的商业模式，这无疑将成为会展业发展的一大热点。

一、互联网与会展业之间的关系

（一）“互联网＋”实现信息共享

云计算、大数据的兴起，使得对信息的低成本深度挖掘得以实现，从而使“信息”

所具备的巨大价值得到充分释放。依托互联网将原本孤立的信息相连，通过大数据完成信息交换与共享，互联网打破行业固有的信息传输通道，改变行业游戏规则，使行业运行变得透明、高效。

（二）“互联网 +”促进供需匹配

对传统产业而言，线上与线下是严重分离的，信息不对称成为难以跨越的鸿沟。传统会展业封闭的信息传递渠道导致行业信息不透明，参展商与主办方之间的信息交流难以顺畅进行，供需双方不能进行有效的筛选和匹配。对会展业而言，线上线下结合（O2O 模式）的核心是通过互联网把实体展览信息传递给目标人群，使参展商和观众能够全面掌握展会信息，进而实现有效地对比与筛选；同时，通过互联网能够“找到”潜在目标客户，把线上客户引入实体会展活动，并在此过程中搜集和分析客户需求数据，有针对性地提供增值服务。

（三）“互联网 +”重塑多方体验

“互联网 + 会展”将信息流和资金流放在线上，将商流、物流放在线下，最大限度地集成线上和线下优势，在降低搜寻成本和交易费用的同时，提升多方体验。依托互联网技术对目标受众的深度分析，会展产品供给方可以了解活动需求方对产品和服务的需求，预测展会效果，以此为依据完善会展活动的策划组织。

（四）“互联网 +”整合大数据

参展商一方面可以通过线上信息查询历史成交数据、参展效果、服务质量等数据，实现对组展方的对比与筛选，选择实力强、服务好的展览参与，助推展览市场的优胜劣汰，提高市场整体供给水平；另一方面可以通过对用户网络数据，如在线时长、搜索内容、跳转记录、评论转发等情况的收集、分析和整合，总结用户习惯和个人偏好，事先了解目标市场特征，有效刺激潜在市场需求，提高目标受众的借助互联网资源，观众可以更清楚全面地了解展会和参展企业及其产品，有针对性地搜寻信息，定向了解所需产品，自主设计参观动线，提升参展体验。最后，大数据分析有利于展后服务体系构建，便于跟踪客户，实现客户关系管理的智能化。

二、互联网对会展产业发展的影响：双线会展

互联网具有的高效性、普及性、便捷性和强大的信息集散功能使得数字会展具有信息化、数字化、全景化、开放化、通用化和可扩展化的特征。与传统的实物会展相比，双线会展在时空、地域、资源、成本、效益等方面有着明显的优势，极大地互补和解决了传统会展业发展的劣势和瓶颈。

双线会展是由掌上世博 CEO 于业军早在 2014 年底借助打造“双线米兰世博会”项目时就提出的基于线下会展同步到线上举办的新模式。该模式基于“互联网 + 会展”创新为基础，利用大数据、云计算、VR、ZR（再造现实）与信息集成打造的一种数字展会，并形成互联网上的会展产业闭环生态圈和经济圈。其有效实现线下 + 线上会展的“双线

融合”，为展馆方、主办方、承办方、参展商、展装方和观众提供了线上会展整体解决方案和服务。该数字展会模式成功运用到了 2015 年米兰世博会上，实现了让广大民众足不出户观看世博会的愿望。

（一）整合数据资源

作为互联网会展的一种新的展示形态，数字会展最大的优势在于将线下的展会全景化的移植到了线上，利用云计算将整个会展行业的大数据量化，再将这些量化数字与数据信息配合 VR 与 ZR（再造现实）建立成一个综合的信息数字化展馆模型。该数字展馆模型中包含了整个会展行业的 B 端与 C 端信息。根据不同端口需求，串联上下游产业链，打通行业壁垒形成智能化的数据服务与展示体验。简单来说，就是以数字化为基础，结合移动互联网技术和线下各行业展览与参与者融为一体构建一个数字信息集成化的展示空间，从而形成全方位立体化的新型展览和服务方式。

在当前这个高度互联的时代，几乎所有行为都能被追踪到。大数据分析将把来自各种源头的追踪数据合并起来，分析出趋势并辅助业务决策以及改善客户互动体验。会展业是最重视数据的行业之一，大数据汇聚、分析与应用已经成为行业与企业的核心需求，会展业正在变为一个需要量化价值的行业。数字会展将以一个全新的模式和方便的数据采集优势对为会展各参与方提供多方位的大数据服务。

（二）创新运营机制

互联网 + 会展创新重构了会展业商业价值、变革了服务边界、提高了服务效率和质量。为了完成信息化的迭代，整个会展行业将加快运营机制的互联网流程再造，运用大数据发展平台化管理与运营，从而开创会展业发展新局面，实现会展产业的升级——线上＋线下“会展 OAO 模式”。

线上 + 线下融合全景“OAO”模式将是成为会展行业迎接风口的必由之路，线上浏览锁定目标，线下定向互动公关，堪称完美互补。追求现场参观人数的同时能发现根本性的需求才是关键点，数字会展的双线驱动模式，把线下参展的观众、主办方、承办方、场馆方、展商、展装商导入到线上，让他们在这个数字信息化的空间里能够产生持续的交互，把所有关联都盘活，把所有可能都放大，把数据都用于服务，带动各行业联动，同时带动城市宣传，带动区域经济发展，这就是会展行业的未来趋势，也是中国未来的新会展经济形态。

（三）创新商业模式

传统展会的运营模式、传播方式和会展效果已经越来越令会展组办方困惑，特别是在当前的大经济背景下，招展越来越难、会展成本越来越高、专业观众难以聚拢，弄不好，辛辛苦苦举办的一场展会不但无利可图，而且还可能招来很多埋怨和非议。显然线下 + 线上的会展组合，不但可将“一场展会，两种办法”给参展企业和观众提供更多的产品选择，提升整体展会的直接宣传和效果，而且也增加了会展组办方的另一种线上展会收入，从而实现了会展各方的满意和共赢，这对会展行业的整体发展和创新具有重要意义。

（四）凸显会展效应

自始以来，会展业是个与多个行业既相关又似乎不相关、应该很开放却又很封闭、看似很简单却又很复杂的一个特殊行业。会展业涉及工业、农业、商贸等诸多产业，对结构调整、开拓市场、促进消费、加强合作交流、扩大产品出口、推动经济快速持续健康发展等有重要作用。

放大会展效应应从两个方面着手。

1. 在专业垂直领域，提升会展效果

这是传统会展企业很容做到的，其中包括提升优化传统会展的策划、组织、宣传、招展服务，新技术应用，展会结合，文旅搭配等打造亮点和创新，其中对会展 + 互联网的重视和打造运营也至关重要，会展组办方自身的“双线融合”可在自己的专业领域和范围里大大挖潜和提升自身的会展品牌和效果。

2. 在横向跨界领域，扩展会展效果

每个行业的专业企业都会因为其专业和领域限制被困在一个相对固定的范围里，即使其将线下展会搬在自己的网站上做成了线上展会，也只不过是线下展会的另一个版本而已，看的人和覆盖的范围还是已有的那些。因此线上展会的真正意义并不是传统展会的线上数字化那么简单，而是在于专业互联网平台的品牌优势、专业运营、渠道传播和跨界融合等所带来的放大力量。

三、会展业与互联网融合发展的基础条件

传统会展是在特定时间、特定地点举办的活动，而互联网具有不受场地限制、不限人数、不限时间的特点。互联网与会展业融合发展的表现形式从初级的传统展会向线上延伸、电子商务跨界合作发展到专门为会展业“定制”的移动客户端和专业性会展服务平台，且仍然在不断创新演变中。

“互联网 + 会展”提供的不仅是传统展会所具备的服务与线上资源的相加，还提供“智能化”增值服务。利用网络系统，推进展览活动流程的程式化、智能化、规范化和自动化管理；集成经济有效、自由方便、快速准确、具有极强互动性的网络平台；对会展活动进行展前、展中、展后的全过程管理；全方位重塑主办方、参展商、服务商和观众的体验，实现多方共赢。

（一）电子商务平台的应用

电子商务可以提供网上交易和管理等全过程服务，具有广告宣传、咨询洽谈、网上订购、网上支付、交易管理等功能。电子商务作为一个日趋成熟的行业，通过向会展业的延伸来扩展业务渠道。目前一些电子商务网站已经开始尝试线下的会议服务，利用自身的买家和卖家资源，借助会展企业合作伙伴的现场平台，开展特定主题的见面会，创造了新的产业运营模式。

传统会展业务向线上的延伸，采用电子商务的形式把展会搬上网络虚拟空间，实现

线上线下实时互动，突破展会场地和时间限制，使供求双方建立一对一、一对多和多对多的垂直接触，以便双方更快捷、更深刻、更细致地增进了解，提高贸易效率，增加贸易机会。

在保障了传统实物会展所提供的“眼见为实”交流体验的同时，提供更加人性化的增值服务内容。例如，展前，时刻与客户保持联系，在展览项目宣传，参展商与组展商之间业务往来，物流服务提供方与需求方联系和约定，参展商与相关部门的联络中，更快捷便利地传播和处理数据信息；展中，运用电子商务平台搜集观众资料，进行统计和分析。

（二）移动会展平台的应用

随着移动互联的发展，手机 APP 移动会展平台的应用愈发广泛。移动应用平台为主办方、参展商、观众提供便捷高效的信息服务。在“智慧”会展场馆内，利用手机 APP 可以“导航”到想要去的展位和停车位，随时随地预订餐饮、酒店、旅游服务和物流服务。通过手机 APP 可以查询展厅介绍、近期展会、展商信息、展出展品、历史会展、热点内容等信息。

此外，移动客户端可以识别客户运动轨迹，记录客户在展馆内的停留偏好并绘制出逛展地图，利用这些信息，可以分析人员参观路线，进行客流统计分析。

行模式。

（三）会展服务平台的发展

在“互联网 + 会展”风潮中，全国性展览信息平台、地方性展览信息平台和企业自主研发的展览信息交易平台迅速发展。尤其是企业自主研发的展览信息交易平台，以市场需求为导向，致力于从源头上解决参展信息不对称、服务碎片化、缺乏交易担保的行业顽疾。

会展服务平台广泛搜集历史数据，基于历史数据进行展会对比，便于参展商进行筛选；围绕企业参展业务需求整合上下游服务资源，接入第三方合作企业，将参展物料印刷、展品运输、礼仪模特、酒店机票等服务纳入平台，帮助展装公司承接业务。对于展会主办方而言，还可以通过专业化会展服务平台进行数据管理。

1. 会展设施智慧化

“互联网 + 会展”的推进以移动互联技术、3D 虚拟技术、现代影像技术和即时通信技术的有效利用为前提，因此，“互联网 +”与会展的有效结合需以智慧化设施为保障。

推进会展场馆信息化建设，加大智能化会展设施研发和应用力度，合理开发、利用手机移动客户端和智慧化平台，将为智慧管理、智慧营销、智慧布展和智慧服务奠定良好基础。

随着软硬件设施智慧化程度的提高，线上功能将得到更为充分的开发，信息传输的安全性将得到更为充分的保障。集成买家检索分析系统、对口观众信息发布、客户关系管理、在线配对买卖服务、现场跟踪、后期数据挖掘、智能化设备管理等功能将不断完善。门票管理、展位的销售管理，以及基于互联网的营销推广管理。

2. 管理与服务智慧化

无论是传统会展的网络化延伸、电子商务的跨界融合还是通过移动客户端和专业化会展服务平台的方式实现线上线下的融合，未来的会展管理与服务都会呈现出更加智能化、人性化的特征，体现为有针对性地提供服务，方便参展商和观众实时掌握动态化展会信息。

实现参展商对布展、展会进行中的展位动向的全过程监控；实时提供的参观者数量数据，科学监测展区参观人数、交通、安保状况；利用智慧化信息技术打造现场演示、触摸体验、信息交流、网上预约等多个链接交换平台和特色化参展、观展方案制定。

3. 信息利用智慧化

互联网的特性决定了信息越多、流量越大，潜在的商机越多。在保护信息安全的前提下，对信息资源进行开发是产业升级的前提。“互联网 + 会展”的关键不在于强化信息的流动与传输，而在于信息深层处理能力的跨越式提升。从单纯相互联结的“互联网时代”步入对信息进行深度挖掘的“大数据时代”决定着未来发展将着力于针对海量数据形成全面、智能、精练、友好的深度分析，推进大数据落地、形成数据决策力，将各类相关数据合理地运用到决策体系中，基于数据进行科学决策，对企业运营及战略形成强有力的支撑。

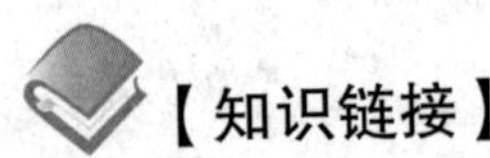【知识链接】

会展业挺进互联网时代前的思考

展会是信息交流的媒介和载体，是为促成交易而搭建的平台，因此有人认为展会的本质是一种营销活动，这无可厚非，但展会的聚集性、互动性和综合性显然又是一般营销活动很难企及的，于是会展经济被提出是一种全新的经济业态，并将带来新的增长点。

在早期集市中，人们几乎同时需要完成信息流、资金流和物流，而在现代展会中，这三件事被分开了，人们把信息流和资金流转移到线上，人流和物流放在线下，效率提升的同时，每件事都有巨大的市场。人们普遍认为互联网的发展让参展变得更便捷，但其实线上和线下各有优势，彼此不可替代。

换言之，互联网丰富了展会的活动形式，使载体变得多样化，或者从现实到虚拟的网络，但其本质——信息集中的交换平台是不能忘记的。展会现场信息的传递，比起线上，更能调动人们的视觉、听觉和触觉，它的直观性和互动性是线上无法达到的，从某种意义上来说，线下解决了人类的进化与科技的进化之间不合拍的问题。

因此，现代会展业的发展就要在这四种流量上下功夫，其中以信息流为主，从内容和体验上提升展会影响力。首先，在招展阶段，展会应定位明确并设立门槛，择优挑选合适和优质的展商参展，确保展品质量达到预期。其次，通过举办形式多样的同期活动、提供精准的商贸配对服务、邀请国家和地区专业展团、展区划分等也是丰富展会内容、提升展会质量的办法。

此外，除了虚拟现实、全息投影、智能白板等数字化技术的应用外，能够使客商获得对产品和使用更直观的认识和比较，类似 Unconference（非会议）和 Coffee Break（咖啡时间）的环境设置也能够很好地优化客商的观展体验，提升展会效果。

展会建立品牌和影响力，归根结底是在信息流、人流、物流和资金流上，分别有单独的效率提升，或者在某种协同作用下，获得整体的效率提升。什么是效率提升呢？即内容上更丰富、体验更棒、价格更便宜、送货更快，信息流在质量、速度和覆盖范围上的提高。

真正打造“互联网＋会展”必须是平台思维，站在行业之上的高度和格局研究如何提升、创新会展各方的服务及价值，同时思考如何通过平台实现会展大数据（资源）的再度应用和放大，这就需要跨界整合共赢。

“双线会展”将线下“展会”和“会议”同步在互联网上举办的“线下＋线上 OAO”会展创新发展经营模式，真正将传统的“展览”和“会议”者两个行业进行了平台化融合，而且也在互联网上培育打造出了另一种全新的数字会展产业经济。

线上展会来源于线下展会，然后服务于线下展会，两者相辅相成，分享共赢！

第四节　会展产业与其他相关产业融合发展

会展产业是指从事会展活动的，相互联系、相互作用、相互影响的同类企业的总和。它是伴随着社会生产力发展，在社会分工的基础上，会展活动发展到一定阶段后的产物，是现代经济体系的有机组成部分。区域经济是国内空间资源组成的地区经济集合体，它是国民经济的组成部分，起着连接地区经济与国民的桥梁作用。

一、会展产业与其他产业的融合发展

会展产业发展为区域支柱、优势产业的崛起提供了契机。从区域的特色产业，优势产业入手，培育富有区域特色的品牌会展，将会加速区域生产要素与区外生产要素的循环，为区域产业发展赢得更多的资金、技术和人才，培育区域经济增长机制和发展功能，在孕育区域特色产业的同时使该区域的行业会展也有着长足发展。如深圳，高新技术产值占 GDP 的一半以上，从而形成了高交会；而东莞则有家具展、电博会；长春作为我国汽车工业的摇篮而培育了汽车展；浙江省的义乌则由于小商品经济发达而拥有了小商品博览会。这些城市会展产业发展的特点是会展品牌与本身经济和产业特点密切相关。

毋庸置疑，优势产业孕育了富有特色的行业会展，而行业品牌会展的形成又为本行业的腾飞提供了契机，最终形成行业与会展之间的良性互动关系。

当然，会展产业对区域经济发展的推动作用主要是通过产业关联效应，带动整个产业链发展来实现的。

当某一区域的主导产业被确定以后，它将会通过扩散效应对整个区域产业结构的优化发展起到积极作用。主导产业对整个区域产业结构的影响是通过三方面来实现的：回顾效应、旁侧效应和前向效应。所谓回顾效应，是指当一个产业处于高速增长阶段时，

由于其技术经济联系的要求，会对后向关联的部门提出新的投入需求。而这些新的投入需求，将会促进后向关联部门技术、组织以及制度等方面的创新与发展。所谓的旁侧效应是指主导部门的成长还会引起它周围地区在经济和社会方面的一系列变化，这些变化趋向于在更广泛的基础上推进工业化进程和产业结构升级。主导产业正是通过这三种扩散效应的组合，来实现整个产业结构的优化和经济的快速增长。

二、会展业与其他产业融合产业经济分析

会展业通过关联效应和扩散效应，带动建筑、旅游、餐饮、金融保险等其他产业的发展，使产业结构的发展顺着第一、二、三产业优势地位顺向递进的方向演进；顺着劳动密集型产业、资本密集型产业、技术（知识）密集型产业分别占优势地位的方向演进，使城市的产业结构向着更加合理化和高度化的方向发展，最终推动着城市经济的发展。

会展经济的发展推动整个城市经济的发展以 1∶9 的产业带动系数（许多发达国家已经达到 1∶10）不仅有坚实的理论基础，而且在现实的经济活动中也得到了充分的佐证。

1. 旅游业

城市会展业插翅起飞的同时也为旅游业的发展注入了新的活力。通过各种类型的会议、展览活动的进行而形成的旅游——会展旅游，目前已经在各会展城市闪亮登场。会展业与旅游业相结合的五个突出特点：客户消费高、停留时间长、团队规模大、赢利性好、行业带动性强，使城市形成了以会展带旅游，以旅游促会展的良性互动发展模式，会展业为旅游业的发展创造了巨大的商机，开发出一个极大的市场。

2. 餐饮、住宿

会展业为城市餐饮、住宿业带来的收益非常突出。会展活动期间，大量的参展商和参展观众的涌入对举办城市的餐饮、住宿行业形成巨大的需求，为这些行业的发展创造了机遇。在美国，其饭店客人的 33.8% 均来自于国际会议及奖励旅游。

3. 交通、通信

会展业对城市交通、通信业的发展也有着很强的带动作用。会展活动的举办会将大量的人流、物流汇集到会展举办城市，增加了对城市交通和通信业的需求，促进了这些行业的发展。同时，会展活动的进行拉大了人们在地域空间上的距离，提高了人们之间通讯联系的频率，增加了对城市通信服务的需求，从而为城市通信业创造了收入。

4. 零售业

会展业对零售业的发展也有着一定的带动作用。会展活动期间，大量人流的涌入会增加对生活用品和服务的需求，促进零售业的发展。据北京市统计局对多家商场在第 21 届世界大学生运动会期间的销售情况进行的统计结果显示，这些商场的销售额都因为大运会的举办而大幅度增长：北京的当代商城、秀水街、红桥市场在大运会举行的 11 天时间里，实际销售额分别达到 1137 万元、600 万元 和 3900 万元，月销售额同比增长了 35%、2.1 倍和 30%；在第二届长春汽车博览会期间，长春市内 10 大商场贸易额同比增长 37.1%。

5. 物流业

被称作企业“第三利润源泉”的物流业在城市会展经济发展中也是大有作为，物流、

会展两大朝阳产业的珠联璧合使得展览物流成为一块香味四溢的奶酪。

会展活动期间汇集了大量的商品，导致了频繁的物流活动：展览前后参展商品的运输、包装、储存、装卸、搬运；会展活动期间向参展商和参展观众分发的成吨的食品，以及其他的会展配套设施，都会增加对物流服务的需求。更重要的是，相对于一般的货物运输而言，展品对物流服务有着更高的要求，这就要求物流活动组织者不断采用先进技术、设备、管理方法，提高物流服务水平。

6. 保险业

为了确保会展活动中参展商和参展观众的人身安全；保护参展企业的专利、商标等知识产权；保证各类展品，特别是像珠宝、航空飞机等贵重展品的安全，于是在会展业的发展中不可避免地涉及了保险业。城市会展业的发展需要保险业的支持，对保险业从而带动城市保险业的发展。

世界第五大航展——中国珠海航展在第四届展会举办时把全部有形资产和无形资产都推向市场，由太平洋保险公司独家承揽 665 亿元的高额保险。这一揽子保险项目包括：飞机机身险、飞行表演、静态展示第三方责任险、飞行员及工作人员人身险、航空器财产险、火箭等航空航天系列保险；展馆公众责任险等。

当然受会展业影响的还远不止以上所列举的行业，会展业的发展还将会对城市的金融、环保、广告、装潢设计等相关行业产生拉动作用，从而使城市的产业结构得到调整。正是由于会展业带动其他产业发展的独特魅力，使得许多城市，如德国的汉诺威、慕尼黑、杜塞尔多夫，美国的芝加哥，法国的巴黎，英国的伦敦，意大利的米兰以及新加坡、中国的香港等都把会展业作为支柱产业来扶持，以促进城市产业结构的优化，加速城市经济的发展。

三、会展业与其他产业微观主体剖析

（一）沟通产销

大部分厂商和经销商参加会展的目的都是树立形象、取得订单，扩大销售或招商引资。因为在会展活动中参展商可以建立许多新的商业网络，使其中的一部分参展观众成为现实或潜在的客户，沟通了产销。同时，会展活动有利于技术和管理方式的交流和合作，促进科学技术的引进和转化，刺激对高新科技的需求，引导和推动传统产业了解有关产品和技术发展的最新动态。同时也可以引进外资，吸引风险投资，拓宽企业发展的资金渠道。

（二）交流信息

对专利技术展、高新科技展而言，其交流科技信息的作用是有目共睹的，它就是主办者的目的。对于普通的商品展览会、博览会，这方面的作用也是不可忽视的。会展活动通过集体性的物质、文化交流，使每一参与方都能不同程度地共享某些物质、文化交流信息。会展活动所伴随的信息传递和技术扩功能有着便利性、快捷性、中转环节和反馈及时等特征。

（三）树立形象

企业的形象是企业的无形资产。人们透过企业形象，可以看到企业的管理、企业精神、企业作风、增加信任或尊崇，从而增加合作的机会。展览为企业提供了形象宣传的极好机会。展览的企业形象宣传与一般媒体形象宣传不同的是，企业不仅可以通过文字、图片等平面艺术形式说话，而且可以通过灯光、音乐和立体造型等艺术手段说话，还可以通过企业圆通与客户的直接交谈，拉近与客户的距离，展示企业的形象。

（四）丰富生活

大型的地区性、国际性会展，可以吸引不同文化、不同观念的人们，有利于会展举办地人们与之交流，扩大人们的视野。同时，在与外来参观者接触过程中，人们也会学到一些先进的观念，改变一贯的做法，对于丰富文化生活，提高居民素质的修养具有重要的意义。

【复习思考题】

1）会展业与旅游业有何共性？

2）试分析会展业与旅游业如何融合发展。

3）会展业怎样依托科技发展？

4）为你所在城市提出促进会展发展的相关意见和建议。

【案例分析】

阿里出手打造“在线”城市，雄安新区将变身“科技展馆”

11月8日，阿里巴巴集团与雄安新区签署战略合作协议，双方将携手打造以云计算为基础设施、物联网为城市神经网络、城市大脑为人工智能中枢的未来智能城市。阿里成为党的十九大后与雄安新区签署战略合作协议的第一家企业，将助力雄安新区成为一座“在线”的城市。

阿里董事局主席马云称，阿里的出发点不是到雄安做生意，而是拿出最先进的技术实力和创新资源，将雄安新区打造成未来城市的标杆和中国样本。

马云表示，阿里有幸参与雄安新区建设，不仅是阿里努力的结果，更是因为国家发展和互联网时代带来的机会。雄安新区是“千年大计、国家大事”，这是一座创造未来的城市，代表着21世纪城市发展的趋势，所以阿里巴巴非常重视这次合作。

从规划阶段就使用人工智能进行辅助，雄安新区开创了城市建设新模式。以人工智能技术为基础，居住密度、娱乐设施、路政资源、商业医疗教育等城市资源将得到最合理的分配，城市功能得以最大限度发挥。

雄安新区如同人工智能展览一般展示着最前沿的人工智能技术，促进技术与行业应用的结合，增强大众对人工智能技术的具体感知，也将有效推动国内人工智能技术的进步。

雄安新区的横空出世让很多人想到了数十年前的深圳，有人拿深圳对标，更有人称雄安将超越深圳。其实，雄安新区的建设面对着比当初深圳更复杂的环境、更多的困难。让我们一同关注新区的成长，希望有朝一日能在雄安新区徜徉，亲眼见证各种科技力量的应用与辉煌。

分析题：

1）请从会展的角度分析，如何利用“双线”模式将会展与城市发展互相融合发展？

2）线上城市的建设将给雄安新区的发展带来什么好处？

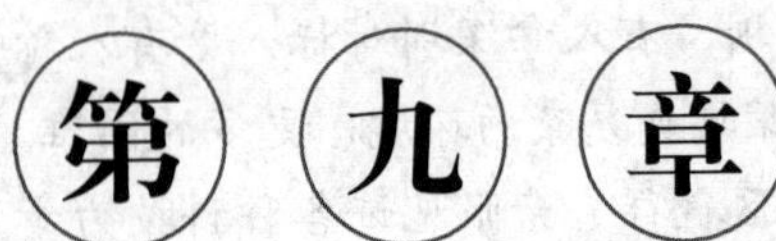

第九章 会展促进政策

【本章导读】

本章分析了会展业最发达的国家德国，汇总了我国各地出台促进会展业发展的政策，并列举了城市促进会展发展的相关政策案例。使学生了解促进会展业发展的相关政策。

【学习目标】

1）掌握德国的会展业为什么发达的原因。

2）了解促进会展业发展的相关政策，并学会制定有关管理办法。

【导入案例】

德国拥有完备的会展基础设施

作为传统的会展强国，德国会展业蜚声海内外。德国拥有完备的会展基础设施、和优秀的会展市场主体。36 万平方公里国土上，70 座城市拥有着自己的展馆。室内展出总面积达 270 万平方米，大约占世界总展出面积的 1/4。在面积最大的世界五大会展中心中，德国就占据了 4 个。室内展览总面积达 137.61 万平方米，居于世界排名第一。其中包括目前世界上规模最大的汉诺威博览中心，室内展览总面积高达 46.33 万平方米。每年举办 150 多场国际展销会，参展商达 17 万家，有 1000 多万观众。这还不包括常年在柏林举办的“金熊奖”电影节和“慕尼黑啤酒节”以及其他较小规模的国内展。每年参加国际展会的 17 万商家中，有一半来自国外。外国观众约占 1/5。专业博览会中外国观众高达 30%。不断提高的展会质量，是德国吸引国外参展商，并赢得海外观众青睐的法宝。德国举办了 2/3 的世界顶级的专业博览会。

会展业分为会议业和展会业，在中国会展业还是一个新型的服务产业，也被称为“朝阳产业”。会展业与旅游业、房地产业一起，并称为三大新经济产业。会展业是一个发展潜力很大的行业之一。目前，各城市政府把发展会展业视为城市经济发展的重要推动力之一。会展业的市场地位和作用，在商贸、工业、农业等诸多产业的发展，显现出重要作用；对经济结构调整，促进消费，开拓市场，扩大产品出口，加强合作交流，推动经济快速健康发展等发挥着重要作用；在城市建设，精神文明建设，和谐社会构建中，显现其特殊的地位和作用。产生了强大的互动共赢效应，获得了优质资源，提升了支持力度，增加了就业机会，成了经济发展的风向标。置办一场会展，可以为好多其他产业带来收益，并形成了一个产业链。如带来场租费、搭建费等直接收入，为购物、交通、餐饮、住宿、娱乐、通信、广告、房地产、旅游、印刷等间接创造商业收入，拉动着数十个行业直接或间接的发展。会展业汇聚巨大的商品流、技术流、信息流和人才流，意味着各行业在开放潮中，在产品、生产、技术、营销等各方面获取比较竞争优势，优化了配置资源，增强了综合竞争力，支持加快新型工业化、新农村建设。随着近年来办展活动的增多，会展业不仅提供更多的就业机会，而且还能拉动和促进就业，并增强了城市面向周边地区的辐射力和影响力。会展业成了经济发展的风向标，会展经济的发展，直接影响并带动着交通、贸易、旅游、宾馆、运输、零售、金融、房地产等行业的市场景气，为整个城市或区域构建文明精神、和谐社会凸显了重要的社会地位作用。在新时期会展产业逐步成为我国新经济增长点，大力发展会展业，全面提升会展经济，已经提升到国家层面。会展业地位和作用日益凸显，对开拓市场、结构调整、促进消费、扩大产品出口、加强合作交流、推动经济持续健康发展，都具有重要作用。国家和城市都制定相应的会展促进政策，提高会展业的发展。

第一节　会展业发达国家——德国

2014 年德国凭借着“德国制造”“优质展会、德国制造”等宣传口号，有创意的宣传活动和海量数据共享，发挥着会展业基础设施完备、和会展主体强大的传统优势，通过营造良好的展会沟通情境，有效帮助了展会项目，在世界范围内取得成功。

“德国制造”构成了“优质展会”的宣传对象，二者共同为德国参展公司，提供了面向全世界，展示形象和促进贸易的绝佳机会。在德国举办的展会上，“高质量的国际化产品”，是激励潜在客户，不远万里来德国参展的强大动因之一。不断深化的经济危机和未来发展的不确定性，参展公司与客户的直接对话显然更加重视。展会成为企业之间营销沟通的最重要工具之一。

德国政府对会展业的投资较高。对法兰克福、汉诺威等地区的展览场馆的建设投入了巨资，并出台了相应的鼓励措施和优惠政策。德国经济展览和博览会委员会（AUMA），是政府和展览业之间的桥梁，每年都对世界各地的展会进行仔细考察，并形成分析报告，为德国政府，赞助本国企业的出国参展提供了决策依据和参考。

德国会展业较突出特点是专业性、国际性的展览会数量多、规模大、效益好、实力强，在国际性贸易展览会方面有明显优势。海量的数据共享和富于创意的宣传活动，有效地推进了会展活动。AUMA（德国经济展览和博览会委员会）的展会数据库贮存着德国境内外 5000 个展会的相关资料，能够提供大约 5000 家组展商、会展服务提供商、行业组织、相关政府机构以及境外公司的相关展会重要数据。AUMA 开发了手机 APP——“我的展会”。用户可以通过对举办地、举办区域、主题、日期、组展商和行业等关键词，搜寻展会信息，丰富在线数据库。AUMA 在会展业的数据库共享、多国语言的宣传册制作、宣传片的锐意求新等，宣传推广措施上不断发力。德国推广海外优质展会的标识，支持德国组展商国际化进程，不断提升“优质展会、德国制造”的声誉，推动了德国组展商，经营的海外展会项目的成长壮大。杜塞尔多夫展览公司、汉诺威展览公司、法兰克福展览公司、慕尼黑博览集团、科隆国际展览公司，在全球组展商十强中，占据了半壁江山。

德国会展研究院提供了大量的培训和继续教育的机会，供社会各界来自由选择。AUMA 与众多培训服务提供者，开展了密切合作，并面向那些具有创新精神的年轻参展商，提供了相关的会展咨询服务。德国会展教育，最重要的两个目标：一个是将会展业的主题，与经济学的研究项目相结合；另一个是扩大教育网络范围，使更多的大学，开展会展业的相关课程。柏林的德国展览图书馆，为读者提供了广泛的服务，任何人都可以在此寻找有关展会、会议、活动等的相关信息。

一、国家的重视与政策扶持

德国的政治制度是议会共和制度，但它对会展业的管理模式是——“政府主导型”。德国联邦经济科技部，每年都对出国展览，提供直接的财政支持。会通过特定的组织、机构，组织德国企业，赴国外参加展览会。当地的会展公司往往拥有自己的大型会展场馆，公司与会展场馆是一体的。展览公司都是由政府控股，实行企业化管理。德国拥有自己的行业协会，对会展业的管理起着巨大作用。在德国展览业的最高协会是德国经济展览和博览会委员会 AUMA。德国法律规定：德国的政府部门、行业协会，只是展览业的治理者和协作者，不直接参与展览的举办。但是德国的展览场馆，由政府投资兴建，政府是展览场馆的经营者。政府还将展览业，作为支柱产业加以扶持，出台一系列鼓励措施和优惠政策。明确资助项目，制定官方参展计划，支持企业海外参展，德国经济与劳动部与组展公司，合作涉外赴展业务。2004 年政府还拨出 3600 万欧元，专门支持国内企业赴海外参展。德国每个展览都是由展览组织者与参展商、行业协会、参观者密切协商后，制定出来的。展览公司与行业客户，保持着经常性联系，由客户提供的信息，共同探究，相关展览的市场定位，以有效避免重复办展。

二、会展业的产业化发展

德国是世界第三大经济体，是世界第一会展强国，全球 2/3 的知名展览会都在德国举行。德国之所以成为全球会展中心，是因为它实行规模化产业化运作。在德国会展业被视为“城市的蛋糕”，是一个渗透着，深厚文化气息的现代经济产业。规模化产业化运作是德国会展业的主要特点之一。在世界上，营业额最大的10家会展公司中，德国就有6家。德国共拥有室内展出面积270万平方米，约占世界展览总面积的25%。全球五大展览中心中有四家在德国。全世界较重要的150个专业展览会中的120多个是在德国举办的，被称为“世界展览王国”。德国的汉诺威、法兰克福、杜塞尔多夫、慕尼黑等都是国际著名展览城市。它们都把展览，作为支柱产业加以扶持，动员各部门来推进这一事业。不仅兴建了展馆，还出台了一系列鼓励措施和优惠政策，强力吸引参展商和观众。政府以入股方式，组建集体公司进行商业化运作。明确资助项目，制订官方参展计划，支持企业海外参展，德国经济与劳动部与组展公司，合作涉外赴展业务。

三、市场化的经营机制与运作体制

德国是高度发达的工业化国家，经济实力位居欧洲第一。在这种环境下，会展业也同样得到了很大的发展空间。但在促进经济增长方面，大型的国际的展览会，通常与政府执行的财政激励方案相似。政府和民间企业，参与大型展览会的直接支出，对国民经济产生至关重要的影响。第二次世界大战后，联邦德国的经济制度，已经发展为社会市场经济。在这种经济制度下国家在市场经济中，主要负有调节任务，规定市场活动的框架条件。在这个框架内经济活动主要由市场决定。德国会展业在产业化的同时，也同时实现了市场化的经营机制、运营模式，实现了会展业优胜劣汰。德国会展产业的一个非常突出的特点——专业化、多样性。德国最重要的会展城市主要有：汉诺威、法兰克福、杜塞尔多夫、慕尼黑、科隆、莱比锡、柏林等。在这些大中型城市中，通常都为会展产业，开辟出了一个特定的地区构建专门的展厅。会展的主要形式，已经不仅是综合性的博览，而是带有浓厚专业性质。具有浓厚专业色彩同时规模庞大的博览会，涉及各种产业，充分发挥了规模经济的效应。在实现专业化、产业化的同时，实现了行业的市场化运营机制。在各个大型的会展场所、会展公司中，也逐步形成了相对成熟的、市场化的运营管理模式。

四、网络化的推动效应

随着数字时代的到来网络的飞速发展，也同样影响着德国会展产业。博览会必须更多地同其他媒体进行竞争，特别是互联网。德国经济展览和博览会委员会现在已经建立了完整的网络体系。在它的网址中，可查到关于德国、和国外博览会的所有的重要数据。现在的互联网，已成为德国会展产业发展的有益补充。德国会展组织者，在过去几年中，大大扩充了他们在国际网络中的空间，通过利用互联网，收集有关博览会的信息。他们建立了大量的客户业务关系。自1998年以来德国博览会，就已经开始通过数据高速公路，销售入场券、目录、产品信息数据。同时他们希望通过提供行业信息、论坛、市场推销服务和与展览业务有关的平台，进一步扩大服务范围。如德国博览会汉诺威股份公司：即汉诺威计算器及电子通信博览会和汉诺威博览会的组织者，他们就有自己专门的“全球网上业务信息系统”，拥有2万个数据组和4万项产品登记的信息数据库。这些都有力地推动着德国会展产业的成熟发展。

德国会展业仍在蓬勃发展着，德国各会展城市，每年都迎接着数以百计大大小小的展览，来自世界各地的专业人士，仍然每年都会汇聚在欧洲这个会展业大国之中。德国的会展业发展的成功经验，足以给我们借鉴。

【知识链接】

德马吉国际展览服务有限公司

德马吉国际展览服务有限公司是一家致力于全球展览设计、制作和搭建的专业性展览公司。

公司在德国总部拥有一批高素质的员工及各专业部门，并且在中国、美国、英国、法国、印度、巴西、南非、阿联酋、俄罗斯、西班牙等32个国家和118个地区设有分支机构，并于2001年加入世界展览组织，共享了全球展览搭建的资源，并与他们建立了密切的合作伙伴关系，实现了全球一站式服务。

在中国，德马吉与东华大学强强联合，建立了德马吉－东华大学设计研究中心，共同开发展台EI系统（Exhibition Identity）。

德马吉自创立以来，凭借专业的技能、丰富的经验、对市场敏锐的触觉以及对客户需求的深刻了解，在全球展览行业首先推出展台EI系统（Exhibition Identity），为众多世界500强客户提供过专业的服务。德马吉以最前沿的理念和专业的敬业精神跻身于全球最具竞争力的展览公司前列，并成为全球数百家主办的指定搭建商，依靠多年来的不懈努力，赢得了业界及客户的高度赞誉。

德马吉在全球6大洲设置了展览研究中心，对员工进行展览专业培训，协助公司开发人力与信息资源的优势，使DEMAGE员工均通晓国际展览展示工作流程。公司有着国际化项目人员、策划人员、设计师、技术工人及完善的国际化专业制作工厂，我们依靠严谨的专业会展管理体系和全球32个国家118个城市的覆盖点，不仅能为客户提供“专人、专项、全球一站式”的专业服务，还确保了客户能够以最合理的价格，得到最可靠的质量保证。

第二节　我国各地出台促进会展业发展的政策

随着中国加入WTO，特别是内地与香港、澳门CEPA安排的实施，外商也越来越看好中国的会展业。中外会展企业的合作，呈现多层次、全方位态势。德国、美国、英国等会展业发达国家的一些著名公司，都在寻找着与中国的合作项目：或合作建立企业，或合作办会展，形式多样。对外开放的进一步扩大，不仅带来新的资金和投入，更重要的是，带来新的经营方式和经营理念，必将进一步推动着我国会展业更好地发展。再加上会展业对城市经济的带动作用，各地纷纷出台了促进会展业发展的相关政策。以下例举我国部分城市和地区的会展激励政策，供大家学习参考。

一、南京

300 人以上会期 3 天以上的会议或由国家商务部、中国贸促会（中国国际商会）批准的国际性会议，或境外参会人员不低于 20% 的重要大型会议、国际会议最高按照实际场租费用 50%、每届会议的补助金额不超过 50 万元。政府财政已安排经费的会议不享受此项补助。市会展办组织相关部门每年对南京市优秀展会进行认定，对经认定的优秀展会给予最高 50 万元的奖励。优秀展会认定办法另行修订。市政府特别批准在宁举办的重大会展活动，按照市政府批准项目和金额给予补助。

二、深圳

重要国际会议最高按照实际场租费用50%、境内外专业媒体广告费用30%给予资助，每届会议的资助金额不超过 100 万元。政府财政已安排经费的会议不享受此项资助市政府特别批准在深举办的重大会展活动，按照市政府批准项目和金额给予资助。

三、海南

对于参会人数在 500 人（含）以上，省外（含境外）参会人数比例不低于 80%，会期在 1 天（含）以上，活动期间安排住宿使用三星级以上宾馆（或相当于该星级标准的宾馆）总间数达到 500 间夜数的会议、节庆，按三、四、五星级宾馆分别给予每间夜 80 元、100 元、120 元奖励。使用多星级宾馆的，可合并计算。单次活动奖励金额原则上不超过 150 万元。 加入国际会议协会（ICCA）等国际性组织后，对取得 ICCA 认证的机构或项目，一次性给予 5 万元奖励。引进（申办）2000 人以上的会议、节庆或 1000 个标准展位以上的展览发生的申办费，根据主办方要求和各地惯例，由省商务厅会同省财政厅提出意见。

四、天津

鼓励引进在国际、国内具有影响力的大型会议，每个会议给予场租费、会场布置费、宣传费不超过 50% 的支持，最高支持额不超过 20 万元。申报引进在国际、国内具有影响力的大型会议项目需满足以下条件：会议规模不低于 500 人的专业性会议（不含政府组织的行政会议）；参会人员 60% 以上为外省市或国外人员；会议举办时间不低于 2 天；在国际、国内曾成功举办，在行业内具有较大影响力；2016 年首次在津举办，并将连续举办三届或以上。

五、成都

100~300 人以内的重点会议，不超过 30 万元；300~500 人以内不超过 50 万元的资金补贴；500~1000 人以内不超过 80 万元的资金补贴；1000 人以上不超过 100 万元的资金补贴。参会国家和地区不少于三个，境外参会人数比例达到 20%（含）以上的重点会议，可在资金补贴标准基础上上浮 50%，最高不超过 50 万元。对促进产业、扩大消费、对外开放、营销城市作用明显的重大节庆、会议、赛事活动一事一议；获得国际大会及会议协会（ICCA）认证的国际会议，给予举办单位20万元的一次性奖励。

六、宁波

申报专项资金的国际性和全国性会议（论坛），根据会期天数、规模大小、主办层次和经济社会效应，经综合评估，共设十二档予以资助，最高不超过30万元。重点资助符合宁波市产业发展导向或与展会相关的会议（论坛）。申报专项资金的各类节庆活动，根据其规模大小、主办层次和经济社会效应，经综合评估，分别予以5万元、10万元、15万元、20万元、25万元、30万元六个档次的资助。对引进国际性、全国性品牌会展项目做出积极贡献的企事业单位，根据展会类别和作用、活动特色和效应、会议规模和档次，一次性予以5万~10万元的奖励。特别重要的国际性、区域性会展项目，实行“一事一议”原则。获得市级年度会展工作先进单位和个人及优秀会展项目的考评办法另行制定。

七、昆明

由国际性、国家级知名机构和企业在昆明举办的，在国内外有较大影响力，对昆明特色产业具有明显拉动作用，对昆明会展业发展有较大促进作用，对提升城市知名度有积极推动作用的各类品牌展会项目，可适当放宽补助条件，提高补助档次，采取一事一议的方式予以支持。组织相关企业参加昆明市博览事务局举办或参与的境内（省外）、境外洽谈推介、展览展示、开拓新兴市场等会展交流活动的补助。

近日印发的《昆明市“188”重点产业发展会展业推进工作方案》，明确了会展业发展的总体要求、工作目标和重点任务。到2020年，要把昆明市建成国际化会议目的地城市，成为面向南亚东南亚的区域性国际会展中心。

八、珠海

对于在珠海市举办的，与珠海市优势产业、“三高一特”产业、新兴产业等有较高结合度的国际级大型行业会议给予一定资金支持。对获得国际会议协会（ICCA）等国际会展组织认证的机构或项目，认证后三年分别给予每年会员费用的50%、30%、20%的补助。

九、银川

会期2天以上（含2天），会议规模在400人以上，区外（境外）参会嘉宾比例不低于70%（境外嘉宾比例不低于20%）的各类国际性综合会议论坛、活动或规模在200人以上的国际性专业（专题）会议论坛，按实际参会嘉宾人数给予适当补助。引进（申办）2000人以上的会议、论坛或1000个标准展位以上的展览发生的申办费，根据主办方申请，由自治区博览局会同财政厅提出意见，自治区政府另行确定支持的重点会展项目的补助金额，采取一事一议。

十、贵阳

国内：实际会期达2天以上（含2天），五星级宾馆：超过100人起补，标准为每人200元。四星级超过200人起补，每人150元。三星级超过300人起补，标准为每人100元。国际：实际会期达2天以上（含2天）。境外参会人数达50~100人（不含100人）的，给予5万元奖励；100~200人（不含200人）的10万元；200~300人（不含300人）的15万元；300人（含）20万元奖励。鼓励在旅游淡季（每年10月～次年4月）举办会展、节庆、赛事活动。在淡季举办且符合奖励、资助条件的会展、节庆、赛事活动，奖励或资助标准在原有基础上上浮10%。

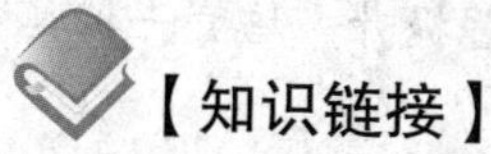

【知识链接】

国务院关于进一步促进展览业改革发展的若干意见

（国发〔2015〕15号）

各省、自治区、直辖市人民政府，国务院各部委、各直属机构：

近年来，我国展览业快速发展，已经成为构建现代市场体系和开放型经济体系的重要平台，在我国经济社会发展中的作用日益凸显。同时，我国展览业体制机制改革滞后，市场化程度发展迟缓，存在结构不合理、政策不完善、国际竞争力不强等问题。为进一步促进展览业改革发展，更好发挥其在稳增长、促改革、调结构、惠民生中的作用，现提出以下意见。

一、总体要求

（一）指导思想。全面贯彻党的十八大和十八届二中、三中、四中全会精神，贯彻落实党中央、国务院各项决策部署，深化改革，开拓创新，充分发挥市场在资源配置中的决定性作用，更好发挥政府作用，积极推进展览业市场化进程。坚持专业化、国际化、品牌化、信息化方向，倡导低碳、环保、绿色理念，培育壮大市场主体，加快展览业转型升级，努力推动我国从展览业大国向展览业强国发展，更好地服务于国民经济和社会发展全局。

（二）基本原则。

坚持深化改革。全面深化展览业管理体制改革，明确展览业经济、社会、文化、生态功能定位，加快政府职能转变和简政放权，稳步有序放开展览业市场准入，提升行业管理水平，以体制机制创新激发市场主体活力和创造力。

坚持科学发展。统筹全国展馆展会布局和区域展览业发展，科学界定展览场馆和展览会的公益性和竞争性，充分调动各方面积极性，营造协同互补、互利共赢的发展环境。

坚持市场导向。遵循展览业发展规律，借鉴国际有益经验，建立公开公平、开放透明的市场规则，实现行业持续健康发展。综合运用财税、金融、产业等政策，鼓励和支持展览业市场化发展。

（三）发展目标。到2020年，基本建成结构优化、功能完善、基础扎实、布局合理、发展均衡的展览业体系。

——发展环境日益优化。完善法规政策，理顺管理体制，下放行政审批权限，逐步消除影响市场公平竞争和行业健康发展的体制机制障碍，形成平等参与、竞争有序的市场环境。

——市场化水平显著提升。厘清政府和市场的关系，规范和减少政府办展，鼓励各种所有制企业根据市场需求举办展会，市场化、专业化展会数量显著增长，展馆投资建设及管理运营的市场化程度明显提高。

——国际化程度不断提高。遵循国际通行的展览业市场规则，发挥我国产业基础好、市场需求大等比较优势，逐步提升国际招商招展的规模和水平。加快“走出去”步伐，大幅提升境外组展办展能力。在国际展览业中的话语权和影响力显著提升，培育一批具备国际竞争力的知名品牌展会。

二、改革管理体制

（四）加快简政放权。改革行政审批管理模式，按照属地化原则，履行法定程序后，逐步将能够下放的对外经济技术展览会行政审批权限下放至举办地省级商务主管部门，并适时将审批制调整为备案制。运用互联网等现代信息技术，推行网上备案核准，提高行政许可效率和便利化水平。

（五）理顺管理体制。建立商务主管部门牵头，发展改革、教育、科技、公安、财政、税务、工商、海关、质检、统计、知识产权、贸促等部门和单位共同参与的部际联席会议制度，统筹协调，分工协作。加强展览业发展战略、规划、政策、标准等制订和实施，加强事中事后监管，健全公共服务体系。

（六）推进市场化进程。严格规范各级政府办展行为，减少财政出资和行政参与，逐步加大政府向社会购买服务的力度，建立政府办展退出机制。放宽市场准入条件，着力培育市场主体，加强专业化分工，拓展展览业市场空间。

（七）发挥中介组织作用。按照社会化、市场化、专业化原则，积极发展规范运作、独立公正的专业化行业组织。鼓励行业组织开展展览业发展规律和趋势研究，并充分发挥贸促机构等经贸组织的功能与作用，向企业提供经济信息、市场预测、技术指导、法律咨询、人员培训等服务，提高行业自律水平。

三、推动创新发展

（八）加快信息化进程。引导企业运用现代信息技术，开展服务创新、管理创新、市场创新和商业模式创新，发展新兴展览业态。举办网络虚拟展览会，形成线上线下有机融合的新模式。推动云计算、大数据、物联网、移动互联等在展览业的应用。

（九）提升组织化水平。鼓励多种所有制企业公平参与竞争，引导大型骨干展览企业通过收购、兼并、控股、参股、联合等形式组建国际展览集团。加强政策引导扶持，打造具有先进办展理念、管理经验和专业技能的龙头展览企业，充分发挥示范和带动作用，提升行业核心竞争力。

（十）健全展览产业链。以展览企业为龙头，发展以交通、物流、通信、金融、旅游、餐饮、住宿等为支撑，策划、广告、印刷、设计、安装、租赁、现场服务等为配套的产业集群，形成行业配套、产业联动、运行高效的展览业服务体系，增强产业链上下游企业协同能力，带动各类展览服务企业发展壮大。

（十一）完善展馆管理运营机制。兼顾公益性和市场原则，推进展馆管理体制改革和运营机制创新，制订公开透明和非歧视的场馆使用规则。鼓励展馆运营管理实体通过品牌输出、管理输出、资本输出等形式提高运营效益。加强全国场馆信息管理，推动馆展互动、信息互通，提高场馆设施的使用率。

（十二）深化国际交流合作。推动展览机构与国际知名的展览业组织、行业协会、展览企业等建立合作机制，引进国际知名品牌展会到境内合作办展，提高境内展会的质量和效益。配合实施国家“一带一路”等重大战略及多双边和区域经贸合作，用好世博会等国际展览平台，培育境外展览项目，改善境外办展结构，构建多元化、宽领域、高层次的境外参展办展新格局。

四、优化市场环境

（十三）完善展览业标准体系。按照总体规划、分步实施的原则，加快制修订和推广展馆管理、经营服务、节能环保、安全运营等标准，逐步形成面向市场、服务产业、主次分明、科学合理的展览业标准化框架体系。

（十四）完善行业诚信体系。加快建立覆盖展览场馆、办展机构和参展企业的展览业信用体系，推广信用服务和产品的应用，提倡诚信办展、服务规范。建立信用档案和违法违规单位信息披露制度，推动部门间监管信息的共享和公开，褒扬诚信，惩戒失信，实现信用分类监管。

（十五）加强知识产权保护。加快修订展会知识产权保护办法，强化展会知识产权保护工作。支持和鼓励展览企业通过专利申请、商标注册等方式，开发利用展览会名称、标志、商誉等无形资产，提升对展会知识产权的创造、运用和保护水平。扩大展览会知识产权基础资源共享范围，建立信息平台，服务展览企业。

（十六）打击侵权和假冒伪劣。创新监管手段，把打击侵权和假冒伪劣列入展览会总体方案和应急处置预案。完善重点参展产品追溯制度，推动落实参展企业质量承诺制度，切实履行主体责任。加强展览会维权援助举报投诉和举报处置指挥信息能力建设，完善举报投诉受理处置机制。

五、强化政策引导

（十七）优化展览业布局。按照国民经济结构调整和区域协调发展战略需要，科学规划行业区域布局，推动建设一批具有世界影响力的国际展览城市和展览场馆。定期发布引导支持展览会目录，科学确立重点展会定位，鼓励产业特色鲜明、区域特点显著的重点展会发展，培育一批品牌展会。

（十八）落实财税政策。按照政府引导、市场化运作原则，通过优化公共服务，支持中小企业参加重点展会，鼓励展览机构到境外办展参展。落实小微企业增值税和营业税优惠政策，对属于《国务院关于推进文化创意和设计服务与相关产业融合发展的若干意见》（国发〔2014〕10号）税收政策范围的创意和设计费用，执行税前加计扣除政策，促进展览企业及相关配套服务企业健康发展。

（十九）改善金融保险服务。鼓励商业银行、保险、信托等金融机构在现有业务范围内，按照风险可控、商业可持续原则，创新适合展览业发展特点的金融产品和信贷模式，推动开展展会知识产权质押等多种方式融资，进一步拓宽办展机构、展览服务企业和参展企业的融资渠道。完善融资性担保体系，加大担保机构对展览业企业的融资担保支持力度。

（二十）提高便利化水平。进一步优化展品出入境监管方式方法，提高展品出入境通关效率。引导、培育展览业重点企业成为海关高信用企业，适用海关通关便利措施。简化符合我国出入境检验检疫要求的展品通关手续，依法规范未获得检验检疫准入展品的管理。

（二十一）健全行业统计制度。以国民经济行业分类为基础，建立和完善展览业统计监测分析体系，构建以展览数量、展出面积及展览业经营状况为主要内容的统计指标体系，建设以展馆、办展机构和展览服务企业为主要对象的统计调查渠道，综合运用统计调查和行政记录等多种方式采集数据，完善监测分析制度，建立综合性信息发布平台。

（二十二）加强人才体系建设。鼓励职业院校、本科高校按照市场需求设置专业课程，深化教育教学改革，培养适应展览业发展需要的技能型、应用型和复合型专门人才。创新人才培养机制，鼓励中介机构、行业协会与相关院校和培训机构联合培养、培训展览专门人才。探索形成展览业从业人员分类管理机制，研究促进展览专业人才队伍建设的措施办法，鼓励展览人才发展，全面提升从业人员整体水平。

各地区、各部门要充分认识进一步促进展览业改革发展的重要意义，加强组织领导，健全工作机制，强化协同配合。各地区要根据本意见，结合自身经济社会发展实际研究制订具体实施方案，细化政策措施，确保各项任务落到实处。各有关部门要抓紧研究制订配套政策和具体措施，为展览业发展营造良好环境。商务部要会同相关部门做好指导、督查和总结工作，共同抓好落实，重大事项及时向国务院报告。

国务院
2015 年 3 月 29 日

第三节　城市促进会展发展的相关政策案例

一、郑州市

制定时间：2016 年 8 月 22 日。

政策文件：《郑州市人民政府办公厅关于修订印发郑州市会展业发展专项资金管理办法的通知》（郑政办文〔2016〕64 号）

（一）专项资金支持范围

第六条　专项资金主要支持：

1. 产业特色明显，规模大、效益好、有发展潜力的本地展会项目。

2. 引进的社会效益明显、影响力强的国际性、全国性专业展会项目。

3. 管理规范、服务到位，积极采用新技术的我市会展企业。

4. 会展业宣传推广、人才培育、规划调研、统计评估、行业交流等基础性、保障性公共支出。

5. 市政府另行确定支持的展会项目。

第七条 有下列情形之一的，专项资金不予支持：

1. 市政府已拨付经费的展会项目。

2. 在非专业展馆举办的展览项目。

3. 以个体消费者为主要对象的专项商品展以及各类展销会、展示会、成就展、人才交流会等项目。

4. 不符合国家产业政策和郑州市产业发展方向的展会项目。

5. 组织秩序混乱，引发严重的群体性事件或发生重大事故的展会项目。

6. 申请单位近两年内因违法被执法部门查处或有其他违反国家法律法规行为的。

（二）申请条件

第八条 专项资金申请条件。

1. 申请主体是依据国家法律、法规登记注册，具有法人资格的办展（会）单位；本地展览项目的申请主体应是本市辖区范围内登记注册的办展单位。

2. 展览举办的天数应在 3 天以上（含本数，下同），农业类展览的举办天数应在 2 天以上；会议或节庆活动举办的天数应在 2 天以上。

3. 承接展会项目的专业展馆和会议型酒店须在市会展办进行年度登记备案。

4. 国际展览应有境外 3 个以上国家或地区的参展商参展，境外参展商达到总参展商数量的 20% 以上；国际会议或节庆活动应有境外 3 个以上国家或地区的人员参会，境外参会人数占总参会人数的 20% 以上。

5. 由同一办展单位同期举办的多个展览项目，如主办、承办单位基本相同，主题和内容相似的展览视为同一项目，不得重复申请奖励。

6. 相同题材的本地展览原则上应进行整合，如不能整合，仅对其中规模较大、实力较强、有发展前景的展览进行奖励。

（三）一般性展会项目的奖励标准

第九条 一般展会项目的奖励标准。

【一】本地展览

1. 新创办的本地展览项目，第 1、2、3 届（届数自展览进入专业展馆的时间开始起算，下同）展览面积达 5000 平方米以上的，按每百平方米 2500 元的标准进行奖励；第 4、5、6 届展览面积达 10000 平方米以上的，按每百平方米 1500 元的标准进行奖励，未达到相应规模不予奖励。每届奖励总额不超过 80 万元。

2. 现有展览 7 届以上、规模达到 1.5 万平方米以上的本地展览，以该展会历史最大规模为基数，每增长 2000 平方米奖励 3 万元，每届奖励总额不超过 50 万元。

3. 为引导本地题材相同的中小专业展览项目走联合办展、共创品牌的路子，由两个以上办展单位分别举办3届以上的展览项目进行资源整合，整合后规模达到2万平方米以上的展览，视作新创办展览进行奖励。

【二】引进展览

对引进在我市举办的，规模达到1万平方米以上的全国性专业展览项目，第一年（届）按每百平方米1500元的标准予以奖励；自第二年（届）开始，以第一年（届）的标准为基数，在其连续举办年份（届数）内，奖励标准每年（届）每百平方米增加100元。奖励次数最高不超过六届。

（四）其他奖励

第十条 国际展会项目的奖励标准。

对在我市举办的国际展览、会议和节庆活动，按本办法第九条奖励标准和奖励总额的150%执行。

第十一条 特殊展会项目的支持标准。对我市会展业和相关产业发展有重要意义的国际性、全国性的重大展会活动，采取一事一议的办法确定申办费、筹办费或服务费用予以支持。

第十二条 企业奖励标准。

（一）国际认证奖励

对取得国际展览业协会（UFI）、国际会议协会（ICCA）、亚洲会展联盟等国际性组织认证的我市会展机构或项目，给予10万元的一次性奖励。

（二）服务平台建设奖励

对积极采用数字化技术进行网上登记注册、信息查询、展商与观众互动、数据管理的我市会展企业，给予信息平台建设费用50%，最高不超过5万元的奖励。

对依托自办实体展会创办的网络虚拟展会，实际投资额在100万元以上的我市会展企业，给予20万元的一次性奖励。

（三）绿色展览奖励

对取得商务部等国家部委授予“绿色会展示范单位（项目）”的我市会展企业，给予10万元的一次性奖励。

（四）国内外知名会展企业落户郑州奖励

对已上市或者取得国际展览业协会（UFI）认证的国际知名会展企业在我市设立独立法人企业开展会展业务的，落地后三年内每年给予20万元的奖励。对已上市或者取得国际展览业协会（UFI）认证的国内知名会展企业，在我市设立独立法人企业开展会展业务的，落地后三年内每年给予10万元的奖励。

第十三条 人才培训奖励标准。

（一）对参加国家部委、国家级行业协会举办的会展业培训并取得培训证书的郑州市会展企业人员，可按培训费60%的标准进行奖励。每个企业每年奖励人数不超过2人。

（二）对参加全国性会展院校比赛的驻郑高等院校会展专业师生，可按照参赛报名费或注册费100%的标准进行奖励。每个院校每次参赛奖励人数不超过5人，每年奖励次数不超过2次。

二、石家庄市

制定时间：2017年，有效期5年

政策文件:《关于印发石家庄市会展活动管理实施办法的通知》（石政发〔2016〕10号），《石家庄市会展业发展专项资金管理办法》（石政办函〔2017〕46号）

（一）基本界定与使用原则

第二条 会展业发展专项资金（以下简称会展资金）是指市级财政年度预算安排，专项用于支持全市会展业发展的资金。

第三条 会展资金的使用和管理遵循突出重点、专款专用、公开透明、科学管理的原则，确保资金规范、安全和高效使用。

第四条 会展资金主要用于支持会展业发展，不得用于个人奖励。主要用途：

1. 市政府及县（市）、区政府举办，经市政府同意给予补贴的大型展会和招商经贸洽谈会。

2. 对各类专业会展公司、社会团体、行业协会和民间组织等单位，采取市场化运作方式在我市举办的产业特色明显，规模大、效益好、有发展潜力的各类展会项目的奖励；以及对我市符合奖励标准的会展场馆的奖励。

3. 对引进符合我市产业发展需求、社会效益明显、影响力强大型展会举办单位的奖励；以及对落户我市的国际、国内知名会展企业的奖励。

第五条 市政府及县（市）、区政府举办的大型展会和招商经贸洽谈会等活动，本着推进市场化原则，逐年减少补贴比例，并逐步推向市场。

第六条 会展资金的使用管理由市财政局和业务主管部门共同负责。财政部门负责专项资金预算管理及资金下达拨付；对业务主管部门提出的资金分配方案（或安排意见）是否符合专项资金支持方向进行审核，对专项资金使用管理进行监督。

第七条 市商务局（市会展办）等业务主管部门负责市政府交办的大型展会、招商洽谈等活动的经费申请、招标采购、绩效评价，负责市场运作会展补贴项目征集、申报、筛选、评审，提出资金分配方案；会同财政部门对资金使用进行绩效评价和监督管理。

（二）奖励范围及标准

第八条 对展会主办单位的奖励。

1. 奖励范围：对在我市举办3天（含）以上展会项目的主（承）办单位进行奖励。

2. 奖励标准

室内展览面积达5000平方米（200个标准展位）的，给予5万~8万元奖励；达1万平方米（500个标准展位）的，给予8万~10万元奖励；达2万平方米（1000个标准展位）的，给予 15 万 ~20 万元奖励。室外展位数按照 0.5 的系数折算成标准展位数（标准展位为 9 平方米 / 个）。

第九条 对展览场馆单位的奖励。

1. 奖励范围：对我市场馆举办展览 2 天（含）以上的展览运营场次进行奖励。

2. 奖励标准

全年承办 1 万平方米（含）以上的展览达 5 场（含）以上，或展览总面积达 10 万平方米（含）以上，给予 3 万 ~5 万元奖励；1 万平方米（含）以上的展览达 10 场（含）以上，或展览总面积达 20 万平方米（含）以上，给予 5 万 ~8 万元奖励；1 万平方米（含）以上的展览达 15 场（含）以上，或展览总面积达 30 万平方米（含）以上，给予 8 万 ~10 万元奖励。

第十条 对“互联网 + 会展”项目的奖励。

1. 奖励范围：鼓励我市办展机构创办与实体展览会相结合的网络虚拟展览会。

2. 奖励标准

对依托自办实体展会创办的网络虚拟展览会，实际投资额在 100 万元以上的我市会展企业，成功举办并列入我市年度重点品牌展会计划的网络虚拟展会，给予 10 万元的奖励。

第十一条 支持引进大型展会。由国际性、国家级知名机构和企业在我市举办的各类品牌展会项目，展览面积 10000 平方米（含）以上（标准展位 500 个）的国际、国内大型展会项目，一次性给予举办方 30 万元的奖励。对超大规模、有突出影响的会展活动“一事一议”。

第十二条 支持知名会展企业落户我市。对已上市或者取得国际展览业协会（UFI）认证的国际知名会展企业在我市设立独立法人企业开展会展业务的，落地后一次性给予 20 万元的奖励。对已上市或者取得国际展览业协会（UFI）认证的国内知名会展企业，在我市设立独立法人企业开展会展业务的，落地后一次性给予 10 万元的奖励。

（三）专项资金申请、评审及拨付程序

第十三条 市政府举办的大型展会和招商经贸洽谈会等活动补助资金，由活动主管部门依据经市政府批准的活动方案提出资金安排意见，报市财政局审核，市财政局根据年初预算安排和活动方案审核拨付资金。

第十四条 县（市）、区政府组织举办的各类博览会等补贴资金，由主办县（市）、区政府报市政府审批，市财政局根据市政府批示和年度预算按规定程序拨付资金。

第十五条 各类专业会展公司、社会团体、行业协会和民间组织等单位在我市举办的展会补贴及奖励，由市商务局（市会展办）对上年 7 月 1 日至当年 6 月底之前的展会申报项目进行审核，并提出资金安排意见报市财政局，市财政局审核后列入下年度财政预算并及时拨付资金。

（一）备案申报

在我市举办的会展活动，按照《石家庄市会展活动管理实施办法》（石政发〔2016〕10 号）要求，主（承）办单位在展会举办之日 60 日前向市会展办备案并提交相关材料。

（二）资金申请

办展单位、展馆应在项目举办前10日向市会展办提交资金申请材料，未按时申请的，视同自动放弃，不予奖励。申请材料包括：

1. 资金申请报告。

2. 资金申请表。

3. 展览项目展位图、参展企业名录、场地租赁合同等。

4. 提供真实有效的展览面积和展位数等相关凭证。

（三）项目总结

办展单位应在项目结束后15天内向市会展办提交下列材料：

1. 项目总结报告。

2. 场地租赁发票复印件、现场照片等证明材料。

3. 展览项目实际参展企业名录和场地出租方确认的真实有效的展览面积和实际展位平面图等。

4. 国际展览还需提交境外展商参展合同及发票。

5. 其他相关证明材料。

三、佛山顺德区

制定时间：2016年

政策文件：《顺德区促进会展业改革发展的若干意见》（顺府办发［2016］129号），《顺德区会展业发展专项资金管理办法》

（一）扶持对象范围的界定

第二条 本办法所称专项资金，是指由区财政预算安排专项用于扶持我区会展业发展的专项资金。专项资金用于对符合本办法条件的展览项目、会展企业、会展人才和知识产权进行补助。专项资金扶持对象是依法登记注册、具有独立法人资格、从事会展相关活动且符合本办法所规定之条件的企事业单位、行业协会、会展场馆、其他社会机构以及就职于上述单位的会展人才。

第四条 本办法所称专业展馆，是指经业务主管部门认定，同时需具备下列条件的展馆：

1. 坐落于顺德区行政区域范围之内。

2. 室内净展览面积达到4万平方米以上（不含4万平方米）。

3. 展馆运营管理单位必须是依法成立的企业法人或事业法人单位。

4. 展馆运营管理单位必须依法取得展馆的使用权和运营管理权。

5. 展馆运营管理单位须有相关的场馆管理规章制度。

第五条 本办法所称新落户顺德区的展览项目，是指在本办法实施以前未在顺德区行政区域范围内举办过，而在本办法实施以后在顺德区举办的展览项目，包括新落户工业类及农业类展览项目。

本办法所称新落户顺德区的会展企业，是指本办法公布实施后在顺德区新登记注册或者由区外迁入顺德区注册、依法纳税，经营范围中有展览举办或者展览服务业务的会展企业，包括展览组展企业、展览服务企业和展馆运营管理企业。顺德区原有展览项目是指在本办法实施以前已在顺德区行政区域范围内举办过的展览项目。

（二）扶持条件及标准

第九条 专项资金对符合下列条件的新落户工业类展览项目进行补助：

1. 对新落户顺德区并且承诺在我区至少连续举办五届的工业类展览项目，对其前三届展览分别按照其与场馆运营方签订的场馆租用合同约定场租金额的 50%、40%、30% 给予补助，但举办方实际展览面积小于合同约定租用面积 20% 以上的，按实际展览面积计算，且合同约定场租标准高于每平方米每天 15 元的按每平方米每天 15 元的标准计算。每场展览补助原则上不超过 150 万元。

2. 工业类展览项目必须是以工业产品、工业技术、工业装备、工业服务为主题的展览，对纯粹以个人日常消费品（包括但不限于服装、手机、汽车、计算机等）展销为主题的展览不予补助。

3. 展览主题符合本条第 1 款规定且属于涂料、家电、燃气具、家具、电子信息、生物医药、汽配、照明、钢铁、塑料或者机械装备制造业范围的，其补助比例可以提高 10% 并且其每场展览最高补助限额可以提高 25 万元。

4. 符合本条第 1 款规定的展览项目，其境外参展商比例达到 10% 以上，其补助比例可以相应提高 10% 且其每届展览最高补助限额可以提高 25 万元。

5. 同时符合本条第 3、4 款补助条件的可以叠加补助。

第十条 专项资金对新落户农业类展览项目的补助，参照第九条关于新落户工业类展览项目的补助规定执行。其中，农业类展览必须是以农业产品、农业技术、农业装备、农业服务、花卉为主题的展览，对纯粹以个人日常消费品（包括但不限于食品、烟酒、茶叶等）展销为主题的展览不予补助。

第十一条 专项资金对符合下列补助条件的顺德区原有展览项目增长部分进行补助：展览主办方承诺在领取补助当年起在顺德区至少连续举办五届的，前三届展览的场租补助按其与场馆运营方签订的场馆租用合同约定的场租面积比上届实际场租面积增长部分所对应场租金额的 50% 给予补助。举办方实际展览面积小于合同约定租用面积 20% 以上的，按实际展览面积计算，且合同约定场租标准高于每平方米每天 15 元的按每平方米每天 15 元的标准计算。但实际展览面积比上届面积增长比例小于 20% 或者增长面积少于 2000 平方米的展览不予补助，每场展览补助金额原则上最高不超过 150 万元。

第十二条 获得本办法第九条、第十条、第十一条展览项目补助的展览举办方，应将补助资金专项用于支付其下一届展览应交纳的展览场地租金。

第十三条 本办法实施后，在顺德区至少已经举办过三届，且成功取得国际展览业协会（UFI）等国际性组织认证的展览项目，一次性补助 50 万元项目发展资金。

第十四条 专项资金对符合下列补助条件的新落户顺德区的会展企业进行补助：

1. 会展企业在补助年度至少在专业展馆举办过一场展览面积 10000 平方米（含）以上的展览会或者为至少两场顺德区内举办的展览会（展览面积分别达到 5000 平方米及以

上）提供过展览服务，且取得展览举办和展览服务收入合计不少于200万元，纳税额不少于年营业额的3%。

2. 补助标准根据会展企业补助年度取得展览收入（包括展览举办收入和展览服务收入）金额分档确定，具体标准为：200万元（含）至300万元的补助20万元；300万元（含）至500万元的补助30万元；500万元（含）至1000万元的补助45万元；1000万元（含）至2000万元的补助60万元；2000万元（含）以上的补助80万元。以上收入需经会计师事务所审计认定。

3. 本办法实施后，境外企业在顺德区设立会展企业（境外企业股权占比50%以上），符合上述条件的，在上述补助标准的基础上再相应提高25%。

4. 会展企业应从注册后的第一个完整会计年度开始申请补助，前三年连续补助三个年度，补助期中没有达到补助条件的企业该年度不予补助。

5. 被补助企业所取得的对会展企业的补助资金应专项用于相关展览业务成本支出（主要包括场地租金、宣传支出、招商招展支出、材料及设备购置、动力成本、水电等），不得用于发放人员工资、福利、分红、交际应酬等。

第十五条 新落户顺德区的会展企业，如成功取得国际展览业协会（UFI）等国际性组织认证，一次性补助50万元企业发展资金。

第十六条 就职于顺德行政区域内注册的会展企业、展馆运营管理企业、会展教育机构等的会展人才，通过以下职称考试的，给予一次性补贴：

1. 通过注册会展经理（CEM）考试，给予每人每证6000元的补贴。
2. 通过会展策划师一级考试，给予每人每证3400元的补贴。
3. 通过会展策划师二级考试，给予每人每证2000元的补贴。
4. 通过会展策划师三级考试，给予每人每证1500元的补贴。
5. 通过会展策划师四级考试，给予每人每证1000元的补贴。

第十七条 本办法实施后，在顺德区行政区域范围内举办三届及以上的展会项目或者专业展馆，成功取得展会项目或者展馆注册商标的，每件商标一次性给予10万元补助。

第十八条 每个展览项目应由举办方（包括主办方或承办方，下同）一个单位提出补助申请。同一展览项目由多个单位共同举办的，须协商推选一个单位提出申请，并提供推选证明材料。

第十九条 有下列情形之一的，专项资金不予扶持：

1. 经法院裁判或知识产权行政管理部门认定为侵犯他人知识产权的展览项目和会展企业。

2. 已获得我区专项经费或其他财政性专项资金补助的展览项目。

3. 由各级政府财政拨款举办的展览项目。

4. 筹备、举办展会过程中违反了与展会相关的法律法规被执法部门查处的展览项目。

5. 申请单位违反本办法规定，正在接受有关部门调查的。

6. 在专业展馆以外举办的展览项目（游艇、飞机、房车、大型机械设备等展览项目除外）。

7. 其他不适宜补助的项目。

（三）申报、审批和拨付

第二十条 展览项目补助的申报、审批和拨付程序如下：

1. 符合本办法规定的补助范围的展览项目，在举办方与专业展馆运营管理方签订展览举办场地租用合同后、展览举办前30个工作日内向业务主管部门提交申请及证明材料。

2. 展览期间，业务主管部门会同依法选定的第三方专业机构对展览项目进行实地查勘，审查展览项目的实际展览面积和实际展览主题与申报情况是否一致，并由业务主管部门根据实地联合查勘结果最终审定补助金额。

3. 业务主管部门应于展会举办结束后10个工作日内出具审定结果并将拟补助的展览项目在政府信息公开网上公示，公示期为5个工作日。

4. 公示期满后无异议的，业务主管部门根据最终审定补助金额按照国库集中支付有关规定一次性划拨至展馆的运营管理方银行账户，用于支付展览举办方下一届展览应交纳的展览场地租金。

5. 符合本办法规定国际权威认证的展览项目，于成功取得国际展览业协会（UFI）等国际性组织认证后30日内由展览举办方向业务主管部门提出申请，业务主管部门在受理申请后20个工作日内审核完毕，并将拟补助展览项目在政府信息公开网上公示，公示期为5个工作日。公示期满后无异议的，业务主管部门按照国库集中支付有关规定将补助资金划拨至申请人银行账户。

第二十一条 会展企业补助的申报、审批和拨付的程序如下：

1. 符合本办法规定的补助范围的会展企业，在顺德区内登记注册并经历一个完整会计年度后90日内向业务主管部门提交申请。业务主管部门在受理申请后20个工作日内审核完毕，并将拟补助会展企业名单在政府信息公开网上公示，公示期为5个工作日。公示期满后无异议的，业务主管部门按照国库集中支付有关规定将补助资金划拨至申请人银行账户。

2. 符合本办法规定国际权威认证的会展企业，于成功取得国际展览业协会（UFI）等国际性组织认证后30日内由会展企业向业务主管部门提出申请，业务主管部门在受理申请后20个工作日内审核完毕，并将拟补助会展企业名单在政府信息公开网上公示，公示期为5个工作日。公示期满后无异议的，业务主管部门按照国库集中支付有关规定将补助资金划拨至申请人银行账户。

第二十二条 会展人才补助，由顺德区行政区域内注册的会展企业和会展教育机构等于每年第二季度内汇总前一年度本单位取得相关执业认证的人才相关资料后向业务主管部门提出申请，业务主管部门在第三季度内审核完毕，并将拟补贴会展人才名单在政府信息公开网上公示，公示期为5个工作日。公示期满后无异议的，业务主管部门按照国库集中支付有关规定将补贴资金划拨至被补贴人的银行账户。

第二十三条 会展知识产权补助，由申请人于展览项目或者展览场馆商标注册成功后30个工作日内，向业务主管部门提出申请，业务主管部门在受理申请后20个工作日内审核完毕，并将拟补助名单在政府信息公开网上公示，公示期为5个工作日。公示期满后无异议的，业务主管部门按照国库集中支付有关规定将补助资金划拨至申请人银行账户。

第二十四条 专项资金扶持项目实行滚动管理。经上述程序确定的扶持项目，如当年未能安排扶持资金的，在下一年度专项资金使用计划中优先安排。

（四）监督检查和法律责任

第二十五条 业务主管部门应监督检查获得补助企业的扶持资金使用情况，并将扶持资金使用的合规性作为扶持资金申请人再次申请扶持的重要评审依据。

第二十六条 区财税局会同有关部门按相关规定，组织重点绩效评价。重点绩效评价结果将作为扶持资金申请人再次申请扶持的重要评审依据。

第二十七条 对存在弄虚作假、串通作弊、虚报冒领等违规行为的企事业单位、行业协会、会展场馆、其他社会机构以及就职于上述单位的会展人才，取消其申请补助及认证的资格，在三年内不再受理其所有经济科技资金项目的申报，并由业务主管部门追回已补助资金，依法追究相关法律责任。

第二十八条 对于没有履行展览项目补助承诺的展览举办方，取消其申请补助资格，在三年内不再受理其扶持申请，并由业务主管部门追回没有履行展览项目补助承诺所对应的已补助资金，依法追究其法律责任。

第二十九条 因举办单位原因，引发安全事故或群体性事件并产生较大负面影响或严重后果的（包括罢展、闹展或其他重大事故），终止其按本办法规定申请的所有扶持资金的拨付，并依法追究其相关责任。

第三十条 专项资金管理部门、相关第三方专业机构工作人员及评审专家在管理、评审和监督工作中有贪污受贿、滥用职权、玩忽职守、徇私舞弊或其他违反财经纪律行为的，依法给予行政处分；构成犯罪的，依法追究刑事责任。

四、苏州市

制定时间：2015年，有效期：2015.1.1–2017.12.31

政策文件:《关于促进会议展览业加快发展的政策意见》（苏府〔2015〕57号）

（一）对在我市按市场化运作方式举办的符合条件的经贸类自办展览会给予奖励

1. 奖励条件

（1）展览项目由我市相关企业作为展览会主办、承办单位，每届展期3天（含）以上，专业展规模200个标准展位以上，综合展规模300个标准展位以上。

（2）展览内容和主题符合我市产业发展规划，具有发展前景，并且长期、连续在我市举办，能带动我市相关产业的发展。

（3）奖励只能由一个符合条件的主办或承办单位申请，且该单位的注册资本应不低于50万元。

2. 奖励标准

（1）对于专业性展览项目，前三届按每标准展位 500 元奖励。第四、五、六届，按每标准展位 400、350、300 元奖励，六届以后的奖励标准为 300 元每标准展位，对其展会展位较上届增量部分，按每标准展位 500 元进行奖励。

（2）其他自办展（综合展）按 300 元每标准展位进行奖励。

（3）单个项目 的奖励总额当年度最高不超过 200 万元。

（二）对在我市成功举办的符合条件的经贸类引进展览会给予奖励

1. 奖励条件

（1）展览项目由非注册于本市的国内外相关机构或企业作为展览会主办、承办单位，采取市场化运作，每届展期 3 天（含）以上。

（2）专业展览规模 250 个标准展位以上，综合展览规模 500 个标准展位以上。

（3）展会主办或承办方注册资本 100 万元以上。

（4）奖励申报以苏州承办展馆为主，会同项目 主办或承办单位共同申请。

2. 奖励标准

按 300 元每标准展位进行奖励，单个项目 最高不超过 100 万元。

（三）鼓励展会品牌化发展

对连续举办三届、1000 个标准展位以上、并取得国家注册商标的展会，给予注册本市的主办企业一次性 10 万元专项奖励；对获得国际展览联盟（UFI）等国际组织认证的展览项目，给予主办该项目的本市企业 20 万元的一次性奖励。

【复习思考题】

1）德国的会展业为什么发达？

2）为您所在城市制定促进会展发展的相关管理办法。

参考文献

［1］杨春兰．会展概论［M］．上海：上海财经大学出版社，2015.
［2］崔益红．会展概论［M］．北京：北京大学出版社，2015.
［3］张艳玲．会展管理［M］．北京：清华大学出版社，2009.
［4］吴信菊．会展概论［M］．上海：上海交通大学出版社，2003.
［5］周彬．会展旅游管理［M］．上海：华东理工大学出版社，2003.
［6］胡平．会展旅游概论［M］．上海：立信会计出版社，2003.
［7］程红．现代城市新的经济增长点［M］．北京：经济日报出版社，2003.
［8］王保伦．会展旅游发展模式之探讨［J］．旅游学刊，2003.
［9］金辉．会展概论［M］．上海：上海人民出版社，2004.
［10］华谦生．会展策划与营销［M］．广州：广东经济出版社，2004.
［11］贡平，赵慰平．会展概论［M］．上海：复旦大学出版社，2005.
［12］马洁，刘松萍．会展概论［M］．广州：华南理工大学出版社，2005.
［13］俞华，朱立文．会展学原理［M］．北京：机械工业出版社，2005.
［14］张红．会展概论［M］．北京：高等教育出版社，2006.
［15］邓玲．会展旅游实务［M］．北京：中国劳动社会保障出版社，2006.
［16］王缇萦．商务旅游策划与管理［M］．上海：上海人民出版社，2007.
［17］王春雷，陈震．展览会策划与管理［M］．北京：中国旅游出版社，2006.
［18］王宝伦．会展旅游．北京：中国商务出版社，2004.
［19］戴学峰．中国会展旅游的现状集发展趋势［J］．华东旅游报，2006.
［20］卢晓．节事旅游策划与管理［M］．上海：上海人民出版社，2006.
［21］孙明贵．会展经济学［M］．北京：机械工业出版社，2006.
［22］过聚荣．会展导论［M］．上海：上海交通大学出版社，2006.
［23］“会展策划与实务”岗位资格考试系列教材编委会．会展概论［M］．北京：旅游教育出版社，2007.
［24］马勇．会展概论［M］．重庆：重庆大学出版社，2007.
［25］郑岩．会展与事件［M］．北京：中国科学技术出版社，2008.
［26］李旭，马耀峰．国外会展旅游研究综述［J］．旅游学刊，2008.
［27］刘松萍．会展营销与策划［M］．北京：首都经济贸易大学出版社，2009.
［28］王刚．节事旅游营销策略研究［D］．［硕士学位论文］．中国海洋大学，2009.
［29］马聪玲．中国节事旅游研究［M］．北京：中国旅游出版社，2009.
［30］刘大可．商务旅游［M］．北京：中国人民大学出版社，2009.
［31］刘嘉龙．会展的策划与管理［M］．北京：中国旅游出版社，2011.

[32] 彭顺生．世界旅游发展史［M］．北京：中国旅游出版社，2006.

[33] 文春英、刘新鑫．国际会议策划与筹办［M］．北京：中国传媒大学出版社，2012.

[34] 张敏．会展蓝皮书：中外会展业动态评估年报年度报告［J］．社会科学文献出版社，2013.

[35] 田里，李雪松．旅游管理学［M］．大连：东北财经大学出版社，2015.

[36] 张丽．新编会展概论［M］天津：南开大学出版社，2015.

[37] 申葆嘉．旅游学原理［M］．北京：学林出版社，1999.

[38] 李天元．旅游学概论［M］．天津：南开大学出版社，2000.

[39] 谢洪忠，胡锡茹．旅行社经营与管理［M］．北京：中国旅游出版社，2015.

[40] 徐丽莎．节事活动策划与管理［M］．杭州：浙江大学出版社，2013.

[41] Milton T. Astroff，James R.Abbey. 会展管理与服务［M］．北京：中国旅游出版社，2002.

[42] 黄郁成．新概念旅游开发［M］．北京：对外经济贸易大学出版社，2002.

[43] 陆林．国际商务旅游市场分析［M］．北京：科学出版社，2001.

[44] 律宗宝．国际公务旅游［M］．北京：中信出版社，1993.

[45] 曾亚强，张义．会展概论［M］．北京：化学工业出版社，2007.

[46] 苏文才．会展概论［M］．北京：高等教育出版社，2004.

[47] 苏悦．会展基础［M］．北京：对外经济贸易大学出版社，2011.

[48] 高静．国内外奖励旅游发展比较研究［D］．上海：上海师范大学，2004.

[49] 王姿瑶．前进中国：大陆奖励旅游之蓝海策略研究［D］．台北：台湾师范大学，2010.

[50] 陈家喻．奖励旅游之游程操作研究［D］．台北：世新大学，2008.

[51] 雒晓晓．奖励旅游对员工的激励绩效研究［D］．北京：北京第二外国语学院，2009.

[52] 贾晓龙．会展旅游实务［M］．北京：清华大学出版社，2012.

[53] Davidson R．Business Travel．Addison Wesley Longman，1994.

[54] Laurette Dube，Leo M．Renaghan．Creating Visible Customer Value．Cornell Hotel

[55] and Restaurant Administration Quarterly，Ithaca，2000（2）.

[56] Swarbrooke J．，Horner S．Business Travel and Tourism．Butterworth–Heinemann. Oxford，2001.

[57] 智研咨询发布的《2016–2022 中国会展市场全景调查及发展前景预测报告》.

[58] 【国外展会信息网 展会实务】2017 年会展行业市场现状和发展趋势，2017 年.

[59] 上海会展研究院（SMI）主编的《会展蓝皮书：中外会展业动态评估研究报告（2016）》.

[60] 底洛特和特切公司为会议联络协调会（CLC）所做的调研.

[61] 克劳德•塞尔旺，（日）竹田一平著魏家雨等译．国际级博览会影响研究．上海：上海科学技术文献出版社，2003.

[62] Milton T. Astroff，James R.Abbey. 会展管理与服务［M］．北京：中国旅游出版社，

2002.
[63] 魏爱苗《德国会展业发展概况》中国经济网 柏林 2017 年 1 月 12 日 .
[64] 商务部与中国会展经济研究会编制的《中国会展业行业发展报告 2016》.
[65] 绥棱 苏英《我国地方展览激励政策汇总》《会展学研究》（总第 0183 号）201704290033.
[66] 国务院关于进一步促进展览业改革发展的若干意见（国发〔2015〕15 号
[67] 唐娟 . 美国会展业发展动态 . 上海情报服务平台网，http：//~.sstis.sh.cn/list/list.aspx？ Id=6565，2010.
[68] 中国会展在线：http：//www.cce.net.cn.
[69] 环球会展：http：//fair.mofcom.gov.cn.
[70] 会展旅游官方网站：http：//www.etgcn.com.
[71] 展会中国网：http//www.expoc.net.
[72] 中国行业会展网：http//www.31expo.com.
[73] 中国共和国旅游局官方网站：http：//www.cnta.com.

项目策划：段向民
责任编辑：张芸艳
责任印制：谢　雨
封面设计：何　杰

图书在版编目（CIP）数据

会展概论 / 胡锡茹，谢洪忠主编．-- 北京：中国旅游出版社，2018.7（2022.7 重印）
中国旅游业普通高等教育应用型规划教材
ISBN 978-7-5032-6024-7

Ⅰ．①会… Ⅱ．①胡… ②谢… Ⅲ．①展览会－高等学校－教材 Ⅳ．① G245

中国版本图书馆 CIP 数据核字 (2018) 第 102731 号

书　　名：会展概论

作　　者：胡锡茹　谢洪忠主编
出版发行：中国旅游出版社
（北京静安东里6号　邮编：100028）
http://www.cttp.net.cn　E-mail:cttp@mct.gov.cn
营销中心电话：010-57377108，010-57377109
读者服务部电话：010-57377151
排　　版：北京旅教文化传播有限公司
经　　销：全国各地新华书店
印　　刷：北京工商事务印刷有限公司
版　　次：2018年7月第1版　2022年7月第3次印刷
开　　本：787毫米×1092毫米　1/16
印　　张：12.25
字　　数：279千
定　　价：39.80元
ISBN　978-7-5032-6024-7